환율은 어떻게 움직이는가?

환율은 어떻게 움직이는가?

미래를 예측하는 환율전략

임경 지음

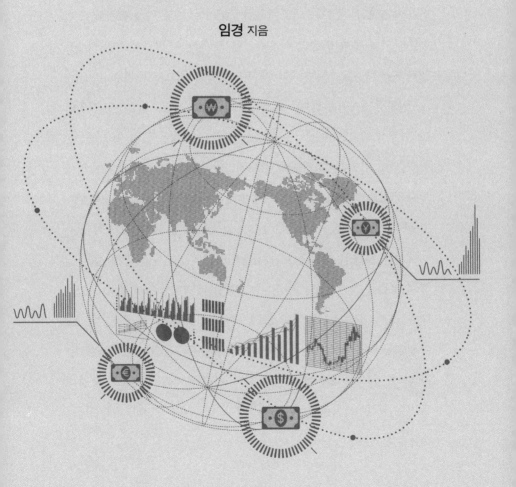

생각비행

환율 예측,
무모하거나 야심 차거나

환율이 오르면 오르는 대로, 내리면 내리는 대로 경제에 큰일이 벌어졌다고 신문과 방송의 헤드라인을 장식한다. 환율을 인위적으로 조작하지 말라고 미국이 중국에 경고했다는 뉴스도 들린다. 미 연준 Fed 연방공개시장위원회Federal Open Market Committee, FOMC의 기준금리 조정이 외국인 투자자를 자극하여 환율에 영향을 미치리라는 분석 기사도 보인다. 인터넷에서는 우리나라 외환보유액 규모가 사상 최고치라고 한다. 뉴스 진행자는 세계 각국의 빅맥 값을 비교해보자고 한다. 환율에 관한 여러 이야기가 엉클어진 실타래처럼 놓여있다.

혹자는 환율이 세계를 보는 창문이라 한다. 환율을 통해 세계 경제의 흐름을 알 수 있다고 한다. 다음 달 해외여행을 계획하고 있는데 달러로 미리 바꿔놓아야 할지 고민이다. 수출해서 받은 달러로 원재료를 구입해야 하는데 환율이 하락해서 곤란해지기도 한다. 유학 간 아들과 딸에게 보낼 돈이 환율 변화에 따라 늘어나기도 줄어들기도 한다. 이처럼 환율을 예측해야 할 이유는 수백 가지가 넘는다. 하지만 환율이 오를지 내릴지 마땅히 물어볼 데도 없다.

환율을 예측하기는 어렵다. 여러 나라의 경제 흐름에 영향을 받기 때문이다. 경제 논리만이 환율에 영향을 미치는 것도 아니다. 각국의 정치, 군사, 사회 현상 등이 미래의 움직임을 예상하기 어렵게 한다. 북한이 발사체를 발사하고, 미국 항공모함이 이동한다. "환율 예측은 미친 짓이다." 하지만 '그래도 해야 한다면?'이라는 질문을 핑계로 글을 썼다.

이 책의 특징은 다음과 같다.

첫째, 환율의 예측에 관심을 둔다. 환율에 대한 다양한 이야기를 나열하기보다는 예측에 초점을 맞추는 형식을 취한다. 목표 없이 달려가기보다는 환율을 이해하는 데 도움이 되는 모습을 갖췄다. 앞으로 거듭 이야기하겠지만, 이는 불가능에 대한 도전이다. 또한 환율을 움직이는 요인과 환율이 미치는 영향에 대한 다양한 읽을거리를 제공해 환율 예측이라는 목표에 도달하기 위한 도구로 삼았다.

둘째, 예측 '방법'에 중점을 둔다. 예측에 관심을 두지만 환율 수준을 제시하지는 않는다. 아니, 제시할 수 없다. 환율의 움직임을 예상하고 싶다면, 물고기를 얻기보다 물고기 잡는 방법을 살펴봐야 한다. 오늘 잡은 물고기를 한 달 뒤에 먹을 수는 없다. 이 책의 목적은 투자를 위한 예측 기법을 제시하는 데 있지는 않다. 환율 예측은 이야기를 풀어내기 위한 방편이다.

셋째, 단순하고도 도식적인 프레임을 제시한다. 단순화는 언제나 위험하지만, 환율 예측을 위해 점검 사항과 실행 방법을 다섯 단계로 구분하여 제시한다. ① 실타래처럼 엉켜 있는 서로 다른 환율 이야기들을 구분하여 4층 구조로 정리한다. ② 환율 움직임을 단기, 중기, 장기, 세 가지 시계의 관점으로 살펴본다. ③ 환율 이론을 이해하고, 변동 요인을 중심으로 분석 기법과 패턴을 익힌 경험을 예측에 적용한다. ④ 전망 또는 헤지, 단기 또는 장기, 직접 또는 간접 투자로 목표를 설정한 뒤 매입 또는 매도를 검토한다. ⑤ 환율 움직임이 대세인지 아닌지를 판단하고 올라탈 때와 내릴 때를 확인한다.

이를 위해 환율을 둘러싼 이야기들을 전쟁에 빗대어 통화전쟁, 환율전쟁, 환율전투로 구분한 뒤 서술했다. 또한 모듈module 형식으로 정리했다. 독자들의 요구와 수준은 다양하고, 기초를 더 다져야겠다는 마음과 더 어려운 내용을 알아야겠다는 의욕은 항상 충돌하기 마련이다. 본문의 참고자료뿐 아니라 선행자료인 '기초체력단련', 보충자료인 '전력 보강을 위한 무기체계'를 제시함으로써 눈높이에 맞추어 다양한 욕구를 충족시키기 위해 노력했다.

이 책의 구성은 다음과 같다.

제1부 '전장을 읽는 눈'에서는 신문과 방송에서 전해주는 다양한 환율 이야기를 두서없이 읽어본 후, 얽혀 있는 실타래를 구분하여 4층 구조로 정리해본다. 아울러 환율 변동을 예상하기 위한 세 가지

시계의 관점에 대해 알아본다.

제2부 '통화전쟁'에서는 기축통화의 지위를 차지하기 위한 통화전쟁의 역사를 살펴보고 교훈을 찾아본다. 기축통화를 둘러싼 지배세력과 신흥세력 간의 갈등을 투키디데스의 함정을 통해 알아본다. 금본위제와 은본위제의 갈등, 금본위제의 제패, 중심을 차지하기 위한 기축통화 전쟁, 달러의 등장, 새로운 통화인 SDR과 유로화의 탄생, 위안화의 도전 등을 알아보고 그 시사점을 살펴본다.

제3부 '하늘의 시운과 땅의 이치'에서는 국제 금융시장과 국내 외환시장에서 일어나는 다양한 거래를 간단히 정리해본 뒤 환율에 영향을 미치는 요인과 환율이 경제에 미치는 영향 등을 알아본다. 환율에 영향을 미치는 다양한 요인들은 환율 예측에 중요하다. 아울러 환율이 결정되는 과정에서의 균형 수준에 대해 알아본다.

제4부 '환율전쟁'에서는 고정환율제와 변동환율제, 그 사이에 위치한 다양한 환율 시스템에 어떤 강점과 취약점이 있는지 정리해본다. 또한 환율 변동 메커니즘 속에서 당국이 어떤 정책을 취하는지 알아본다. 아울러 다른 나라의 환율 수준에 어떻게 압력을 가하는지, 이웃을 가난하게 함으로써 살아남으려는 냉정한 국가 이기주의가 어떻게 갈등을 유발하는지에 대해서도 살펴본다.

제5부 '환율전투'에서는 어떻게 돈을 벌 것인지를 두고 여러 금융기관과 기업이 벌이는 치열한 전략 싸움을 살펴본다. 또한 각국의 정책 당국은 이러한 전투 속에서 어떠한 환율정책과 외환정책으로

대응하고 있는지를 공부해본다. 아울러 환율이 금융위기 발생에 어떠한 영향을 미치며, 위기 과정에서 환율이 어떠한 움직임을 보이는지 알아본다. 그리고 이러한 전투에서 나타난 모습을 통해 다양한 환율거래의 패턴을 읽는 방법을 정리해본다.

제6부 '모르거나 불확실하거나'에서는 복잡성과 불안정성의 관점에서 환율 예측을 다시 바라본다. 또한 환율 움직임의 대세를 판단하기 위한 분석기법들을 살펴본다.

제7부 '전략의 수립'에서는 그동안 진행되었던 전쟁과 전투를 종합하여 마침내 환율 전략의 틀을 정리해보고, 미래의 환율을 상상해본다.

이 책은 무모하거나 야심 찬 야전교범이다. 전쟁 가운데서도 교범은 필요하다. 복잡한 실타래를 나열하기보다 예측 방법을 간단한 구조로 정리했다. 음모론에 초점을 맞추거나 정교한 수식을 동원하지 않았다. 쉽고 간단하고 재미있게 설명하려는 과정에서도 이론의 뿌리는 잊지 않았다.

다만 핵심 줄기에 초점을 맞추기 위해 가지치기를 했다. 전쟁터에서는 평소의 복잡한 생각이 단순한 몸짓을 통해 표출되어야 한다. 도식적 구조는 여러 가지 장치를 제거함으로써 명쾌한 이해를 제공하지만 무모하거나 위험하다. 예측의 장치는 '예측의 어려움을 알리는 장치'가 될 수 있다. 세상이 복잡하고 불확실하기에 단순한 설명을 자랑할 수는 없다. 그러나 명료하게 이해하고 행동하기 위해서는 단순한 구조에서 출발할 수밖에 없다. 예측 방법은 환율 이야기의 줄거리를 끌고 나가는 방편이다.

원고를 쓰는 과정에서 많은 분의 의견을 듣고 도움을 받았다. 그러나 책의 내용 중 잘못과 부족함이 있다면 전적으로 필자의 책임이다. 날카로운 이론과 튼튼한 실무지식으로 이 책을 펴내는 데 유익한 관점을 제시해주신 한국은행 이흥기 교수님, 열정적으로 연구하고 강의하시는 가운데서도 폭넓은 시각을 제공해주신 서울시립대 신원섭 박사님과 성균관대 이규인 박사님, 그리고 유익한 자료와 말씀을 주신 한국은행 김낙현 과장님, 김보성 과장님, 윤효진 과장님께 감사 말씀을 드린다. 또 오랜 시간 고민을 함께 나누었던 씨앗자산운용 문동훈 부사장님, NH농협 현병규 부장님, 한양증권 김세중 본부장님, 글쓰기를 계속 격려해주신 생각비행의 조성우 대표님께도 감사드린다. 그리고 항상 곁에서 용기를 북돋아주면서 가족의 화목한 분위기를 이끌어주는 사랑하는 아내와 언제나 격려해주시는 어머니, 하늘나라에 계시는 아버지께 감사드린다. 늘 열심히 공부하고 일하며 살아가는 찬이, 희주, 건이에게도 책 발간에 힘입어 평소의 쑥스러움을 이기고 고마운 마음을 전한다.

2020년 1월 글샘마을에서
임경

차례

제6부 모르거나 불확실하거나

제7부 전략 수립

부록

제 **1** 부

전장을 읽는 눈

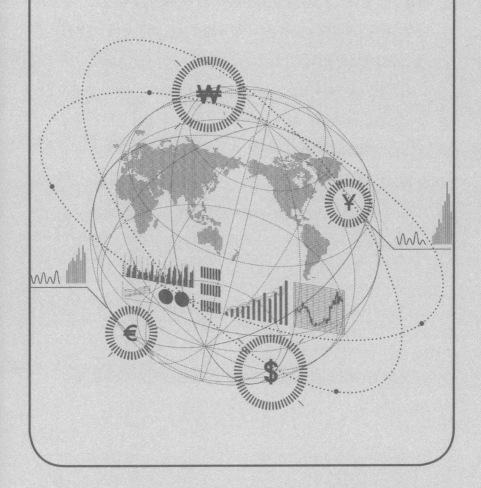

제 1 장

어지러운 전쟁과 전투
환율 흐름의 구조

화폐전쟁, 통화전쟁 그리고 환율전쟁[1]이 이어지는 가운데 정보가 쏟아져나온다. 수집하고 분류한 뒤 해석하고 통찰해야 한다. 정보는 전략 수립의 바탕이다.

물고기를 얻기보다 물고기 잡는 법을 익혀야 한다. 의견을 구하기보다 스스로 분석하고 해석할 줄 알아야 한다. "단순한 것이 아름답다"라는 말에 기대어 환율 예측을 도식화해본다. 환율 예측 방법론은 환율을 이해하기 위한 줄거리로 삼고자 하는 목적을 가진다.

자, 그럼 쏟아지는 정보의 폭격 이야기로부터 긴 전쟁의 첫발을 내디뎌보자.

---

1 엄밀하게 정의된 학술용어라기보다는 저널리즘적 용어다. 특히 화폐전쟁은 의미가 모호하다.

1. 환율 흐름의 집합

정보를 모으다

경제신문을 읽고, 교과서의 이론을 학습하고, 대중서의 경험을 익혀봐도 환율 이슈는 복잡하고 어지럽기만 하다. 정보가 수없이 쏟아질 때 가장 먼저 해야 할 일은 공통요소를 가진 그룹으로 정보를 분류하는 작업이다. 먼저, 읽어도 잘 알 수 없는 환율 이야기들을 나열해보았다.

A. 미국 경상수지가 계속 적자였는데도 달러 약세가 나타나지 않았던 이유는 무엇일까? 글로벌 금융기관들은 이러한 기조에 어떻게 대처했나?

B. 1997년 여름 태국 바트화 폭락이 확산되어 우리나라를 비롯한 동아시아 국가들의 외환위기를 초래했다. 위기는 전염되는 질병인가?

C. 브레턴우즈 체제Bretton Woods System는 1944년 제2차 세계대전 종전을 앞두고 미국 뉴햄프셔주 브레턴우즈에서 44개국이 참가하여 열린 국제통화제도 협정에서 비롯되었다. 미국 달러를 기축통화로 금환본위제를 시행하여 환율을 안정시키기 위해서였다. 협정에 따라 국제통화기금IMF과 국제부흥개발은행IBRD이 설립되었다. 기축통화로서 미국 달러의 패권은 언제까지 지속될까?

D. 중남미의 경제위기는 미국 달러 약세로 이어지는가?

E. 아르헨티나는 통화위원회제도currency board system라는 미국 달러와 연동한 고정환율제를 취했다. 미국 달러에 대해 아르헨티나 페소화를 1:1 평가로 유지하고 중앙은행의 외환보유액 규모에 따라 페소화 통화를 발행하도록 조절하는 시스템이었다. 도입 초기 원활히 작동했던 통화위원회제도는 왜 곧 한계를 드러내게 되었나?

F. 조지 소로스George Soros는 1992년 영국 파운드화의 가치가 고평가되어 있다고 판단하여 파운드화의 가치 하락에 투자했다. 당시 영국은 왜 파운드화를 방어하지 못했는가?

G. 우리나라 물가가 미국 물가보다 더 크게 오르면 원화의 구매력이 떨어져 실질환율이 하락한다. 이러한 설명은 사실인가?

H. 1985년 9월 22일 미국 뉴욕 플라자 호텔에서 미국, 영국, 프랑스, 서독, 일본의 재무장관과 중앙은행 총재들이 환율에 관한 합의를 이루어냈다. 당시 미국 등은 일본의 팔을 비틀었나?

I. 'IMF 사태'라고 불리는 외환위기를 겪은 뒤 우리나라의 환율제도는 시장평균환율제에서 변동환율제로 바뀌었다. 환율제도가 외환위기를 발생시키는 요인이 되었나?

J. 급속한 경제 성장으로 중국이 G2 국가로 부상한 가운데 2015년 11월 위안화의 SDR(특별인출권, Special Drawing Right) 편입을 계기로 위안화의 국제화에 많은 관심이 쏠리고 있다. 향후 위안화가 달러를 제압할 것인가?

K. 환율이 크게 변동할 때 많은 수출 중소기업이 환헤지換hedge 수단을 찾는다. 환헤지는 항상 바람직한가?

4층 건물에서의 전쟁

환율이 움직이는 메커니즘을 이해하기 위해서는 먼저 쏟아지는 환율 뉴스들이 각각 무슨 이야기를 하는지 구분해야 한다. 수많은 사례를 몇 가지 유형으로 구분할 수 있다면 이미 환율에 대해 절반은 이해한 셈이다. 이는 뒤섞여 어지러운 곡물 창고를 쌀, 보리, 밀, 귀리의 품종별로 나누는 작업이며, 뒤엉킨 실타래를 빨강, 파랑, 노랑, 초록의 색깔별로 풀어내는 작업과 같다.

이론과 역사의 경험에 따르면 환율의 모든 움직임은 〈표 1.1〉과 같이 분류할 수 있다. 환율 이야기를 싸움의 시각에서 바라보며 네 층으로 나누어 정리하면, 1층은 기축통화를 차지하기 위한 전쟁, 2층은 고정환율제와 변동환율제 등 환율체제를 둘러싼 전쟁, 3층은 환율 수준을 공격하는 공군과 이를 방어하고자 하는 육군 간의 전

표 1.1 전쟁과 전투의 구조

층	싸움	싸움의 내용	싸움의 구분	
4	환율전투	환율거래 손익을 위한 전투	환율	전투
3	환율전쟁Ⅱ	환율 수준을 둘러싼 전쟁		전쟁
2	환율전쟁Ⅰ	고정환율제와 변동환율제 간의 전쟁		
1	통화전쟁	기축통화를 차지하기 위한 전쟁	통화	

쟁, 4층은 환율 움직임을 통해 돈을 벌거나 또는 손해를 보지 않으려는 손익 전투로 요약할 수 있다. 그렇다. 환율 이야기는 높지 않은 4층 건물에 대한 설명이다.

1층에서 벌어지는 싸움은 통화전쟁이다. 어떤 돈을 국제통화체제의 중심에 세우느냐 하는 기축통화를 둘러싼 전쟁 이야기다. 반면 2~4층에서 벌어지는 싸움은 환율의 움직임과 관련된 전쟁과 전투 이야기다.

다른 관점에서 구분해보면, 1~3층에서 벌어지는 싸움은 국가의 힘이 총체적으로 반영되는 전쟁인 반면, 4층의 싸움은 주로 금융기관, 기업, 개인 등의 수요와 공급에 따라 손익을 다투는 전투다. 정책 당국도 때로는 시장원리에 따르면서 4층 전투에 참여하기도 한다.

통화전쟁과 환율전쟁은 국제금융거래의 안정화를 통한 글로벌 경제의 발전이라는 명분을 내세우며 시작된다. 그러나 그 뒤에는 자국의 이익을 극대화하려는 실리가 숨어 있다. 모든 환율전쟁에는 환율거래의 손익을 다투는 전투도 따라온다. 매일 벌어지는 환율전투에서 각국의 경제 주체들은 저마다 이익을 취하거나 손실을 보지 않으려는 의도를 숨김없이 드러낸다.

2. 각층으로 헤쳐 모여!

환율 움직임의 구분

앞에서 나열한 환율 이야기들을 4층 구조로 분해해보자. A부터 K가 무엇에 대한 이야기인지, 아래의 〈표 1.2〉와 같이 일단 나누어 보자. 구분하는 작업은 뒤에 나오는 설명으로 쉽게 할 수 있다. 지금 이해할 수 없다고 실망하지 말자. 일단 상황을 구분하는 작업부터 시작한다. 이렇게 구분하는 목적은 폭탄처럼 쏟아지는 정보를 나누어 명확히 이해하기 위함이다.

표 1.2 환율 움직임의 구분

구분	환율 움직임	층	싸움의 내용
A	미국 경상수지 적자 지속 → 달러 약세	4	환율거래 손익을 위한 전투
B	바트화 폭락 확산 → 동아시아 위기	3	환율 수준을 둘러싼 전쟁
C	브레턴우즈 체제의 탄생 → 기축통화	1	기축통화를 차지하기 위한 전쟁
D	중남미 경제위기 → 미국 달러 약세	4	환율거래 손익을 위한 전투
E	아르헨티나의 통화위원회제도	2	고정환율제와 변동환율제 간의 전쟁
F	조지 소로스의 파운드화 투자	3	환율 수준을 둘러싼 전쟁
G	원화의 구매력과 실질환율 하락	4	환율거래 손익을 위한 전투
H	플라자 합의	3	환율 수준을 둘러싼 전쟁
I	외환위기와 우리나라 환율제도 변경	3	환율 수준을 둘러싼 전쟁
J	위안화의 SDR 편입	1	기축통화를 차지하기 위한 전쟁
K	중소기업들의 환헤지 수단	4	환율거래 손익을 위한 전투

환율 움직임의 구조

〈표 1.2〉를 다시 정리하면 〈표 1.3〉과 같다. 내용은 같으나 형식만 달리 했다. 각 전쟁과 전투에 어떤 사례가 해당하는지 알 수 있다. 나아가 앞으로 쏟아질 엄청난 양의 환율 관련 뉴스도 몇 층에 해당하는지 알 수 있을 것이다. 환율의 흐름 중에서 통화전쟁과 환율전쟁 I 은 바다 깊숙이 흐르는 해류라면, 환율전쟁 II 는 가끔 발견되는 중간층의 해류다. 환율전투는 매일 일어나는 해수면의 파도다.

교과서의 많은 이론이 환율전투에 대해 설명한다. 외환딜러와 펀드매니저도 전투에 참여한다. 매일 이익을 얻거나 손해를 본다. 또는 헤지 포지션hedge position 전략[2]으로 손익변동에서 해방되기 위해 노력한다. 금융기관과 기업은 물론이고 정부와 개인도 전투에 참여

표 1.3 환율 움직임의 구조

층	싸움	싸움의 내용	환율 움직임
1	통화전쟁	기축통화를 차지하기 위한 전쟁	C. 브레턴우즈 체제의 탄생 → 기축통화 J. 위안화의 SDR 편입
2	환율전쟁 I	고정환율제와 변동환율제 간의 전쟁	E. 아르헨티나의 통화위원회제도
3	환율전쟁 II	환율 수준을 둘러싼 전쟁	B. 바트화 폭락 확산 → 동아시아 위기 F. 조지 소로스의 파운드화 투자 H. 플라자 합의 I. 외환위기와 우리나라 환율제도 변경
4	환율전투	환율거래 손익을 위한 전투	A. 미국 경상수지 적자 지속 → 달러 약세 D. 중남미 경제위기 → 미국 달러 약세 G. 원화의 구매력과 실질환율 하락 K. 중소기업들의 환헤지 수단

한다. 환율 흐름을 전망하는 작업이나 전략을 세우기 위한 노력에 비하면 환율 움직임의 구조를 이해하기는 상대적으로 쉽다.

2 외화 자산과 부채의 규모 및 성격을 동일하게 맞춤으로써 환율이 오르거나 내릴 때도 환율 변동에 따른 손익에서 벗어날 수 있도록 하는 전략을 말한다.

제2장

경계의 깃발을 세우다
시간을 보는 관점

환율을 이해하고 전망하기 위해서는 세계를 이해하고 미래를 예상해야 한다. 반대로 환율의 움직임을 통하여 세상과 미래를 상상할 수도 있다. 그러나 오늘을 충분히 안다고 할지라도 미래의 일을 정확히 알 수는 없다. 오늘의 시각을 단기, 중기, 장기의 세 가지 시계 time horizon로 나누어 살펴보자. 세상을 보는 자신의 견해 없이는 시장을 마주할 수 없다.

1. 짧게 그리고 길게 바라보기

시계의 3단계 관점

단기, 중기, 장기 세 가지 시계의 관점에서 시장의 흐름을 읽어야 한다. 각 시계의 기간이 명확하지는 않지만, 여기서 단기는 1일에서 3~6개월, 장기는 최소 5년 이상 혹은 10년 이상을 말한다. 그리고 중기는 그 둘 사이의 기간을 말한다. 단기 전망은 정보에 대한 직감에 의존하며, 중기 전망은 이론 공부와 오랜 경험에 의존한다. 한편 장기 전망은 경제 구조 등에 대한 철학과 역사관에 의존한다.

단기, 중기, 장기의 관점은 연결되며 서로에게 영향을 미친다. ⟨표 2.1⟩과 같이 세 가지 시계로 구분하여 관찰한 뒤 관점을 통합해야 한다. 이러한 3단계 구조는 환율 전망뿐 아니라 금리 전망과 주가 전망에서도 마찬가지다.

표 2.1 시계의 관점

시계	중점
단기	정보에 대한 직감
중기	이론과 경험
장기	경제 구조 등에 대한 철학과 역사관

단기: 정보에 대한 직감

매일 일어나는 사건을 읽지 않으면 외환시장의 움직임을 따라갈 수 없다. 감을 유지하기 어렵다. 외환딜러들은 점심시간에 자리를 비우는 일도 때때로 두려워하곤 한다. 여기서 감이란 전문가의 오랜 정보 축적과 경험에서 나오는 역량을 말한다. 실시간으로 상황이 변하는 순간 어떻게 판단하고 행동해야 하는지 알지만, 왜 그런지 합리적으로 설명할 수 없을 뿐이다.

'시장이 평소와 다르다. 무슨 일이 벌어지고 있지?'라고 느낄 때가 있다. 이때 정보를 빨리 수집해 따라가다 보면 어떤 요인을 발견할 수 있다. 시장이 왜 그 점에 주목하고 반응하고 있었는지 알게 된다. 체계화하기 매우 어려운 상황에서 정보를 해석해내는 데는 전문가의 직감이 필요하다. 그러나 그 바탕에는 이론의 기초와 경험의 축적이 있음을 잊지 말아야 한다. 숙련되지 않은 개인이 뉴스를 따라가며 단기적인 직감을 유지하기는 어렵다. 그보다는 정보를 교환하는 협력이 필요하다.

이는 다른 사람들이 정보에 어떻게 반응할 것인지에 대한 감과도 연결된다. 외환시장의 딜러들은 다른 사람들이 어떻게 정보에 반응하는지를 보고 행동한다. 또한 지금 자신의 행동이 다른 사람들에게 미칠 영향도 생각한다. 그리고 다시 다른 사람들이 앞으로 어떻게 행동할지 예상해본다. 사후에 보면 한 요인이 다른 요인에 영향을 미치고 또 다른 요인도 가세하여 환율 변동을 초래했음을 알게 되지만, 당시에는 판단할 수 없다. 직감에 의존한다. 언제나 무엇이 옳은지가 아니라 다른 사람들이 어떻게 행동하는지를 읽으려고 노력해야 한다.

중기: 이론과 경험

이론만으로 예측할 수는 없다. 세상은 이론대로 움직이지 않는다. 환율도 마찬가지다. 현실의 복잡함과 무게는 이론을 넘어선다. 상당 기간 이론적 균형에서 멀어지기도 한다. 그래도 이론을 알아야 한다. 상황이 이론대로 움직이지 않아도 현재 가격이 이론으로 산출한 가격과 얼마나 괴리가 있는지는 알아야 한다. 이론은 현실을 논리적으로 설명하려는 노력이다.

물론 이론에는 한계가 있다. 새로운 현상이 나타나고 새로운 정보가 주어지면 이론은 변해야 한다. 이론을 넘어서 살아 있는 논리로 현실을 설명해야 하며, 현실을 이론에 맞추려 해서는 안 된다. 현실을 제대로 설명하지 못하는 이론은 수정되거나 폐기되어야 한다. 이론은 언제나 현실에 의해 수정되는 불완전하고 잠정적인 도구에 불과하다. 현상을 분석하는 사고의 틀이 불완전하므로 새로운 정보를 끊임없이 만들어내는 현실의 움직임이 중요하다.

지금 이야기하는 이론은 주로 경제의 움직임과 관련한 이론이지만, 환율 변동에 대처할 때 경제와 정치, 사회, 군사 문제를 구분하여 생각할 수 없다. 이를 모두 하나의 덩어리로 보는 자세를 가져야 한다.

이론이란 주어진 정보에서 패턴을 찾아내어 정리하는 방식이다. 이론을 알면 정보를 바라보는 시각이 넓어지고 깊어진다. 환율 변동과 관련한 자금 흐름의 정보들을 세분하여 유형화할 수 있으면 전망에 도움이 된다. 또 자금 흐름의 패턴을 알면 예측에 도움이 된다. 환율을 둘러싼 사건과 흐름에 대한 해석을 이어가는 과정에서 관점이 풍부해진다.

장기: 경제 구조 등에 대한 철학과 역사관

5년 이상의 시계를 가지기는 어렵다. 세상은 빨리 변한다. 옛날에도 10년이면 강산이 변한다고 했는데, 하물며 급속하게 변화하는 오늘날에야 두말할 나위 없다. 더욱이 우리나라 일도 예상하기 어려운데 미국, 유럽, 일본, 동남아, 중동, 남미, 아프리카에서 어떤 일이 일어날지 누가 알겠는가? '세계 경제의 패권은 어디로 이동하는가?', '한국인의 저력을 믿는가?' 정도의 큰 질문이라면 철학과 역사관에 의거하여 답할 수밖에 없다. 이미 상당 부분 경제 상황을 넘어선 질문이기 때문이다.

움직이는 것들의 상승과 하락, 확대와 축소, 좋음과 나쁨은 변한다. 그러나 경제의 구조는 그리 쉽게 바뀌지 않는다. 매년 나타나는 성장의 실적도 오랜 기간에 걸쳐 축적되고 상쇄되면서 경제 구조에 영향을 미친다. 수시로 변하는 동향을 넘어서 경제 구조에 관심을 가져야 한다.

또한 정치, 외교, 군사 전망과 주요국의 근본적 특성, 장단점, 저력 등에 관심을 가져야 한다. 다양한 사회를 바라보는 철학이 필요하다. 미국의 자유에 대한 존중과 창의성, 일본의 정교함과 협동심, 유럽의 다양성과 합리성, 중국의 거대함과 도약, 신흥시장국의 자원 잠재력과 역동성 등은 장기적으로도 중요하다. 반면 아직 민주주의 제도가 완비되지 못한 나라들은 소득이 증가하면서 자유에 대한 요구가 증대할 가능성이 크다. 따라서 사회가 불안정해질 가능성, 포

풀리즘에 의존하고 있는 정책이 지속될 우려, 인종 문제와 종교 갈등이 심화될 가능성, 국지적 분쟁과 전쟁 발발의 우려와 같은 장기 리스크 요인이 중요해진다.

미래를 예상하기 위해 지나간 역사의 흐름에 대한 관점을 정립하는 일은 중요하다. 과거로부터 이어진 시간의 흐름이 누적되어 미래를 만든다. 하지만 과거의 시계열이 미래를 향해 직선으로 뻗어 나가지는 않으므로 항상 전망은 어렵다. 역사는 직선으로 진행되지 않는다. 변곡점을 찾아내기 위해 구조의 변화에 관심을 가져야 한다.

2. 시계의 설정

어디까지 바라볼 것인가

맥아더Douglas McArthur 장군은 "작전에 실패한 군인은 용서할 수 있어도 경계에 실패한 군인은 용서할 수 없다"라고 했다. 경계는 가까운 곳에서 먼 곳으로, 왼쪽에서 오른쪽으로 중첩하여 이루어져야 한다. 적들은 의외로 가까운 곳에 숨어 있다가 갑자기 달려들 수 있다.

시계를 가진다는 것은 어느 시점까지의 세상을 바라보느냐는 뜻이다. 우리는 내일 죽는다고 할지라도 100년 후의 세계를 상상한다. 또 시계를 가진다는 것은 요인이 언제까지 영향을 미칠지에 대해 이해한다는 뜻이기도 하다. 상승 요인과 하락 요인이라는 방향을 알기는 상대적으로 쉽지만 언제까지 영향을 미칠지는 알기 어렵다.

중첩되고 상쇄되는 요인들

환율의 움직임에는 여러 요인이 동시에 영향을 미친다. 몇몇 요인은 상쇄되며 몇몇 요인은 중첩된다. 강력한 상승 요인 하나가 미약한 하락 요인 여럿을 누르기도 한다. 새로 등장했다가 슬며시 사라지는 요인도 있다. 미세한 요인들은 무시해야 한다. 집착할 필요가 없다. 정보를 과감히 삭제할 수 있는 용기도 역량이다.

예컨대 천안함 침몰 사건이 일어난 2010년 3월 26일 이후 원·달러 환율은 한반도의 지정학적 위기가 고조되었음에도 하락했다. 당시 재정위기가 우려되는 그리스에 대한 지원안 소식이 국제금융시장의 불안감을 해소하면서 우리나라의 지정학적 위기보다 환율 결정에 더 큰 영향을 미쳤기 때문이다. 두 달 뒤 정부가 공식적으로 천안함 침몰 원인 조사 결과를 발표한 5월 20일에는 남유럽 재정위기가 다시 부각되면서 환율이 크게 상승하기도 했다.[3]

반응 속도는 다르다

변동 요인들이 환율에 반영되는 데는 시차가 있다. 어떤 요인은 그럴 것이라는 기대를 바탕으로 사건이 벌어지기도 전에 영향을 미친

3 이승호, 《환율의 이해와 예측》(2018)에서 인용했다.

다. 확실하지 않은 정보가 확산되면서 천천히 반영되기도 한다. 환율에 미리 반영된 요인들을 나중에 확인해보면 잘못된 정보였을 때도 있다. 또 새삼스레 뒷북을 치면서 환율에 영향을 미치기도 한다.

2015년 6월 미국 연방공개시장위원회Federal Open Market Committee, FOMC[4] 회의 결과, 통화정책이 완화적dovish일 것으로 보도되자 외환 시장에서는 기대를 통해 원·달러 환율이 하락하는 반응을 보였다. 아직 조치가 시행되기 전이었다. 또 2008년 10월 한국은행이 미 연준Fed과의 통화스왑 계약 체결을 발표하자 환율이 크게 하락했다. 이 또한 실제로 스왑을 통해 외화자금이 들어오기 전에 향후 유동성 공급으로 외화 부족이 상당 부분 해소되리라는 기대가 작용했기 때문이었다.

상품 만기와 시계

시계 문제는 자신의 수요에 따른다. 금융기관이나 대기업은 외화 대출과 외화차입 그리고 통화스왑과 외환스왑에 관심을 둔다. 계속 영업을 하므로 만기의 의미가 없다. 그러나 개인과 중소기업은 달러 예금, 외화 펀드, 브라질 국채, 환변동보험 등 금융상품에 투자하는데, 그럴 때마다 우선 해당 금융상품의 만기까지만 환율을 전망한

---

4 미국 연방준비제도 산하 위원회로 기준금리 등을 결정한다. 12명의 위원으로 구성되며 연 8회의 정례회의를 가진다.

다. 물론 만기 시 재투자를 계획하고 있거나 다른 거래를 계획하고 있다면 시계를 더 넓혀야 한다.

그런데 만기가 짧은 금융상품에 가입했다고 해서 단기 요인에만 관심을 가져야 할까? 6개월 만기 상품이라 하더라도 향후 6개월만 관심을 가지기보다 단기, 중기, 장기 세 가지 시계의 관점을 유지해야 한다. 중기 요인과 장기 요인이 기조적으로 변하면서 단기에도 영향을 미치기 때문이다.

제 **2** 부

통화전쟁

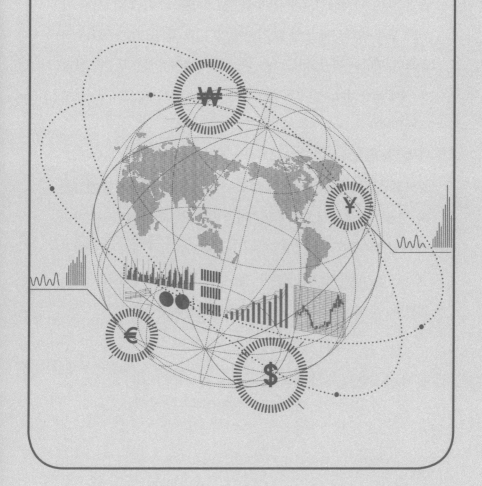

제 3 장

천하통일을 위한 갈등
금본위제와 달러 패권의 역사

혼란스러운 세상에서도 항상 기준은 필요하다. 환율 세계에서도 '비싸다' 또는 '싸다'라고 말할 때 기준이 있다. 그 기준은 누가 정해주지 않으며, 법규에 명시되지도 않는다. 국제금융시장에서 무언의 합의로 정해질 뿐이다. 전 세계 무역거래의 몇 퍼센트 이상을 차지해야 국제통화라고 볼 수 있는지 정해진 바는 없다.

기축통화key currency란 무역거래와 국제금융거래에 주로 사용되는 통화로서 공적 당국에 의해 외환보유액 준비통화, 외환시장 개입통화, 환율 기준통화 등으로 광범위하게 사용되는 돈을 말한다.[1] 비슷한 개념으로 사용되는 국제통화international currency란 국가 간 무역거래와 자본거래에서 지급결제와 자본투자 등에 널리 사용되는 돈을 말한다. 국제통화 중 대표 선수를 기축통화라고 부른다.

---

1 기축통화라는 용어는 1922년 제노바 국제회의에서 처음 등장했으며, 1960년 로버트 트리핀Robert Triffin 예일대 교수가 사용하면서 일반화되었다.

기축통화를 이해하는 일은 환율 공부에서 기준을 이해하는 작업이다. 역사를 통해 기축통화의 탄생을 알아본 뒤 미국 달러가 새롭게 등장하는 치열한 전쟁의 과정을 살펴보자.

1. 기축통화란 무엇인가

기축통화는 하나뿐인가?

기축통화의 정의는 다소 모호하다. 교과서에 따라서 몇 개의 주요 국제통화를 기축통화라고 부르면서 그중 미국 달러를 제1의 기축통화라고 말하기도 한다. 이러한 관점에서는 유로화, 일본 엔화, 스위스 프랑화 등도 기축통화라고 할 수 있다. 굳이 이야기하자면 협의의 기축통화와 광의의 기축통화라고 할 수 있다. 여기서는 제1의 기축통화인 미국 달러만을 기축통화라고 부르기로 한다.

언어와 기축통화

통화는 종종 언어에 비유된다. 많이 사용되는 영어, 스페인어, 프랑스어, 중국어 등을 국제언어라고 한다면 이 중 가장 널리 통용되는 영어를 기축언어基軸言語라고 부를 수 있다.

영어는 왜 전 세계에서 가장 많이 사용하는 언어가 되었을까? 유럽과 아시아 각국은 물론 러시아와 중국에서도 영어를 제1외국어로

힘써 배우고 있다. 영어의 문법이 프랑스어나 독일어에 비해 합리적이고 배우기 쉬워서일까? 아니면 누가 강요해서일까? 그저 영국이 대영제국이었고, 그 패권을 이어받은 미국도 영어를 사용하기 때문이다. 영국의 제1수출품은 영어이고, 미국의 제1수출품은 달러다. 영어가 제1언어의 위상을 유지하는 가운데 기축통화는 영국 파운드에서 미국 달러로 넘어왔다.

무엇이 기축통화를 결정하는가?

먼저 기축통화가 되기 위한 요건을 알아보자. 특정 통화가 기축통화가 되기 위해서는 통화의 신뢰성confidence, 국제금융시장에서의 유동성liquidity, 그 통화와 연계된 거래 네트워크의 외부성network externalities [2] 등에서 다른 통화보다 우월해야 한다.

그러나 이에 못지않게 중요한 요건이 있다. 기축통화 발행 국가는 경제 흐름을 주도할 수 있어야 할 뿐 아니라 글로벌 리더십을 보유해야 한다. 쉽게 말해 정치, 경제, 사회, 문화를 아우르는 국력이 세계 최강이어야 한다. 여기에는 물론 항공모함과 미사일의 전력 등도 포함된다.

---

[2] 특정 제품을 사용하는 수요자가 늘면 네트워크를 통해 다른 사람의 수요에도 영향을 주는 현상을 말한다. 제품을 사용하는 사람이 많을수록 그 가치가 커진다. 경제 주체들의 소비가 독립적이지 않고 연관돼 있어 얼마나 많은 사람이 사용하는지가 중요하다.

2. 통화전쟁은 왜 일어나는가

편익과 비용

기축통화의 위상을 차지하려는 싸움은 늘 있어왔다. 자국에 이익이 되기 때문이다. 하지만 장점이 있으면 단점도 있기 마련이라 기축통화가 되면 불리한 점도 있다. 그래도 헤게모니 전쟁에서 이기려는 각국의 욕심 넘치는 모습을 보면 편익이 비용보다 크다고 볼 수 있다.

기축통화의 편익

기축통화 발행국이 되면 여러 이익이 생긴다. 첫째, 전 세계 국가들이 다양한 목적으로 기축통화를 원하므로 돈의 수요가 늘어나 화폐 발행에 따른 주조차익(시뇨리지seigniorage)을 얻는다. 예를 들어 100달러 화폐를 제조비용 5달러에 발행하면 기축통화국은 95달러의 이익을 거둔다. 제조원가 5달러짜리 상품을 100달러에 수출하는 셈이다. 기축통화는 가장 이익이 많이 남는 수출상품이다.

둘째, 국제수지 적자가 되더라도 낮은 금리로 적자를 보전할 수 있다. 기축통화에 대한 수요가 많으므로 유동성이 높아 저금리로 차입할 수 있다. 즉, 낮은 금리에도 불구하고 다른 나라들이 기축통화 발행국의 국채를 대규모 매입한다. 다른 나라들은 만일의 금융위기에 대비하기 위해 기축통화 표시 안전자산을 보유하면서 기회비용을 지불하는 셈이다.

셋째, 기축통화 발행국은 자국의 자산과 부채를 관리하는 데 있어서 통화 불일치 위험이 대폭 완화된다. 예컨대 미국은 자산과 부채 모두 달러이므로 환율이 어떻게 변하든지 신경 쓸 일이 없다. 자산과 부채 대부분이 자기 나라 돈인 덕분이다. 외환위기로부터도 자유롭다. 자기 나라 돈을 찍어서 대응할 수 있기 때문이다. 1990년대 말에 발생한 아시아 외환위기가 대부분 국내통화 자산과 국제통화 부채의 규모가 불일치한 데 기인했다는 점을 상기해보면 쉽게 알 수 있다.

넷째, 기축통화 발행국의 금융산업은 그렇지 않은 국가에 비해 비교 우위를 차지할 수 있다. 무역거래와 자본거래 규모가 커질 뿐 아니라 주고받는 자금의 리스크 관리에도 커다란 이점이 있다.

다섯째, 기축통화에 대한 수요 증가로 통화 가치가 높아져서 자국 가계와 기업의 구매력이 증가할 수 있다.

기축통화의 비용

기축통화를 발행하면 아울러 여러 불편한 점도 생긴다. 전 세계가 기축통화인 자국 돈을 필요로 하므로 여러 가지 고려할 사항이 늘어난다.

첫째, 다른 나라들이 자국 통화를 많이 보유함에 따라 기축통화의 수요가 불안정해진다. 따라서 통화정책을 시행할 때 효과가 제약

된다. 대규모 돈이 해외로 들락날락하면서 정책 집행의 교란 요인이 되므로 계획된 효과를 얻기 쉽지 않다. 그러므로 국내 금융경제 규모가 해외보다 상당히 커야만 기축통화의 위상을 지켜나갈 수 있다. 아무리 국내 경제가 강하더라도 규모가 작은 나라는 기축통화국이 될 수 없다.

둘째, 외국 통화가 자국 통화에 연동conventional peg[3]된 경우가 있다면 기축통화 발행국의 정책수단이 제약되기도 한다. 자기 나라의 거시경제를 조정하기 위한 정책이 환율을 변동시켜 다른 나라 경제에 영향을 주기도 한다. 물론 다른 나라 사정에 아랑곳없이 정책을 시행할 수도 있다. 남의 사정을 봐주면서 자기 살길을 찾기는 어렵다. 그러나 지나치게 자국의 이익만 추구하다가는 국제사회의 비난을 피할 수 없다.

셋째, 기축통화 발행국의 국내 통화정책 집행이 국내 경제는 물론 세계 경제에 미치는 영향이 크므로 세계 경제의 움직임까지 염두에 두어야 하는 복잡한 상황이 발생할 수 있다. 이 역시 자기 나라만 생각하면서 정책을 시행할 수도 있지만, 이러한 일이 반복되면 기축통화의 위상이 떨어지고 만다.

---

3 자국 통화를 외국의 단일 통화나 복수의 통화바스켓에 연동시켜 고정환율을 유지하는 제도로서 외환 당국은 직간접 개입을 통해 시장환율 기준환율 중심으로 좁은 범위에서 변동하도록 관리한다.

편익은 비용보다 언제나 큰가?

전체적으로는 비용보다 편익이 크다고 본다. 그러나 일본 엔화, 유로화 도입 이전 독일 마르크화는 비용에 대한 부담으로 기축통화로의 도전과 국제통화로서의 역할 확대에 적극적이지 않았다.

3. 기축통화의 편익에 대한 반론과 불만

다시, 무엇이 기축통화를 결정하는가?

누가 마음먹고 기축통화를 결정하는 것은 아니다. 전 세계 참가자들이 매일매일 국제금융시장에서 기축통화에 대한 투표를 한다고 볼 수 있다. 후보자들은 소리 없는 경쟁을 통해 보이지 않는 선거를 치르는 셈이다. 가장 튼튼하다고 대다수가 신뢰하는 통화가 기축통화가 된다.

그럼에도 기축통화 발행국이 지나치게 많은 편익을 누린다는 불만이 제기된다. 기축통화로 인정할 수밖에 없지만 혜택이 지나치게 크다는 주장이다. 반면 혜택에 대한 반론도 있다. 기축통화를 둘러싼 전쟁은 계속되어왔으며 언제나 진행 중이다.

닭이 먼저냐? 달걀이 먼저냐?

가만히 살펴보면, 기축통화의 장점 대부분은 기축통화이기 때문이 아니라 기축통화가 될 정도로 국력이 크고 강하기에 생기는 장점이다. 선후 관계가 바뀌면 오해가 생긴다.

기축통화의 편익으로 거론되는 몇 가지 점들을 살펴보자. 우선 기축통화인 자기 나라 돈을 마음대로 발행할 수 있으므로 외환위기로부터 자유로워진다는 주장이 있다. 하지만 애초에 위기로부터 자유로울 만큼 경제가 크고 강해야만 기축통화가 될 수 있다. 안정적 경제 위상을 유지하고 있지만 기축통화가 되지 못하는 통화를 살펴보자. 거래 규모가 크지 않은 스위스 프랑화와 일본 엔화가 대표적인데, 이들 국가도 외환위기에서 상당히 자유롭다. 국제통화이기 때문에 외환위기로부터 자유로운 것이 아니라 외환위기에서 비교적 자유롭기 때문에 국제통화가 되었다고 할 수 있다.

다음으로 기축통화 발행국은 낮은 금리로 자금을 빌릴 수 있는 편익을 누린다는 주장에는 기축통화이기 때문이 아니라 신용도가 높기 때문에 저금리 차입이 가능한 것이라고 반론할 수 있다. 신용이 높다면 누구나 저금리로 차입할 수 있다.

마지막으로 시뇨리지 효과에 대해 살펴보자. 기축통화 발행국은 돈을 찍어내서 다른 나라로부터 상품을 수입해 막대한 부를 얻는다고 주장할 수 있다. 하지만 기축통화로서의 위상을 차지하려면 화폐의 가치가 안정되어 있어야 한다. 돈을 많이 찍어내면 인플레이션을 유발할 수 있다. 충분한 시뇨리지 효과를 낼 만큼 돈을 찍어내면 기축통화로서의 지위가 흔들리게 되므로 일정 수준 이상 발행할 수는

없다. 시뇨리지 효과도 화폐 가치 안정에 대한 신뢰 내에서만 얻을
수 있다.

과도한 특권에 대한 불만

그래도 기축통화국이 과도한 특권을 독점적으로 누리고 있다고
여러 나라가 불만을 제기한다. 미국의 경제와 교역 규모에 비해 이
러한 특권이 너무 크다는 것이 다른 교역국들의 불만이다.[4]

이들은 미국 달러 이전의 기축통화였던 영국 파운드는 달러에 비
해 특권이 크지 않았다고 주장한다.[5] 한 연구에 따르면, 미국은 기축
통화국으로서 얻는 글로벌 시뇨리지 덕분에 미국 내 민간소비를 연
평균 0.6%포인트씩 높일 수 있는 것으로 추정되었다.[6]

---

4 미국이 세계 GDP에서 차지하는 비중은 약 20%이고 교역 비중도 11%에 불과한
    데 비해 외환거래의 85%가 달러로 이루어지고 있으므로 미국 달러의 영향이 과
    도하다고 주장한다.
5 1899년 영국의 교역 비중(16%)은 2009년 미국의 교역 비중(11%)보다 높았으나
    파운드의 결제통화 비중(60%)은 달러화(85%)보다 낮았다. 다만 세계 외환보유
    액 비중은 달러(61%)와 파운드(64%)가 유사하다.
6 M. Canzoneri, R. Cumby, B. Diba and D. Lopez-Salido, 〈Macroeconomic
    Implications of a Key Currency〉(2008)를 참고했다.

4. 기축통화와 국제통화체제의 역사

왜 역사인가?

오랜 시간의 힘을 이겨내고 만들어진 현상과 제도는 많은 교훈을 준다. 역사를 돌아봄으로써 기축통화의 조건이 무엇인지 다시 생각해볼 수 있다. 기축통화가 바뀌게 된 여건과 기축통화와 환율제도 변화 간의 관계를 알아보자. 국제금융시장이 안정적일 때 기축통화는 세력을 유지했다. 아니, 반대가 더 옳을 수 있다. 기축통화가 세력을 유지할 때 국제금융시장은 안정적이었다. 오랜 과거에서부터 2008년 글로벌 금융위기 이전까지 살펴보고, 금본위제와 브레턴우즈 체제를 중심으로 역사를 정리해보자.

각 지역의 지배통화

시대마다 강대국들이 통치하는 땅에는 지배통화가 있었다. 초강대국의 등장과 함께 나타났다가 경제적 쇠퇴와 정책의 실패 등으로 그 지위를 새로운 통화에 내어주는 역사를 반복했다.[7] 지배통화는

---

7 조석방·김동우, 〈중장기 국제통화질서 변화 전망〉(한국은행 국제연구반, 2010)
   을 참고했다. 서양을 기준으로 보자면, 그리스의 드라크마Drachma, 로마의 아우레
   우스Aureus(금화)와 데나리우스Denarius(은화), 비잔틴 제국의 솔리두스Solidus, 이
   탈리아의 제노인Genoin, 네덜란드의 길더Guilder가 차례로 지배통화의 지위를 이
   어받았다. 이에 더하여 중세에 들어서는 오스만제국의 은화가 유럽과 중동을 넘
   어 중국에까지 영향을 미치는 지배통화의 지위를 누렸으며, 스페인이 아메리카
   대륙에 진출해 막대한 양의 은을 들여오면서 지배통화의 지위를 차지했다.

국가의 흥망성쇠와 함께했다.

어떤 국가가 정치·군사적으로 강대국이 되면 자연스럽게 물자가 몰리면서 경제적으로도 강대국이 되었다. 그러나 경제적으로 풍부하다고 반드시 강대국이 되지는 않았다.[8] 강대국이 되면 해당 국가의 화폐가 자연스럽게 지배통화 역할을 했다.

근대 이전까지는 강대국일지라도 통치하고 있는 해당 지역 주변만 자국 통화의 실질적인 영향권에 둘 수 있었다. 관할 영역을 벗어나면 화폐의 액면으로 거래되는 것이 아니라 화폐에 들어간 귀금속의 중량을 따져서 거래되었다. 근대 이전에는 현재와 같은 글로벌 기축통화가 없었다. 전 세계를 통합하는 하나의 경제권, 하나의 세계가 형성되지 않았기 때문이다. 트리핀 교수의 기준에 따르면, 영국 파운드화에 이르러 사상 처음으로 기축통화라 부를 수 있는 통화가 탄생했다.

금본위제와 은본위제, 복본위제의 할거

각국의 통화가 통치 영역을 지배하는 가운데 금과 은 같은 귀금속을 바탕으로 다양한 화폐가 발행되었다. 금속본위의 화폐는 어떻게 현재와 같은 화폐로 발전했을까? 상품화폐에서 귀금속본위제로, 복본위제[9] 또는 은본위제에서 금본위제로, 다시 금본위제에서 불환화

---

8 일례로 몽골제국은 물자가 풍부했던 송나라를 제압했다.

폐[10]로 진행된 역사는 일견 자연스러운 추세로 보인다. 그러나 조금만 들여다보면 특별한 사건으로 이루어진 우연과 특정한 경제 여건 하에서 이루어진 치열한 경쟁의 산물임을 알 수 있다.

귀금속본위제는 상품화폐에서 진화했다. 쌀, 비단 등의 상품보다 가볍고 유통이 편리하기 때문이다. 귀금속 중에서는 금이 가장 돋보였다.[11] 그러나 모든 나라가 금본위제로 출발한 것은 아니었다. 화폐로 주조한 여러 귀금속과 그 귀금속의 가치가 일치하는 복본위제에서 금 단일본위제로 이행한 것은 영국이 처음이었다. 1717년 화폐 감독관인 아이작 뉴턴Isaac Newton[12]은 은 대비 금 가격을 우연히 너무 낮게 책정했는데, 그 결과 대부분 은화가 유통에서 사라졌다.[13] 이후 1821년 영국은 금본위를 공식 천명했다. 19세기 영국이 산업혁명으로 금융과 상업을 주도하게 되자 영국과 교역하고 자본을 차입하고자 했던 복본위제 또는 은본위제 국가들은 영국의 통화제도를 따랐다. 금본위제는 점차 매력적인 선택이 되었으며, 이에 따라 1870년대에 금과 연동된 고정환율 국제통화제도가 탄생했다. 금본위제는 대세가 되었다.

---

9   금본위제와 은본위제가 양립하는 체제를 말한다. 중국 등에서는 금, 은, 동본위제가 동시에 유지되었다.
10 금 등의 귀금속으로 바꾸어 주지 않고 국가의 신용으로 발행되는 화폐를 말한다.
11 19세기에서 20세기에 걸쳐 은과 금의 교환비율은 대체로 15:1에서 16:1이었다.
12 물리학 교과서에 나오는 바로 그 뉴턴이다.
13 양동휴, 〈금본위제의 성립은 역사적 진화인가〉(2012)를 참고했다.

금본위제의 확산

국제통화제도로서 금본위제가 확산된 이유는 당시에 통화와 외환의 안정에 우선권을 부여하는 정치적 분위기가 형성되어 있었기 때문이다. 또 경제위기 때마다 국제적으로 협력해온 유럽 여러 국가의 연대의식도 한몫했다. 우연히 금본위제를 일찍 채택한 영국은 산업혁명을 통해 세계 경제를 주도했다. 영국과 교역하던 스웨덴, 아르헨티나, 포르투갈 등도 금본위제로 돌아섰다. 보불전쟁에서 승리한 독일이 패전국 프랑스에서 받은 배상금은 독일이 새로운 금본위 통화인 마르크화Reichsmark를 창출하는 기반이 되었다. 스칸디나비아 통화동맹[14]도 은본위에서 금본위로 전환한 독일의 정책을 뒤따르기 위해 결성되었다.

네트워크 외부효과network externalities[15]가 나타났다. 금본위제가 일단 확산되기 시작하면 각 나라의 입장에서는 이를 따라 하는 편이 유리하다. 무역거래, 결제자금 정산, 국제금융시장 차입에도 유리하다. 1870년대 이후 금본위제가 전 세계로 파급되었다.[16] 어떠한 제

---

14 스웨덴, 노르웨이, 덴마크 3개국은 통화를 교환 사용했기 때문에 독일의 전환에 공조할 동기가 강했다. 1873년 5월 은본위제에서 금본위제로 바꾸면서 1877년부터 금 크로나를 공용통화로 사용했다.

15 특정 재화를 사용하는 수요자가 늘어나면 다른 사람의 수요에도 영향을 주는 현상을 뜻한다. 특정 재화를 사용하는 사람이 많을수록 해당 재화의 가치는 커진다. 수요 측 규모의 경제demand-side economies of scale라고도 한다.

16 네트워크 외부효과는 브레턴우즈 체제 붕괴 이후 미국 달러의 사용이 확산되는 과정에서도 나타났다.

도의 확산이 일정 수준을 넘어서면 사실상 강제가 된다. 여기에 동참하지 않으면 '왕따'가 된다. 금본위제와 은본위제 등을 둘러싼 전쟁에서 마침내 승리한 통화는 금본위제를 바탕으로 한 영국의 파운드 스털링이었다. 전 세계를 아우르는 기축통화의 시초였다.

금본위제의 운영

금본위제gold standard를 중심으로 세계 경제가 운영되었다. 대부분 국가는 자국 통화와 금의 교환비율을 사전에 정해놓음으로써 자국 통화의 대외가치를 유지했다.[17] 즉, 각 나라 간 환율이 금을 통하여 고정되었다. 금본위제하에서 유지되는 고정환율은 안정적이었다. 환율 변동의 불확실성을 제거함으로써 무역거래를 촉진하는 장점이 있었다.

그러나 금본위제하에서는 각국이 발행하는 화폐와 금 간의 일정 비율 교환을 보장해야 했으므로 각국은 보유하고 있는 금의 규모 내에서만 화폐를 공급할 수 있었다. 그러므로 금본위제를 채택하면 한 나라의 화폐 공급이 국가 간 금의 이동에 따라 결정되었다. 따라서 정부는 통화량을 조절할 수 있는 통제력을 가지지 못하게 되었다. 더욱이 전 세계의 통화량은 금광의 발견 등 금 생산량에 크게 좌우

---

17 예를 들어 미국 1달러는 금 1/20온스와 교환되었으며 영국 1파운드는 금 1/4온스와 교환되었다. 따라서 미국 달러 환율은 영국 파운드당 5달러로 고정되어 있었다.

되어 여러 문제가 발생했다.[18]

금본위제의 붕괴

금본위제는 금의 자유로운 이동을 전제로 한다. 그러나 국가 간 자금이동과 환율을 조정할 수 있는 국제조정기구가 없는 상황에서 이러한 조건은 국제수지 흑자국과 적자국 간 자금 흐름이 비대칭이 되는 문제를 발생시켰다. 즉, 각국의 흑자와 적자가 환율 변동에 따라 자동으로 조정되는 결과가 나타나지 않는다. 더욱이 적자국도 고정환율제를 유지해야 했으므로 보유하고 있던 금이 해외로 유출되면서 디플레이션, 즉 국내 물가가 하락하고 생산이 위축되는 문제가 나타났다.

금본위제는 제1, 2차 세계대전을 거치면서 많은 우여곡절을 겪었다. 금본위제는 붕괴되었다가 다시 복원되는 과정을 거쳤다. 그러나 제1차 세계대전 이전의 고전적 금본위제와 전간기戰間期[19]의 금본위제는 그 모습을 달리했다. 전간기의 금본위제가 더 불안정했다. 역사를 돌이켜보면, 제1차 세계대전과 직후의 인플레이션으로 각국은

---

18 1870~1880년대 금 생산량이 많지 않던 시기에는 전 세계 화폐 공급이 거의 증가하지 않았기 때문에 세계 경제의 성장을 뒷받침해주지 못해 디플레이션이 발생한 반면, 1890년대 남아프리카 등의 금광 발견으로 금 생산량이 크게 증가한 시기에는 화폐 공급이 확대됨에 따라 인플레이션이 발생했다.

19 제1차 세계대전 종전과 제2차 세계대전 발발 사이의 기간, 1918년 11월 11일에서 1936년 9월 1일까지를 말한다. 이 시기는 특히 유럽 역사에서 중요하다.

금본위제를 일단 포기했다. 그 후 전쟁 전의 평가 기준으로 금본위제로 복귀하자는 주장이 나왔다. 영국을 비롯한 여러 나라가 1925년을 전후하여 금본위제로 복귀했다. 그러나 금본위제는 1931년 다시 와해되었다. 반면 프랑스 등 금 블록은 1936년까지 금본위제를 고수했다.[20] 이후 금본위제는 마침내 붕괴되고 다른 체제로 옮겨가게 되었다.

금본위제는 사라졌지만 금 자신은 여전히 외환보유액을 구성하는 준비자산으로 굳건히 살아 있으며, 개인의 저축자산으로도 기능하고 있다. 또한 금본위제로의 복귀를 주장하는 시대에 뒤처진 일부 의견 속에서도 아직 살아 있다.

금본위제 실패의 원인

1920년대의 금본위제가 실패한 원인을 두고 많은 주장이 있다. 우선 경제적 요인과 관련하여 국제수지 조정 과정에 어려움이 있었던 점과 물가 하락 압력이 지속되었던 점 등이 주로 거론된다.[21]

---

20 양동휴, 〈금본위제의 성립은 역사적 진화인가〉(2012)를 참고했다.

21 맥밀런 위원회Macmillan Committee of Finance and Industry 보고서 등의 분석은 다음과 같다. 첫째, 각국이 국내 경제 위주의 불태화 정책을 고수함으로써 국제수지 조정 과정이 원활하지 못했다. 둘째, 금 부족으로 통화량 증가가 억제되고 물가 하락의 압력이 가중되었다. 셋째, 임금과 물가의 하방경직성으로 디플레이션의 압력이 생산과 고용 하락을 초래했다. 넷째, 금에 비해 화폐가 많아 태환 문제를 야기했다. 다섯째, 국제적인 금 보유 상황을 볼 때 금 보유 비중이 미국과 프랑스에 치우쳐 있어 균형 있는 조정이 어려웠다. 여섯째, 금융 중심지가 런던과 뉴

그러나 일부에서는 전간기 이전에는 영국이 강대국이었기 때문에 국제통화체제를 주도하면서 금본위제를 효율적으로 관리할 수 있었던 반면, 제1차 세계대전을 치르면서 영국이 국제금융질서를 이끌 능력을 잃었기 때문이라고 주장한다. 당시 미국은 아직 국력이 미약했으며 고립주의를 표명하면서 그런 역할을 수행할 의사도 없었다. 즉, 국제적인 헤게모니가 부재했기 때문에 금본위제가 실패했다는 의견이다.

이에 대한 반론도 있다. 고전적 금본위제는 다극화 체제였지만 각국 간에 신뢰와 협조가 작동했기 때문에 안정적이었다는 주장이다. 당시 각국 정부는 여러 경제 목표 가운데 국제수지 균형 유지를 가장 중시했다. 최소한 자기 나라에서 돈이 계속 빠져나가서는 정부가 유지되기 어려웠다. 그런데 이러한 신뢰와 협조 체제가 제1차 세계대전을 거치며 붕괴되면서 금본위제가 불안정해졌다는 주장이다.

결국 1930년대 대공황의 여파로 금본위제가 붕괴되면서 여러 나라 사이에서 무역규제가 확대되었고, 환율은 불안정해졌다. 또한 1940년대 들어 국제유동성이 부족해지고 외환규제가 확대되면서 국제통화질서가 위기에 직면했다. 새로운 체제의 도입이 시급하다는 데 주요국들의 이해가 일치했다.

욕으로 나뉘어 통일성 있는 협력체제가 유지되기 곤란했다. 일곱째, 나라마다 보호주의 정책을 강화했기 때문에 국제수지 조정에 한계가 있었다. 양동휴, 〈금본위제의 성립은 역사적 진화인가〉(2012)를 참고했다.

한편 영국은 전 세계에 걸친 광범위한 식민지를 잃으면서 경제 상황도 서서히 기울어갔다. 반면 미국은 세계대전 이후 초강대국으로 급부상했다.

브레턴우즈 체제의 성립

금본위제 붕괴에 대응하여 국제통화체제의 본질인 유동성 공급과 국제수지 조정 메커니즘을 복원하고자 브레턴우즈 체제[22]가 출범했다. 문제를 해결하기 위한 방안으로 미국 달러화를 기축통화로 하는 금환본위제金換本位制를 마련했다. 조정 가능한 고정환율제였다.

미국은 다른 나라가 보유한 달러에 대해 금태환을 보장한다. 금 1온스의 가격을 35달러로 고정하고, 다른 나라의 통화는 달러에 고정한다. 원칙적으로는 상하 1% 범위 내에서 조정이 가능하며, 국제수지의 근본적인 불균형fundamental disequilibrium이 있는 경우에만 예외적으로 그 이상의 변동을 허용한다. 각국 고정환율에 조정이 필요한 경우 국제통화기금과 협의하여 변경할 수 있다.

각국은 달러를 대외준비자산으로 보유했다. 이전의 금본위제가 고정환율 유지를 고수하다가 국제수지 적자국 문제에 봉착했던 데 대한 반성과 교훈이 반영된 결과였다. 아울러 제도 운영을 원활히

---

22 1944년 7월 미국의 뉴햄프셔주 브레턴우즈에서 44개 연합국 대표들이 새로운 국제통화제도 구축을 위해 체결한 협정에 따라 발족한 국제통화체제를 말한다.

뒷받침하기 위하여 국제통화기금과 국제부흥개발은행IBRD 등의 국제기구를 설립했으며, 유동성 공급 등을 위해 특별인출권SDR을 창출했다.

브레턴우즈 체제의 붕괴

"금본위제는 이미 야만적 잔해에 불과하다."[23] 1944년 설립된 브레턴우즈 체제는 1960년대까지 그런대로 잘 운영되었다. 그런데 이후 미국의 상황에 따라 국제유동성 규모가 정해질 뿐 아니라 환율 변경을 통해 경상수지 불균형을 개선하기 쉽지 않은 등의 구조적 문제가 대두되었다. 더욱이 베트남 전쟁 등으로 미국의 국제수지 적자가 지속되고, 전비 조달을 위한 통화량 증발에 따른 인플레이션으로 달러 가치가 급락하자 일부 국가들이 금태환을 요구하게 되었다.

마침내 1971년 8월 미국의 닉슨 대통령은 더 이상 달러를 금으로 바꿔주지 않겠다고 선언했다. 갑작스러운 달러의 금태환 정지 조치로 세계 경제는 패닉 상태가 되었다. 전 세계 물가와 원유 가격이 급등하고 달러 가치는 닉슨 쇼크 이전에 비해 약 30%나 떨어졌다. 각국은 환율 변동에 대처하기 위해 외환시장에 개입하기 시작했다. 환율을 연결시킬 닻을 잃어버린 여러 선진국이 혼란과 시행착오 속에

---

23 J. M. Keynse, 〈A Track on Monetary Reform〉(1923). 양동휴(2012)에서 재인용했다.

미국 달러화 지수US dollar Index는 주요국 통화 대비 미국 달러화의 평균적인 가치를 나타내는 지표다. 브레턴우즈 체제 붕괴로 주요국이 변동환율제로 이행하면서 1973년 미 연준이 교역 규모를 반영한 달러 환율의 움직임을 나타내기 위해 만들었다. 미국 달러화 지수는 미국 달러와 교역상대국 통화 간 환율을 교역량 가중치로 평균하여 산출한다. 동 지수가 100보다 높으면 미국 달러화가 기준시점(1973년 3월)보다 고평가되어 있음을 의미한다. 교역량 가중치는 매년 갱신된다. 예를 들어, 달러화 지수가 1973년 3월에 100인데, 2017년 11월 현재 95라면 주요국 통화 대비 달러화의 가치가 1973년도에 비해 5% 정도 하락했음을 의미한다. 이외에도 ICEIntercontinental Exchange에서는 6개 주요 통화(유로화, 엔화, 파운드화, 캐나다 달러화, 스웨덴 크로나화, 스위스 프랑화)에 대한 미국 달러화의 가치를 나타내는 지수를 별도로 산출하고 있다. 이를 기초로 한 선물, 옵션 등 파생상품도 거래소에서 거래되고 있다.

서 변동환율제로 이행하면서 브레턴우즈 체제는 붕괴되었다.

포스트 브레턴우즈 체제와 달러의 위상

1949년 브레턴우즈 체제에 의해 금본위제에 준하는 제도가 시작된 이후로 여러 경제 사건과 변화를 거치면서 위상을 위협받기도 했지만, 1971년 금환본위제가 폐지되고 브레턴우즈 체제가 붕괴된 이후에도 미국 달러는 여전히 독보적 기축통화의 지위를 유지하고 있다. 그러나 미국을 진원지로 하여 2008년 9월 이후 확산된 글로벌 금융위기가 발생함에 따라 또다시 새로운 국제통화체제가 필요하다는 의견이 대두되었다. 기축통화의 위상에 대한 논의도 활발하게 전개되었다.

새로운 국제통화체제로 바뀐 후의 기축통화에 대한 논쟁은 다음 장에서 이어진다. 브레턴우즈 체제에서 변동환율제로 넘어가던 혼돈의 시대에 각국이 겪은 치열한 전쟁은 9장에서 살펴본다.

제4장

제왕은 바뀌는가
기축통화 논쟁

글로벌 금융위기 이후 새로운 비판이 대두되면서 달러의 과도한 혜택에 대한 불만이 이어지고 있다. 중국 등을 중심으로 새로운 주장과 대안도 제기되고 있다. 헤게모니를 둘러싼 신흥 세력의 도전과 기존 세력의 방어는 무엇을 겨냥하고 있을까?

1. 달러의 위상을 흔들다

비판의 대두와 중국의 부상

기축통화인 달러와 기축통화국인 미국에 대한 비판이 다시 대두된다. 이론적으로도 기축통화의 역할에는 한계가 있다는 주장도 이어진다. 달러는 강력한 도전에 흔들릴까?

2008년 미국발 글로벌 금융위기 이후 국제통화체제와 기축통화의 위상을 겨냥한 방아쇠trigger가 당겨졌다. 더욱이 위기의 발생지가 미국이라는 점이 논란이 되었다. 미국의 만성적인 무역적자와 재정 적자는 언제나 공격하기 쉬운 약점이었는데, 이 문제도 다시 부각되었다. 달러가 기축통화로서 과도한 편익을 누리고 있다는 불만도 계속 제기되었다. 중국, 브라질, 인도 등 덩치 큰 신흥시장국들은 목소리 높여 경제적 차별을 성토했다.

이 중 중국은 부상하는 국력을 바탕으로 은근히 도전장을 내밀고 있다. 유로화도 여전히 대안으로 남아 있으나 브렉시트Brexit[24] 등으로 어수선한 가운데 유럽 경제가 침체를 벗어나지 못하여 주목받지 못하고 있다. 반면 중국의 경제력은 급상승하고 있어 앞으로 미국을 추월할 가능성이 크다는 잠재력에 주목하는 사람이 많아졌다.

오래된 이론적 배경: 트리핀 딜레마

미국 달러 중심의 기축통화체제와 자유시장 메커니즘[25] 중심의 국제통화체제가 안고 있는 문제점들이 분출되었다. 비판론자들은 '트리핀 딜레마Triffin's dilemma'를 제기하면서 글로벌 불균형을 시정해야 한다고 주장한다.

기축통화를 발행하는 미국은 전 세계에서 필요한 돈을 공급해야

---

24 영국Britain과 탈퇴exit를 합친 말로, 영국이 유럽연합을 탈퇴한다는 뜻이다.
25 현재의 국제통화체제는 브레턴우즈 체제 붕괴 이후 시장의 자연스러운 힘에 의해 형성된 시스템으로, 국가 간 조약이나 협약이 뒷받침되지 않아 '없는 시스템 non-system'으로 지칭되기도 한다.

한다. 경상수지 적자를 통해 달러를 국제금융시장에 공급해야 하지만, 이런 상황이 계속되면 대외부채가 늘어나 달러의 신뢰성이 떨어진다. 반면 미국이 대외불균형 해소를 위해 무역수지를 개선하면 달러 공급이 줄어들어 무역거래가 위축되고 세계 경제의 디플레이션 위험이 커진다. 즉, 국제금융시장에 유동성을 공급하는 기능과 기축통화로서 달러의 신뢰성을 유지하는 기능 사이에서 딜레마가 발생한다. 이러한 트리핀 딜레마는 어느 나라든 기축통화국의 역할을 하는 이상 피할 수 없는 모순이다.

기축통화국의 대외불균형이 어느 정도에 이르러야 신뢰성 문제가 부각되는지는 명확하지 않다. 비판론자들은 1990년대 후반부터 미국의 경상수지 적자 누적 규모가 급증하고 2000년대 들어 달러화의 급락 가능성이 계속 제기되고 있으므로 이미 신뢰성이 한계점에 도달했다고 주장한다. 다만 이러한 문제에도 불구하고 무역 적자국인 미국과 무역 흑자국인 다른 나라들이 이익을 공유하는 구조가 고착되어 문제 해결이 쉽지 않다. '그렇다면 달러 말고 다른 통화가 있느냐?'며 대안이 없음을 주장하기도 한다. 이러한 딜레마는 오랫동안 지속되어왔다.

2. 문제를 제기하는 불만의 누적

불균형 시정을 위한 조정 장치

현재의 국제통화체제는 공적 제도로 운영되는 시스템이 아니다. 기축통화인 달러의 신뢰성이 크게 저하되어도 이를 조정할 장치가 없다. 자금이동과 환율의 움직임을 자유로운 시장원리에 맡긴다. 예를 들어 미국이 국내 경기 활성화 등을 위해 무역거래 불균형을 시정하고 싶어도 경상수지 흑자국의 입장에서는 이에 협력할 유인이 별로 없다. 그래서 상대국의 환율 수준을 문제 삼는 환율전쟁이 수시로 발생한다.

개혁의 필요성에 공감하는 학자들은 불균형 조정을 강제할 수 있는 국가 간 조약이 필요하다는 견해를 제시한다. G20 서울 정상회담에서 불균형 시정을 위한 조정 장치[26]를 도입하자고 합의했으나 강제성이 없다는 한계가 있다. 이해관계가 상충하는 문제는 언제나 합의되기 어렵다.

외환보유액을 과도하게 보유해야 하는 부담

현재의 자유시장 메커니즘에서는 국가 간 자금이동이 급격하게 일어나고 환율이 큰 폭으로 변동하는 문제점이 있으므로 신흥시장

---

26 '경상수지 흑자/GDP' 비율의 예시적 가이드라인 설정 등이 있다.

국은 이에 대비하기 위해 평소 외환보유액을 대규모로 보유하고 있지 않으면 안 된다. 1990년대 말 발생한 아시아 외환위기 이후, 외환보유액 확충의 필요성은 더욱 증대되었다. 아시아뿐 아니라 전통적으로 외채위기를 빈번히 겪어온 브라질 등 남미 국가도 마찬가지였다. 그런데 외환보유액을 대규모로 보유하려면 엄청난 비용이 소요된다.[27]

세계 전체의 외환보유액은 1995년 1.3조 달러(세계 GDP의 5%)에서 2009년 8.4조 달러(세계 GDP의 14%)로 급증했는데, 이 중 3분의 2를 신흥시장국이 보유하고 있다. 주요 선진국들은 국제통화인 자기 나라 돈을 찍어서 외환위기에 대응하면 될 뿐 아니라, 문제가 커질 경우에는 선진국 그룹끼리 돈을 빌리거나 빌려주는 통화스왑거래를 통해 다른 국제통화를 확보할 수 있다. 그러므로 평소에는 비용이 많이 소요되는 외환보유액을 많이 보유하고 있을 필요가 없다.

한편 신흥시장국들이 외환보유액을 과다하게 보유하면서 대부분 자금이 미국 국채 등으로 흘러 들어갔다. 이에 따라 미국의 장기금리가 떨어지고 부동산과 주식 등 자산가격이 상승하는 결과가 나타

---

27 우리나라의 예를 들어보면, 한국은행이 외환보유액을 확보하기 위해 외환시장에서 외화를 매입하면 외화매입 대가로 원화가 많이 풀리게 된다. 그러면 국내 원화금융시장에는 돈이 너무 많아진다. 이렇게 증가한 돈을 흡수하기 위해 한국은행은 통화안정증권(중앙은행 채권)을 발행하여 다시 원화를 거두어들이는 불태화 개입을 하고 있다. 통화안정증권 발행 이자 지급으로 비용 부담이 크게 늘어나고 있다.

났다. 이는 글로벌 금융위기 발생 요인 중 하나가 되었다. 자신을 지키려는 신흥시장국의 노력과 이를 이용하려는 미국의 의도가 맞물려 위기의 원인이 되었다는 점이 아이러니하다.

표 4.1 주요국의 외환보유액(2019년 8월 말 기준)

(억 달러)

순위	국가	외환보유액	순위	국가	외환보유액
1	중국	31,072	6	대만	4,682
2	일본	13,316	7	홍콩	4,328
3	스위스	8,334	8	인도	4,283
4	러시아	5,291	9	한국	4,015
5	사우디아라비아	5,079	10	브라질	3,865

자료: 한국은행

3. 갈등과 도전 세력

미국과 중국의 갈등

중국이 미국과 함께 G2를 형성하면서 '투키디데스의 함정 Thucydides's Trap'이라는 말이 널리 통용되었다. 미국과 중국 간의 갈등은 먼저 무역전쟁의 모습으로 나타났다. 이러한 갈등은 우리나라와 같은 소규모 개방경제에 치명타를 가할 수 있다. 무역갈등은 때로는 심화되고 때로는 해소되리라는 기대가 이어진다. 그러나 투키디데스의 함정에 대한 기본적인 화해가 전제되지 않는 한 전격적 타결은 쉽지 않을 전망이다. 핵심 기술을 둘러싼 경쟁이 이루어지는 가운데 중국의 불법 보조금 지급과 지식재산권 보호 문제 등 불공정 무역 관행을 개선하는 문제로 팽팽히 맞서고 있다. 자유시장체제와 정부통제체제 간의 충돌이자 세계 패권을 둘러싼 자존심 싸움이다.

2018년 미국의 대중 무역적자는 4200억 달러로 예년보다 불균형이 확대되었다. 그레이엄 앨리슨Graham Allison은 2017년 미국과 중국이 투키디데스의 함정에 빠질 수 있다고 경고했다. 2010년 중국은 일본을 제치고 GDP 규모 세계 2위로 올라섰다.[28]

| 참고 4.1 | **투키디데스의 함정**

미국과 중국의 무역분쟁이 격화되면서 '투키디데스의 함정'이라는 말이 회자된다. 고대 그리스 역사가 투키디데스는 '새로운 강대국이 부상하면서 기존의 강대국이 새로운 강대국을 두려워하게 되고, 이 과정에서 전쟁이 발생한다'고 주장했는데, 그레이엄 앨리슨 하버드대 교수가 저서 《예정된 전쟁》(2017)에서 언급하며 널리 알려졌다.

기원전 5세기 그리스의 도시국가(폴리스)들은 힘을 합쳐 페르시아의 공격을 막아냈다. 바다에서는 아테네, 육지에서는 스파르타가 주도했다. 아테네는 자신들에게 우호적인 도시국가들을 모아 델로스 동맹을 만들고 맹주가 되었다. 그러자 페르시아를 물리치고 나날이 발전하는 아테네에 스파르타는 위협을 느꼈다. 그리스의 패권을 둘러싼 스파르타와 아테네가 맞서면서 펠로폰네소스 전쟁이 시작되었다. 이 전쟁은 기원전 404년 아이고스포타모이 해전에서 스파르타의 승리로 끝났다.

펠로폰네소스 전쟁 당시 아테네의 군사 지휘관이었으며 《펠로폰네소스 전쟁사》를 쓴 역사가 투키디데스는 새로운 강대국이 기존의 강대국에 도전하면서 결국 전쟁이 벌어졌다고 분석했다. 아테네의 성장에 대한 스파르타의 공포가 펠로폰네소스 전쟁의 원인이라는 해석이다. 두 나라는 결국 전쟁이라는 함정에 빠졌다. 승리한 스파르타도 국력이 약화되었다. 그리스 곳곳에서 스파르타의 지배에 반발하는 반란도 일어났다. 그리스 도시국가들이 내분에 지쳐갈 때 알렉산드로스 대왕이 이끄는 신흥 강국 마케도니아가 패권을 잡았다.

앨리슨 교수는 신흥 강국이 기존 패권국을 위협하며 성장할 때 양쪽이 무력 충돌하는 경향을 가리켜 '투키디데스의 함정'이란 표현을 사용했다. 지난 500년 동안 투키디데스의 함정 상황이 16번 있었는데, 그중 12번은 전쟁이 일어났지만 4번은 평화적으로 해결됐다고 분석했다. 우선 15세기 말 세계 제국과 무역을 두고 경쟁했던 포르투갈과 에스파냐는 교황이라는 중재자를 찾아 대결을 피했다. 20세기 초 신흥 강국인 미국과 기존 패권국인 영국은 서로가 상대를 인정할 때 자국의 이익을 지킬 수 있다고 현명하게 판단했다. 1940~1980년대 세계 패권을 놓고 대립했던 미국과 소련은 서로가 보유한 핵무기에 대한 공포로 전쟁을 피했다. 마지막으로 제2차 세계대전 후 영국, 프랑스, 독일은 유럽연합(EU)이라는 체계를 구성하면서 충돌을 피했다.

이런 사례를 살펴보면 신흥 강국이 등장한다고 반드시 전쟁으로 귀결되지는 않는다는 교훈을 얻을 수 있다. 미국과 중국은 투키디데스의 함정을 피할 수 있을까?

미국과 중국의 비교

결제통화로서 위안화의 역할은 주변국과의 국경무역에서 활발하다. 파키스탄, 싱가포르, 미얀마, 라오스 등 동남아시아 국가에서는

---

28 미국은 세계 총 GDP의 4분의 1을 점하고 있다. 중국의 17%와 합치면 G2 비중은 40%를 넘어선다. 일본을 포함하면 이들 세 나라는 전 세계 GDP의 절반을 차지한다.

위안화가 제2의 달러로 인식될 만큼 신뢰도가 높으며 자유롭게 유통된다. 또한 글로벌 금융위기 이후 중국은 총 6500억 위안에 달하는 통화스왑 협정을 체결했다. 또한 중국은 미국을 제치고 브라질의 최대 교역국으로 부상했다. 하지만 〈그림 4.1〉을 보면 알 수 있듯이 중국 위안화의 위협은 아직 먼 이야기다.

한편 현재의 경제 상황에서도 미국이 상대적으로 유리한 고지를 점하고 있다. 첫째, 미국 경제는 성장, 고용, 물가가 대체로 호조를 보이고 있다. 반면 중국은 과도한 국가부채 등 구조적 취약성이 드러나는 가운데 본격적인 경기 둔화를 나타내면서 6% 성장률 달성이 도전받고 있다. 둘째, 에너지 조달 측면에서도 미국은 셰일가스와 원유 경쟁력을 바탕으로 우위를 보이는 반면 중국의 원유 수입은 증가 추세에 있다. 셋째, 세계 무역의 결제통화 구성에서 미국 달러는 약 46%를 차지하고 있는 반면, 중국 위안은 겨우 1.2%를 점하고 있다. 무역거래 비중과 무역결제통화 비중은 다르다. 아직까지 결제통화로 위안화는 달러의 상대가 되지 못하고 있다. 넷째, 트럼프 행정부의 대중 강경 노선은 미국 국내뿐 아니라 유럽 주요국 등의 지원을 받는다. 미국은 대만을 국가로 지칭하고 홍콩 반정부 시위를 지지하는 등 중국에 대한 압박 수위를 높이고 있다. 또한 구글, 폭스콘, 애플 등 글로벌 주요 기업은 물론이고 중국 기업의 '차이나 엑소더스' 기류도 확산되고 있다.[29] 세계의 공장으로서 중국의 위상은 떨어지고 있다.

그림 4.1 세계 무역의 결제통화 구성(2019년 기준)

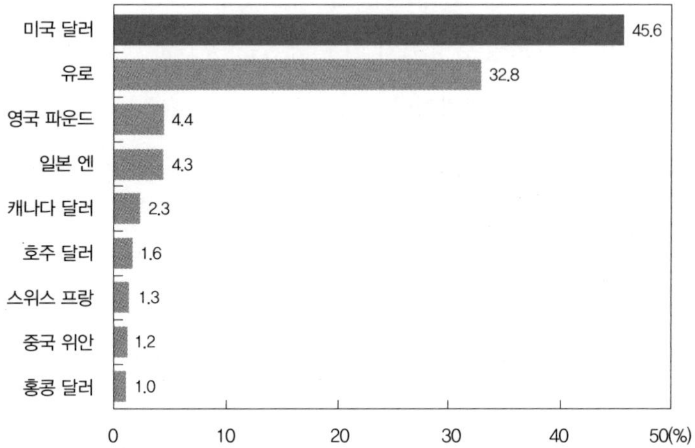

통화	비율(%)
미국 달러	45.6
유로	32.8
영국 파운드	4.4
일본 엔	4.3
캐나다 달러	2.3
호주 달러	1.6
스위스 프랑	1.3
중국 위안	1.2
홍콩 달러	1.0

자료: SWIFT(국제은행 간 자금결제통신망)

중국의 주장과 그에 대한 반론

글로벌 금융위기 이후 높아진 중국의 위상은 위안화를 국제화하려는 정책의 배경이 되었다. 중국 정부는 국제경제질서에서 중국의 발언권과 영향력이 높아져야 한다고 주장한다. 위안화의 국제화는 이를 위한 가장 유효한 수단이 될 것이다. 중국은 IMF와 세계은행 World Bank 등 국제금융기구가 불균형하게 운영되고 있으며 미국 달

---

29 2018년 이후 해외로 이전하거나 해외 생산설비를 확대한 중국 상장기업은 20개를 넘어섰다. 중국 기업의 베트남에 대한 2019년 5월 신규 투자는 전년 동기 대비 5배 이상 늘어나 2019년 중국은 베트남 최대 투자국으로 올라설 전망이다. 아울러 태국, 필리핀 등 신흥국 투자도 급증세를 보이고 있다. 이러한 상황은 중국 국내 투자와 고용에 부정적 영향을 미친다. 중소형 은행 중심으로 채무 불이행 위험이 커지면서 중국 금융시스템의 불안 요인으로 작용하고 있다.

러의 위상도 과도하다고 주장해왔다.[30]

각 나라의 통화가 국력에 맞는 위상을 차지해야 한다는 중국의 주장은 옳다. 그러나 중국 정부가 금융 자유화와 시장 개방 등 국제기준global standard을 맞추는 데 소극적이어서 아시아를 중심으로 하는 위안화 결제권 이외 지역으로 위안화 사용 범위를 넓히는 데는 한계를 보이고 있다.

위안화의 위상은 아직 중국의 위상에 미치지 못한다. 통화의 위상은 그 나라의 경제력뿐 아니라 총제적 국력과 국제금융시장에서의 신뢰 확보에 상당 부분 의존하기 때문이다. 신뢰를 확보하는 데는 오랜 시간이 소요된다. 더욱이 국가 간 협약이 아닌 각국의 금융 국제화 추진 의지와 시장의 선택 등에 의존한다. 위안화는 우선 국제통화로 자리 잡아야 한다.

4. 새로운 기축통화의 창출과 대립[31]

새로운 체제를 위한 제안

향후 기축통화를 특별인출권SDR과 비슷한 새로운 통화로 대체하자는 의견도 제시되었다. 이는 현시점에서 미국 달러를 대체할 다른

---

30 유로존, 일본, 중국 등의 경제가 세계 GDP에서 차지하는 비율이 빠르게 상승했다는 사실을 감안해야 한다고 주장한다.

통화가 없다는 사실을 인정하는 셈이다. 2009년 3월 저우샤오찬周小川 중국인민은행 총재는 특정 국가의 통화가 아닌 SDR을 초국가적 준비통화Super-sovereign Reserve Currency로 채택하자고 제안했으며, 이후 졸릭Robert Zollick 세계은행 총재와 브라질, 프랑스[32] 등도 새로운 국제통화체제와 기축통화의 필요성을 역설했다. 이들은 세계 경제가 특정 국가의 통화에 지나치게 의존할 경우 그 국가는 발권력에 의한 시뇨리지 이익을 얻기 때문에 대외불균형이 누적될 수밖에 없는 구조적 문제가 있다고 주장한다. 또 UN 전문가위원회[33]도 달러화 표시 외환보유액의 과도한 축적을 억제하고 현 국제금융체제의 불안정성을 해소하기 위해 SDR을 중심으로 한 글로벌 준비제도Global

표 4.2 SDR 통화바스켓의 구성

	미국 달러	유로	파운드	엔	위안
변경 전(a)	41.9%	37.4%	11.3%	9.4%	0%
2016. 10. 1(b)	41.7%	30.9%	8.3%	8.1%	10.9%
변동폭(b-a)	-0.2%p	-6.5%p	-3.0%p	-1.3%p	+10.9%p

자료: IMF

31 노진영·채민식, 〈국제통화시스템 변경논의의 배경과 향후 전망〉(《한국은행 해외경제정보》제2011-6호, 2011), 박진호, 〈글로벌 기축통화 논의 내용과 향후 전망〉(《한국은행 해외경제정보》제2009-39호, 2009)을 주로 참고했다.
32 당시 프랑스 사르코지 대통령은 이후 달러 기축통화체제 유지로 선회했다.
33 노벨상 수상자인 스티글리츠Joseph Stiglitz 컬럼비아대 교수가 위원장을 맡아 국제통화 및 금융제도의 개혁에 관한 보고서를 작성하여 2009년 10월 UN 총회에 제출했다.

Reserve System의 창설을 제안했다.

어떤 모습으로 만들 것인가?

국가 간 협약multilateral agreement에 의해 바람직한 국제통화제도를 재창출하는 방안이 있다. 이러한 맥락에서 논의되는 주요 사안으로는 초국적 기축통화(IMF SDR 또는 케인스가 제안했던 방코르Bancor)의 창출 그리고 국제자본이동과 규제의 표준화, 대외불균형 조정의 강제성 부여 등이 있다. 특히 적정 규모의 SDR을 확대 공급하면 안정적 기반에서 경제 성장을 달성할 수 있을 것으로 기대된다고 주장한다. 일부 전문가들은 초국적 통화단위를 기축통화로 채택하자는 주장에 어느 정도 타당성이 있다고 평가했다.[34]

해결해야 할 과제들

초국적 기축통화인 SDR을 새로 창출하는 방안을 현실화하기 위해서는 해결할 과제가 많다. 초국적 기축통화로 표시되는 시장을 육성하기 위해서는 SDR 표시 금융상품이 다양하고 유동성이 풍부해야 한다. 그런데 새로운 금융시장의 육성에는 오랜 시간이 걸릴 뿐 아니라 관련된 나라들 사이의 이해관계도 첨예하게 대립할 수 있다.

---

34 2009년 5월 배리 아이켄그린Barry Eichengreen 버클리대 교수 등은 새 기축통화 주장을 검토해볼 만하다고 언급했다.

또한 미국 달러가 기축통화로서의 지위를 상실할 경우 대외불균형을 쉽게 보전할 수 없을 것이므로 미국이 이에 반대할 가능성이 높다.[35]

또한 초국적 기축통화를 공급하기 위해서는 세계중앙은행의 창설이 필요하다. 현 SDR 발행 주체인 IMF에 세계중앙은행 역할을 담당케 하거나 새로운 기구를 설립해야 하는데, 지배구조를 둘러싸고 대립할 가능성이 있다. 또 각 나라가 통화정책의 자율성을 일정 부분 포기해야 하는 문제 등이 걸림돌로 작용할 수 있다. 그리고 새로운 국제기구 등이 SDR의 공급 역할을 담당하면 세계의 중앙은행이 되므로 각국 중앙은행들도 반대할 가능성이 크다. 아울러 세계중앙은행이 제대로 작동하려면 세계정부의 개념이 뒷받침되어야 하는데, 이는 실천하기 매우 어려운 과제로 현실성이 없다.[36]

제안에 대한 반론

초국적 기축통화를 핵심으로 하는 국제통화체제는 현재의 달러 중심 제도보다 공정하며 과도한 특권을 제거할 수 있다고 본다. 또한 선진국으로의 자본 집중을 완화하고 환율 변동성과 글로벌 불균형을 조정할 수 있다는 측면에서 우월한 체제로 평가된다. 그러나

---

35 IMF에서 미국은 16.77%의 지분으로 최대주주이며 거부권(15% 이상의 의결권)까지 보유하고 있다.

36 아이켄그린 교수는 하나의 글로벌 정부가 없으면 글로벌 중앙은행도 없으며 결론적으로 초국적 기축통화도 없다고 강조했다.

다양한 이점에도 불구하고 실행 가능성과 정치적 선택 가능성이 낮아 현실적 대안이 되기는 어렵다.[37]

에스페란토Esperanto[38]는 규칙적인 동사 변화 등 문법체계가 합리적이지만 영어만큼 널리 사용되지 않는다. 합리성의 기준이 관습, 문화, 국가의 지배 원리를 이기기는 힘들다.

5. 암호화폐의 도전

암호화폐는 기축통화에 도전할 수 있는가?

가까운 미래에는 암호화폐가 기축통화와 공존하면서 국제통화체제가 개편될 수 있다는 주장도 최근 제기되었다. 과연 암호화폐가 기축통화를 일부라도 대체할 수 있을까? 이를 살펴보려면 많은 기술적 설명과 화폐제도에 관한 역사적 사실들이 제시되어야 하는데, 여기서 모두 다룰 수는 없으니 간단히 알아보자.[39]

---

37 I. M. Lago et al., 《The Debate on the International Monetary System》(2009)을 주로 참조했다.

38 에스페란토는 세계에서 가장 많이 쓰이는 인공어로, 국제적 의사소통을 위한 배우기 쉽고 중립적인 언어를 목표로 만들어졌다. 현재 에스페란토는 여행, 의사 교환, 문화 교류, 편지, 언어 교육 등 많은 곳에서 사용되고 있으며, 전 세계 200만 명이 에스페란토로 대화할 수 있다.

39 임경, 《돈은 어떻게 움직이는가?》(3판, 2018)에 수록되어 있는 암호화폐에 대한 내용을 참조했다.

[ABCD포럼] 오정근 회장 "가상화폐, 국제기축통화에 포함될 것"

"가까운 미래에는 국제기축통화에 가상화폐(암호화폐)가 포함될 것입니다." 오정근 금융ICT융합학회 회장은 15일 서울 여의도 전경련회관에서 열린 '2019 한경 디지털 ABCD 포럼'에서 강연자로 나서 "암호화폐가 기축통화와 공존하는 시대가 올 것"이라며 "암호화폐는 금융산업은 물론 국제통화금융제도에 영향을 미칠 것"이라고 전망했다. 오 회장은 "화폐는 거래 효율성을 높이는 방향으로 발전해왔다. 상품화폐에서 금속화폐, 법정화폐를 거쳐 디지털화폐로 진화하고 있다"면서 "암호화폐의 경우 기술혁신을 수용하면서 안정성을 높이는 방향으로 발전할 것"이라고 봤다.

국제결제은행BIS의 최근 보고서를 근거로 들었다. BIS는 분산원장기술DLT과 결합된 중앙은행 디지털화폐CBDC가 지급 결제 효율성을 높이고, 특히 현금이 사라지는 국가에서 안정적이고 편리한 결제수단으로 활용할 수 있을 것으로 예상했다.

오 회장은 '제3의 기축통화'가 필요하다는 금융시장 요구도 국제기축통화로서 암호화폐의 확산 가능성을 높일 것이라고 주장했다. 그는 "미국이 경상적자를 허용하지 않고 국제유동성 공급을 중단하면 세계 경제는 크게 위축된다. 적자 상태가 지속돼 기축통화인 달러가 과잉 공급되면 달러화 가치가 하락해 준비자산으로서 신뢰도가 저하되는 딜레마를 갖는다"고 설명했다. 이어 "중국과 일본이 스테이블 코인(가치변동이 제한적인 암호화폐)에 집중하는 것은 기축통화를 장악하기 위한 시도"라며 "미국도 기술혁신의 대세를 막진 못할 것"이라고 했다.

단, 암호화폐 성장에는 '투자자 보호'가 필수라고 짚었다. 그는 "건전한 암호화폐 거래소 등록·인가 등을 통해 거래 생태계를 구축해야 한다"며 "한국도 투자자 보호를 위해 조속히 가이드라인을 법제화해 거래소 등록제나 인가제를 시행해야 한다"고 주문했다. 요건에 미달하는 거래소는 즉각 거래를 중지해 투자자 손실을 막고, 해킹과 파산 등으로 투자자가 입을 손실에 대비한 보험 제도를 구축해야 한다는 조언도 곁들였다. 오 회장은 "한국은 세계적 수준의 암호화폐 거래소를 갖고 있지만 규제 탓에 하락세를 겪고 있다. 지난해 세계 거래소 순위에서 한때 최상위권을 기록한 국내 거래소 빗썸과 업비트는 모두 순위권 밖으로 밀려났다"면서 아쉬움을 표했다.

《한국경제》 2019. 10. 15

〈참고 4.2〉 기사를 읽어보면, 암호화폐와 중앙은행 디지털화폐 Central Bank Digital Currency, CBDC를 섞어 주장을 펼치면서 암호화폐의 미래에 대해 낙관적 견해를 제시하고 있다. 그런데 암호화폐와 중앙은행 디지털화폐는 발행 주체와 방식뿐 아니라 화폐주조이익(시뇨리지) 귀속 등이 엄연히 다르다.

암호화폐에 대한 비판

미래에도 암호화폐는 기축통화는 물론이고 일반 법정화폐도 대체할 수 없다고 생각한다. 그러므로 기축통화 관련 논의까지 진행할 필요도 없다. 역사의 검증을 통해 살아남은 현행 화폐 발행 체제는 상당 기간 지속할 것으로 보인다.

암호화폐에 대한 많은 비판 중 몇 가지만 제시하자면, 첫째, 현재 각국 정부가 가지고 있는 화폐 발행 권한을 국적이 불분명한 민간에 넘겨줄 이유가 전혀 없다. 국가가 화폐 발행으로 주조이익을 거두면 그 이익을 예산 집행을 통해 국민에 대한 인프라 구축과 복지 혜택

등으로 지원하는데, 이를 포기할 이유가 없다.

둘째, 암호화폐 지지자들은 독점적인 발행 제도를 지양하는 이점이 있다고 주장하지만, 역사를 돌이켜보면 다수 은행이 화폐를 발행했던 자유은행제도free banking system는 실패했다. 경제위기가 발생했을 때 화폐 발행을 통한 정부의 금융 지원이 이루어져야 한다.

셋째, 현행 화폐가 유지되는 가운데 암호화폐가 신용카드, 체크카드 등을 대체하는 지급수단으로 광범위하게 활용될 여지도 크지 않다. 수수료, 가격 안정성, 결제 처리 시간, 거래 투명성 측면에서 현행 지급결제수단과 비교하여 볼 때 암호화폐가 우위를 갖기는 어려워 보인다.

다만 일반 암호화폐는 일부 계층에 의해 국가 간 거래나 익명성이 요구되는 거래를 중심으로 특수한 지급수단으로서 유지될 가능성이 있으며, 일정 커뮤니티 내에서 어떠한 대가와 교환되는 등 제한된 범위 안에서 사용될 수는 있겠다. 현재 이루어지고 있는 암호화폐 투기는 역사상 발생했던 많은 투기 사례처럼 신기술에 대한 과도한 기대의 산물이다. 버블은 항상 무엇인가 새로운 기술이나 발견이 인간의 욕망을 사로잡을 때 생겨난다. 〈참고 4.3〉에서 암호화폐에 대한 지지와 비판 의견을 확인해보자.

| 참고 4.3 | 암호화폐에 대한 지지와 비판

개발자를 포함한 지지자들은 ① 대표주자인 비트코인을 비롯한 암호화폐는 블록체인을 기반으로 하는데, 블록체인은 획기적인 기술이므로 앞으로 세상을 지배하게 될 것이며 ② 해킹을 방지해 거래 안정성을 확보할 수 있고 ③ 화폐 발행의 독점권을 방지하고 정보의 중앙 집중화를 배제할 수 있다는 이유로 암호화폐가 현존하는 법정화폐의 경쟁재 또는 대체재가 되리라고 주장한다.

반면, 암호화폐에 대한 비판자들은 먼저 운용 현상을 비판한다. ① 암호화폐는 높은 가격 변동성을 가지고 있어 화폐로서 기능하기 어렵고 ② 보안을 장점으로 내세우고 있으나 암호화폐 거래소가 자주 해킹당하는 등 보안이 취약하며 ③ 돈세탁과 탈세 등 불법행위에 이용될 수 있다는 이유로 암호화폐는 현행 화폐를 대체할 수 없다고 주장한다.

이뿐만 아니라 많은 제도적인 비판도 제기된다. ① 암호화폐 거래의 효율성과 신뢰성이 낮고 ② 자유은행제도를 통해 본 역사적 교훈도 암호화폐에 비판적이며 ③ 화폐 발행 이익을 누가 가지느냐의 문제에서 암호화폐가 법정통화를 대체할 수 없다. 또한 ④ 평소 경제정책 운용 시뿐 아니라 경제위기가 발생할 경우 암호화폐를 사용해서는 통화정책과 금융정책의 대응이 불가능하고 ⑤ 악화가 양화를 구축하는 그레샴의 법칙Gresham's law[40] 등의 다양한 관점에서 볼 때 암호화폐가 현행 화폐를 대체하여 화폐로서 기능하기는 어렵다고 비판한다.

---

40 그레샴의 법칙에 의하면 악화가 양화를 구축하여 통용되는데, 악화인 암호화폐가 양화인 현행 법정화폐를 구축한다고 하더라도 법정화폐가 아니므로 악화인 암호화폐의 수령을 거부해도 법적 처벌이 없다. 그러므로 암호화폐는 유통되기 어렵다. 만일 암호화폐가 양화라면, 당연히 악화인 현행 화폐에 의해 구축된다.

중앙은행 디지털화폐의 가능성

도입 논의가 진행 중인 중앙은행 디지털화폐에 대해 간단히 설명하면, 현재 유통되고 있는 법정화폐를 블록체인 기술 등을 이용하여[41] 디지털화한 것에 지나지 않으며, 기축통화 논의와는 관련이 없다.

중앙은행 디지털화폐는 현행 실물화폐와 동시에 사용될 수 있으나 미래의 어느 날 실물화폐는 사라지고 중앙은행 디지털화폐만 사용될 수도 있다. 동시에 존재하게 된다면 각각의 편익과 비용에 따라 경쟁하게 될 것이다. 중앙은행 디지털화폐 발행이 확산될 경우에도 미 연준 디지털화폐와 유럽중앙은행ECB, 우리나라의 한국은행 디지털화폐는 전혀 별개의 화폐가 된다. 어느 나라 중앙은행 디지털화폐가 기축통화가 될 것인지의 문제는 현재 어느 나라 통화가 기축

| 참고 4.4 | **중앙은행 디지털화폐의 개요**[42]

기본 개념: 전자적 형태로 저장되며 이용자 간 자금이체 기능을 통해 지급 payment과 동시에 결제settlement가 완료되는 특징을 지닌 법정화폐다. 실물화폐와 함께 화폐발행액을 구성하며 현행 법정화폐와 동일한 화폐단위를 사용한다. 실물화폐와의 교환비율도 1:1로 고정된다.

발행 방식: 여러 기준으로 나누어볼 수 있으나 기본적으로 계정형과 가치형 방식으로 구분할 수 있다. 계정형은 은행, 기업, 정부, 개인 등 사용자가 중앙은행에 계정을 개설한 후 디지털화폐를 사용하며, 중앙은행은 디지털화폐의 보유와 거래를 기록하고 관리한다. 가치형은 중앙은행에 계정을 설치하지 않고 디지털화폐의 보유와 거래를 블록체인에 기반을 둔 분산원장 기술 Distributed Ledger Technology, DLT로 처리한다.

통화가 될 것인지에 대한 문제와 같다.

6. 역사의 교훈

지금 변화가 가능한가?

역사적으로 국제통화체제를 개편하기 위한 국제적 합의는 대공황, 전쟁 등 극심한 사건이 발생하고 나서야 제도화되었다. 2008년의 글로벌 금융위기가 심각한 사건임은 틀림없으나 국제적 합의를 이끌어낼 만큼 강한 자극이었는지에 대해서는 의견이 엇갈린다. 위기 직후 구성된 G20에서 국제적 정책 공조가 상당 부분 이루어졌으나 세계 경제가 점차 회복되면서 이견이 표출되어 합의가 점점 어려워졌다는 사실 또한 우리는 잘 알고 있다.

이와 같이 초국가 단위의 통화를 기축통화로 도입하자는 제안은 현실성이 높지 않다. 그럼에도 중국, 브라질, 프랑스 등이 이를 주장하고 나선 데는 기축통화로서의 미국 달러에 대한 회의론을 제기함으로써 국제금융시장에서 자국의 영향력을 확대하려는 의도가 있을 것이다.

---

41 반드시 블록체인 기술을 사용해야 하는 것은 아니다. 또한 이를 활용할 경우에도 비트코인 등 현행 암호화폐와 다른 방식을 사용한다.
42 박선종·김용재·오석은, 〈중앙은행 디지털화폐 연구〉(2018)를 정리했다.

지금까지 달러는 어떻게 위상을 지켜왔는가?

많은 논란을 짚어보았다. 그런데 지금 상황은 어떠한가? 과연 2008년 미국발 글로벌 금융위기 이후 국제통화체제에 과감한 개혁이 일어났는가? 돌이켜보면 이전의 포스트 브레턴우즈 체제의 성격은 유지되었다. 기축통화로서 달러의 위상은 여러 가지 이유로 흔들리지 않았다.

첫째, 위기 수습을 위해 미 연준은 여러 나라와의 통화스왑 체결에 주도적 역할을 했다. 또 주요 선진국들과 정책 공조를 취하며 서로 밀고 밀어주는 블록block을 형성했다. 이는 국제금융시장의 안정을 위한 조치였으나 다른 한편에서 보면 기축통화로서 달러의 위상을 유지하기 위한 정책이었다. 주요국들은 이러한 체제에 순응하면서 자국의 이익과 안전을 도모했다. 그러나 미국이 사회체제가 전혀 다르고 문화적으로도 이질적인 중국과 전면적인 정책 협조를 취하기는 앞으로도 힘들 것이라 예상한다. 투키디데스의 함정을 항상 의식하고 있다.

둘째, 바젤 III를 비롯해 금융에 대한 규제가 강화되었으나 전체적으로 시장 친화적인 성격을 띠었다. 양적완화Quantative Easing 등의 정책에서도 주요국 간 국제 공조가 이루어졌다,

셋째, 금융안정포럼Financial Stability Forum, FSF[43]을 대신하여 출범한 금융안정위원회Financial Stability Board, FSB[44]는 강제력을 동원하기보다 감시와 권고를 통해 위기 이후의 상황을 조정하는 역할을 하는

기구에 머물면서 부작용을 최소화했다.[45]

이렇게 달러의 위상에 변화가 없었던 데는 또 다른 근본적 요인이 있다. 기축통화로서의 위상은 경제적 요인뿐 아니라 정치·군사적 요인 등에 의해서도 좌우된다. 정치적 요인이 경제적 요인보다 우선이라는 의견도 있다. 정치적 환경을 바탕으로 경제적 요인이 결합되어 기축통화의 메커니즘이 유지된다는 주장이다. 미국의 정치·군사적 힘은 중국 등의 도전에도 불구하고 여전히 강력하다.

---

43 1999년 세계 금융시장을 안정시키기 위해 설립한 기구를 말한다. 국제금융 안정의 촉진, 금융시장의 기능 개선, 금융 충격의 국가 간 전이 완화 등을 위해 ① 국제금융체제에 영향을 미치는 취약성 요소에 대한 평가 ② 국제금융체제상의 취약성 해소를 위한 대책 마련과 감독 ③ 금융 안정을 책임지고 있는 관계기관 간의 조정과 정보 교환 촉진 등의 역할을 수행했다. 2009년 4월 런던에서 개최된 G20 정상회의에서 금융안정위원회로 확대·개편하기로 합의했다.

44 금융위기 예방과 대처방안 연구, 국제금융체제 안정성 강화에 대한 국제협력 등의 기능을 하는 기구를 말한다. 1999년에 설립된 금융안정포럼이 모태다. 당초 G7 국가, 호주 등 12개 회원국과 IMF, BCBS 등 10개 국제기구로 구성되었으나 2009년 우리나라를 비롯한 13개 국가가 신규 회원국으로 가입하면서 금융안정위원회로 명칭을 개정했다.

45 김진영, 〈세계금융위기 이후의 포스트 브레턴우즈 체제〉(《21세기 정치학회보》 제28집 제3호, 2018)에 주로 의존했다.

제 **3**부

하늘의 시운과
땅의 이치

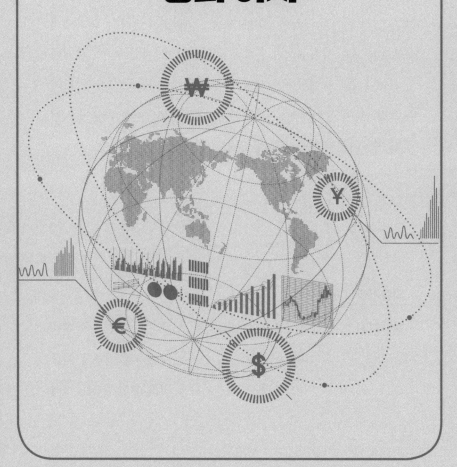

제 5장

전장의 이해
빌리고 빌려주기와 사고팔기 그리고 포지션 변동

외화자금의 전체 유출입 규모는 환율의 움직임과 상당 부분 관련이 있다. 그러나 이들 자금이 국내시장에서 외화에서 원화로, 원화에서 외화로 바뀌는 상황에서만 환율에 직접 영향을 미친다. 즉, 해외에서 우리나라로 들어왔다가 원화로 바뀌지 않고 해외로 빠져나가거나 우리나라에 들어와서도 그냥 외화로 남아 있을 때는 환율에 직접적 영향을 미치지 않는다. 다만 간접적 영향은 미칠 수 있다.

1. 외환거래

외환거래의 구분

현물환시장, 선물환시장, 외화자금시장, 스왑시장 등 외화가 거래되는 많은 시장이 있다. 이들 외화의 흐름은 크게 외화거래와 외환거래로 구분할 수 있다. 외화거래는 외화를 빌리고 빌려주는 거래를 말하며, 외환거래는 원화와 외화를 바꾸는 거래를 말한다. 이렇게 구분하면 환율의 움직임을 이해하는 데 도움이 된다. 그런데 이 두 가지 거래가 은행들의 외환 포지션foreign exchange position에 미치는 영향은 다르다. 외환 포지션의 변동은 환율 결정에 큰 영향을 미친다.

수동적 또는 능동적 조정

우리나라에 들어온 외화는 기업, 정부, 개인 등 다양한 경로를 거칠 수 있지만 결국 은행에 집중된다. 은행은 기업 등의 팔겠다는 요구에 맞추어 외화를 사준다. 또 사겠다는 요구에 맞추어 팔아준다. 이렇게 고객들의 매매 요구에 수동적으로 대응[1]하는 과정에서 외화가 늘어나거나 줄어들면서 환율 변동 위험에 노출된다. 따라서 당초 계획보다 외화가 남는 은행들은 외환시장에서 외화를 팔고, 외화가 모자라는 은행들은 외화를 산다. 이러한 과정은 반복된다.

---

1   은행은 외화를 조금 싸게 사서 조금 비싸게 파는 과정에서 이익을 남기므로 자신의 의사와 관계없이 외환 포지션 변동을 감수하면서 고객의 요구를 받아준다.

2. 외화를 빌리고 빌려주기

차입시장과 스왑시장

외화는 모두 해외에서 들어온 돈이다. 우리나라에서 달러를 찍어 내지는 않으니까 당연한 이야기다. 무역거래 등을 통해 외화를 벌어 오지 않으면 외화를 빌려야 한다. 크게 두 가지 방법이 있는데, 해외 금융기관으로부터 차입하는 방법과 스왑거래를 통해 조달하는 방 법이다. 스왑은 외환스왑과 통화스왑으로 나뉜다. 한편 이러한 외화 조달은 단기와 장기로 구분하기도 한다.

환율에 미치는 영향

은행들은 빌린 외화를 매각하여 원화로 바꾸거나 외화로 다시 빌 려준다. 원화로 바꾸면 외환 포지션의 변동이 일어난다. 반면 외화 를 빌려만 오고 외화를 원화로 바꾸지 않으면 외환 포지션 변동은 일어나지 않는다. 외환 포지션 변동은 국내 외환시장에서 원화와 외 화가 교환될 때 일어나므로 환율에 직접적으로 영향을 준다.

한편 국내 외화 사정이 아주 어려워질 경우 평소 외화를 빌려주던 외국은행들은 거래 연장을 거절하기 마련이다. 외화자금을 조달했 던 통로는 언제나 외화자금이 유출되는 통로가 될 수 있다. 위기 상 황이 발생하면 단기 자금 조달분이 먼저 만기가 돌아올 가능성이 크 다. 이를 상환하려면 외화가 필요한데, 위기 상황에서는 빠른 시일

내 조달이 쉽지 않아 환율이 상승하게 된다. 단기차입 상황에 주의를 기울여야 한다.

3. 원화와 외화 바꾸기

사거나 팔려는 힘

외화를 사거나 파는 외환시장은 크게 현물환시장과 선물환시장으로 구분된다. 환율의 수준은 선물환시장이 현물환시장에 영향을 미치는 가운데 외화를 사려는 힘과 팔려는 힘에 의해 결정된다. 두 시장 모두 사고파는 거래이므로 외환 포지션에 영향을 미친다.

환율은 외화를 적극적으로 매매하려는 힘의 강도에 따라 결정된다. 이를 매수세와 매도세라고 한다. 예컨대 2억 달러를 팔려고 했는데 당시 환율이 마음에 들지 않아 1억 달러만 팔 수도 있다. 사전적인 수요와 공급의 규모는 일치하지 않는다. 거래하고 싶은 욕망의 세기에 따라 수요와 공급의 규모가 결정된다. 팔려는 사람이 제시하고 싶은 가격과 사려는 사람이 제시하고 싶은 가격은 다르다. 팔 사람이 많다면 누군가 조금 더 싼 값에 내놓는 사람이 있고 그 매물부터 소화되기 마련이다. 매수세와 매도세는 외환시장에 밀착해 있는 외환딜러들의 실시간 감각으로 파악된다.

외화가 원화로 바뀌는 수요와 공급의 규모는 사후적으로 항상 같다. 1억 달러를 매도했기 때문에 1억 달러를 매수할 수 있었다. 같은 말로, 1억 달러를 매수한다고 했으므로 1억 달러를 매도할 수 있었다. 결과적인 매수매도의 규모는 언제나 일치한다. 그러므로 사후적인 규모를 보고 외환시장이 움직이는 강도를 알기는 어렵다. 사후적인 매수매도 규모는 통계자료로 얼마든 확인할 수 있다. 그러나 이들 통계는 치열한 매수와 매도의 공방 과정은 알려주지 않는다.

4. 외환 포지션과 환율 변동

외환 포지션이란 무엇인가?

외환 포지션의 정의는 간단하다. 외화자산에서 외화부채를 차감한 순외화자산을 말한다. 외화를 차입하고 그 외화를 팔아 원화로 바꾸면 외화부채는 그대로 있는 반면, 외화매각대금인 원화자산이 증가하므로 외환 포지션이 감소한다. 반면 외화를 빌려서 외화대출을 해주면 외화부채가 그대로 있으면서 외화자산도 증가하게 되므로 외환 포지션은 변동하지 않는다. 즉, 외환 포지션은 달러와 원화가 교환되는 경우에만 변동한다. 여기서 외환 포지션을 생각할 때 원화는 생각하지 않고 외화만 생각하면 위 두 경우에 각각 플러스(+) 포지션long position, 마이너스(−) 포지션short position이 됨을 쉽게 알 수 있다.

외환 포지션 변동에 따른 환율 움직임

이러한 은행의 외환 포지션 변동에 따라서 환율이 변동한다. 은행의 외환 포지션이 외화자산이 외화부채보다 크게 많거나(매입 초과) 외화부채가 외화자산보다 크게 많거나(매도 초과) 해서 한 방향으로 환율 변동 위험에 노출될 경우 그 위험을 줄이기 위해 자산과 부채를 맞추기 위한, 즉 포지션 조정을 위한 거래가 일어난다. 그리고 포지션을 조정한 결과로 환율이 변동한다. 예를 들어 은행의 선물환 포지션이 큰 폭의 매도 초과를 보일 경우 환율 변동에 따른 위험에 노출되지 않기 위해 현물환 매입 수요를 늘림으로써 환율이 상승하게 된다.

| 참고 5.1 | 레고 블록으로 외환 포지션 변동 이해하기[2]

외환 포지션(외화자산 – 외화부채)은 일반인이 다가가기 쉽지 않은 개념이다. 다소 어렵지만, 이를 이해하지 못하면 외국환은행의 환리스크 관리를 절대 이해할 수 없기에 좀 더 직관적으로 설명해보려 한다. 외환 포지션 관리는 두 개의 상이한 모양의 레고 블록을 맞추어 하나의 직사각형으로 만드는 과정으로 상상해볼 수 있다. 즉, 두 개의 블록(▛, ▟)을 합쳐 하나의 직사각형(▬)을 만든다고 생각해보자. 이때 각각의 블록은 현물환 및 선물환 외화 B/S Buy/Sell의 모양을 의미한다. 만약 현재 외환 포지션이 균형 상태(스퀘어)가 아니라면 두 개의 B/S를 합쳐도 직사각형이 만들어지지 않으며, 이는 곧 환율 변동에 대한 위험에 노출되어 있는 상태가 된다.

외화차입과 같이 외화를 빌리는 거래의 경우는 외화자산과 외화부채가 동시에 증가하므로 현물환 포지션 변동이 없다. 당연히 현물환 포지션 블록의 높이는 커질지언정 모양은 변화하지 않는다. 반면 현물환 매매와 같이 외화를 사고파는 거래는 외화자산의 증감에만 영향을 주고 외화부채는 변동이 없으므로 블록의 모양이 바뀌게 된다. 이 경우 은행은 반대 방향의 선물환거래를 통해 블록의 합이 직사각형이 되게 함으로써 종합포지션을 스퀘어로 만들고 환노출을 제거할 수 있게 된다. 이처럼 레고 블록을 합쳐 직사각형을 만드는 과정을 '포지션 조정용 거래'라고 한다.

참고로 스왑거래의 경우에도 종합포지션은 변동이 없다. Buy&Sell 스왑거래를 예로 들면 현물환 매입 및 선물환 매도 거래가 결합된 것인데, 현물환 B/S와 선물환 B/S의 모양이 각각 변하지만, 이 둘을 합쳐보면 직사각형 모양이 유지되기 때문이다. 은행의 경우 거래 상대방의 현물환 또는 선물환 주문을 수동적으로 수용하는 과정에서 당연히 환리스크에 노출될 수밖에 없다. 따라서 은행 외환부서에서는 매일매일 이러한 레고 블록 맞추기를 통해 환리스크를 발생 즉시 제거하고 있다.

그림 5.1 현물환 매입에 따른 포지션 조정거래 예시

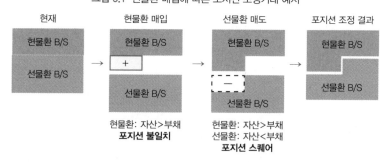

---

2   임경, 《돈은 어떻게 움직이는가?》(2018)에서 인용했다.

외환 포지션 변동에 미치는 영향

앞서 각 거래별로 외환 포지션 변동에 주는 영향을 알아보았다. 이제는 포지션 변동을 기준으로 각 거래를 다시 구분해보자. 즉, 외환 포지션을 변동시키는 거래와 외환 포지션을 변동시키지 않는 거래로 나누어보면, 원화와 외화를 서로 팔고 사는 현물환시장과 선물환시장 그리고 빌리고 빌려주는 스왑시장, 외화콜시장, 단기 대차시장의 거래로 구분해볼 수 있다. 그리고 이로부터 비롯된 외환파생상품시장도 있다.

앞에서 말했듯이 외환시장에서 사고파는 거래는 외환 포지션에 영향을 미치지만, 외화자금시장에서 외화를 빌리고 빌려주는 거래는 외환 포지션에 영향을 미치지 않는다. 즉, 차변에 외화자산, 대변에 외화부채로 동시에 기록되는 거래는 외환 포지션 변동에 영향을 주지 않는다. 외환 포지션 변동은 앞에서 설명한 바와 같이 환율에 직접적인 영향을 미친다. 그러나 외환 포지션 변동에 영향을 미치지 않는 거래로 환율에 간접적인 영향을 미치기도 한다. 부록 '전력 보강을 위한 무기체계'에서 스왑거래 부분을 읽어보자.

표 5.1 포지션 변동과 외환거래

	팔고 사기(매매)	빌리고 빌려주기(대차)
거래	현물환 선물환	스왑(통화스왑, 외환스왑) 외화 콜 단기 대차
포지션 변동	변동	변동 없음

자료: 임경, 《돈은 어떻게 움직이는가?》(2018)

제 6 장

누가 바람을 일으키는가
환율에 영향을 미치는 요인

환율에 영향을 미치는 요인은 너무나 많다. 아마존에 사는 나비의 날갯짓도 환율에 영향을 미친다. 주요 요인에 대해 단기, 중기, 장기의 시계를 생각하면서 정리해보지만 요인은 명확하게 구분되지 않는다. 실물 부문, 금융 부문, 국제관계 부문, 정책 부문 등으로 나누어 체계를 잡으려 해도 중첩된다. 문제가 생길 수 있는 구분으로 정리하기보다는 차라리 병렬식 나열을 택했다. 거시경제 변수와 그에 대한 기대가 변동 요인들의 중심에 자리 잡고 있다.

1. 무엇이 환율에 영향을 주는가

무역거래가 환율을 결정하는가?

환율에 영향을 미치는 요인을 이야기할 때 무역거래 또는 무역수지를 거론하는 경우가 많다. 수출로 외화를 벌어들이고 수입으로 외화를 보내니 이렇게 말하는 것도 무리가 아니다. 그러나 환율 변동을 이들 요인만으로 설명하는 데는 한계가 있다. 우리나라는 2010년 이후 대부분 기간에 무역거래에 따른 외화공급이 늘어났으나 원·달러 환율은 지속적으로 하락하기보다는 상승과 하락을 반복하는 모습을 보였다. 만약 환율이 무역거래에 따른 외환의 수급 요인에 의해서만 변동한다면, 환율은 추세적인 하락을 나타냈을 것이다. 그러나 환율은 그렇게 움직이지 않았다.

무역거래 이외에도 환율에 영향을 미치는 요인은 많으며, 돈이 움직이지 않는데도 환율이 변동하는 경우도 있다. 환율은 다양한 국내외 여건과 환율에 대한 기대 등에 의해서도 영향을 받는다.

그림 6.1 원·달러 환율 및 경상수지

자료: 한국은행, 블룸버그, 한국은행 금요강좌(2019년 6월)

환율을 결정하는 경제 변화

환율의 움직임을 예측하기 위해서는 환율에 영향을 미치는 다양한 요인을 살펴봐야 한다. 보통 장기와 단기로 구분하는데, 장기와 단기의 구분은 교과서마다 다르며 명확하지 않다. 가장 근본적인 요인만 장기로 구분하기도 하고, 아주 짧은 기간이 아니면 모두 장기로 분류하기도 한다. 세세하게 분류하기 어렵고, 꼭 그래야 한다고 확언하기도 어렵지만, 두루뭉술 넘어가기보다는 좀 더 명확하게 구분해 생각할 필요가 있기에 여기서는 단기, 중기, 장기로 나누어 살펴볼 것이다. 다만 여기서도 단기 요인과 중기 요인이 일부 중첩되고, 중기 요인과 장기 요인도 일부 중첩된다.

장기 관점의 요인들이 기본적으로 중요하다 할지라도 짧은 기간의 환율 변동에 대해서는 설명하지 못한다. 환율은 장기적으로는 균형 수준으로 수렴한다. 그러나 환율이 급변동하면 오랜 시간 기다릴

표 6.1 환율 결정 요인

단기	중기	장기
자본수지 변동 통화정책, 국내외 금리차 환율에 대한 기대 변화 경제 및 금융 뉴스 지정학적 리스크 은행의 외환 포지션 변동 파생금융상품 동향	국내외 경제성장율 차이 경상수지 변동 외채와 외환보유액* 생산성 변화**	물가 안정 목표 수준 잠재성장률 수준 지속 가능한 경상수지 수준 국내외 물가 수준 변화** 무역장벽

* 단기 또는 중기 요인으로 분류되기도 함
** 중기 또는 장기 요인으로 분류되기도 함

수 없게 된다. 장기 요인으로는 물가 수준, 잠재성장률 수준 등 거시경제 변수 이외에도 무역장벽 등 제도적 요인도 거론할 수 있다. 단기적으로는 자본수지 변동, 국내외 금리 차이, 다양한 뉴스의 발표, 시장참가자의 기대심리 등이 환율 변동에 영향을 준다.

2. 물가 수준

물가 수준은 중장기적으로 영향을 미친다

환율을 결정하는 가장 근본적 요인으로 해당 국가와 상대 국가의

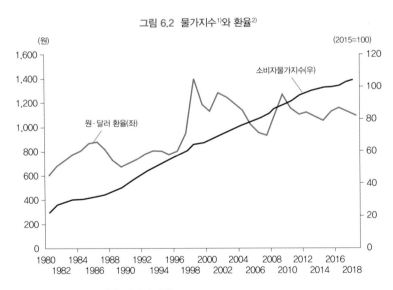

그림 6.2 물가지수[1]와 환율[2]

주: 1) 소비자물가지수   2) 원·달러 평균환율
자료: 한국은행

물가 수준 변동을 들 수 있다. 통화 가치는 재화, 서비스, 자본 등에 대한 구매력의 척도이므로 결국 환율은 물가 수준을 반영한 상대적 구매력에 의해 결정된다. 이러한 구매력은 중장기적으로 영향을 미친다. 단기적으로는 이러한 관계가 뚜렷하지 않다. 단기에 있어서는 환율에 더 큰 영향을 미치는 요인들이 많기 때문이다.

환율은 구매력에 의해 결정된다

환율은 각국의 돈이 갖는 구매력 차이의 변화에 따라 변동한다. 구매력이란 예컨대 돈 1만 원으로 빵 3개를 살 수 있는 힘이 있다는 뜻이다. 빵 2개만 살 수 있게 된다면 구매력이 떨어지므로 장기적으로 환율은 상승하게 된다.

가장 간단한 방법으로, 전 세계에서 영업하고 있는 맥도날드 햄버거의 국가별 가격을 비교한 빅맥지수Big Mac Index[3]를 이용해 환율 수준을 평가해볼 수 있다. 서울에 사는 홍길동은 맥도날드 점포에 들러 3000원을 주고 빅맥을 샀다. 미국에 여행 간 홍길동은 뉴욕에

---

3 빅맥지수는 각국 통화의 구매력 정도 또는 환율 수준을 측정하기 위해 일물일가의 법칙을 햄버거 가격에 적용한 지수다. 영국의 주간 경제전문지 《이코노미스트 The Economist》가 1986년 이래 매년 전 세계적으로 판매되고 있는 맥도날드의 빅맥 가격을 비교·분석해 발표하고 있다. 맥도날드의 빅맥은 전 세계 120개국에서 동일한 재화로 판매되고 있으므로, 빅맥지수를 이용하여 절대적 구매력평가를 간단하게 검증할 수 있는 기회를 독자들에게 제공한다. 만약 일물일가의 법칙이 완전하게 성립한다면 세계 모든 나라의 구매력평가환율을 산정해볼 수 있다. 최근에는 동일한 개념으로 '스타벅스지수'가 산출되기도 한다.

서 2달러 주고 빅맥을 샀다. 빅맥으로 본 환율은 얼마일까? 2달러는 3000원이므로 1달러는 1500원이다. 동일한 물건을 사기 위해 지불한 가격은 서로 같아야 한다. 장기적 시계의 관점에서 같은 값으로 무엇을 살 수 있는지에 따라 환율이 결정된다.

〈표 6.2〉를 보면 우리나라 원화가 저평가되어 있음을 알 수 있다. 물론 빅맥지수가 모든 상품을 가중평균하여 전체 물가를 대표하지도 않을뿐더러 구매력지수를 통해 환율을 평가하는 방식도 일정 부분 한계가 있지만, 만일 빅맥지수를 기준으로 한다면 향후 원화 가치는 현재의 저평가에서 조정될 가능성이 크다. 즉, 원화 가치가 상승하면서 원·달러 환율은 하락할 확률이 높다.

구매력평가 이론의 한계

〈표 6.2〉에서 보듯이 많은 나라에서 실제 시장환율은 구매력으로 평가한 환율과 단기적으로 큰 폭의 괴리를 보이면서 상당 기간 지속된다. 일부 통화는 구매력평가환율로 회귀하는 데 10년 정도의 시간이 소요되기도 한다. 나라마다 이런 현상이 달리 나타나는 이유는 경제 구조와 수출 가격경쟁력 등이 나라마다 다르기 때문이다.

표 6.2 빅맥 가격을 이용한 구매력평가환율

국가	빅맥 가격		구매력평가환율	실제 환율	고평가(+)
	자국 통화(A)	US$(A/B)	(US$가격/4.79)×B	(B)	저평가(−)율
미국	$4.79	4.79			
한국	won 4100	3.78	855.95	1083.3	−21
일본	Yen 370	3.14	77.24	117.77	−34
중국	Yuan 17.2	2.77	3.59	6.21	−42
유로지역	euro 3.68	4.26	0.77*	0.86*	−11
영국	pound 2.89	4.37	0.6*	0.66*	−9
덴마크	DK 34.5	5.38	7.2	6.42	12
스위스	CHF 6.5	7.54	1.36	0.86	57
스웨덴	SKR 40.7	4.97	8.5	8.19	4
체코	Koruna 70.45	2.92	14.71	24.13	−39
노르웨이	Kroner 48	6.3	10.02	7.62	31
폴란드	Zloty 9.2	2.48	1.92	3.71	−48
헝가리	Forint 860	3.17	179.54	271.39	−34
러시아	Ruble 89	1.36	18.58	65.23	−72
홍콩	HK$ 18.8	2.43	3.92	7.75	−49
인도네시아	Ruplah 27939	2.24	5832.78	12480	−53
말레이시아	Ringgit 7.63	2.11	1.59	3.62	−56
싱가포르	S$ 4.7	3.53	0.98	1.33	−26
필리핀	Peso 163	3.67	34.03	44.41	−23
대만	NT$ 79	2.51	16.49	31.49	−48
태국	Baht 99	3.04	20.67	32.61	−37
호주	A$ 5.3	4.32	1.11	1.23	−10
뉴질랜드	NZ$ 5.9	4.49	1.23	1.31	−6
캐나다	C$ 5.7	4.64	1.19	1.23	−3
멕시코	Peso 49	3.35	10.23	14.63	−30
아르헨티나	Peso 28	3.25	5.85	8.61	−32
브라질	Real 13.5	5.21	2.82	2.59	9
칠레	Peso 2100	3.35	438.41	627.49	−30
페루	Sol 10	3.32	2.09	3.01	−31
남아공	Rand 25.5	2.22	5.32	11.48	−54
이집트	Pound 16.93	2.3	3.53	7.35	−52
이스라엘	Shekel 17.5	4.45	3.65	3.93	−7
사우디아라비아	Riyal 11	2.93	2.3	3.76	−39
터키	Lira 9.25	3.96	1.93	2.33	−17

주: * 표시는 US$/자국 통화 표기 방법에 따른 것임
자료:《이코노미스트》 2015. 1. 22

첫째, 구매력평가 이론은 동일 상품이 아닌 비슷한 상품에 적용하기 어렵다. 예를 들면 삼성 갤럭시와 애플 아이폰 그리고 현대자동차, 토요타자동차처럼 비슷하지만 선호관계가 있는 상품들은 단순히 구매력으로 측정하기 곤란하다. 또한 부동산, 식당 서비스 등 경계를 넘어 거래될 수 없는 비교역재화 none tradable goods의 경우 그 가격 상승 등은 어떤 나라의 구매력에 영향을 미칠지라도 환율에는 직접적 영향을 미치지 못한다. 동남아시아를 여행하다 보면 우리나라보다 물가가 싸다는 것을 느낀다. 거래될 수 없는 요소들에 의한 구매력은 나라마다 같지 않다. 또 우리나라 소주 한 병을 미국에서 우리나라와 같은 값에 마실 수 없으며, 마찬가지로 스코틀랜드 위스키는 우리나라에서 훨씬 비싼 값으로 팔린다. 유럽에서는 출근할 때 정장을 입어야 하지만 아프리카에서는 굳이 그럴 필요가 없다. 생활하는 과정에서 비교하려는 물품의 품질이 꼭 같아야 하는 것은 아니다. 또한 상품거래에 대한 무역장벽 등의 규제와 거래비용transaction cost 등도 물가 변동이 환율 변동에 미치는 영향을 쉽게 설명하지 못한다.

둘째, 구매력평가는 교역조건의 개선과 기술혁신에 따른 생산성 향상 등 실물 부문의 변화를 반영하지 못한다. 교역조건 변동 등 실물 부문의 변화는 환율에 또 다른 영향을 미치므로 물가 수준과 환율의 관계를 명료하게 밝히기 힘들다.

3. 생산성

장기적으로 환율에 영향을 미치는 또 다른 요인으로 생산성 변화를 들 수 있다. 여기서 생산성이란 제품 생산이나 서비스 제공에 있어

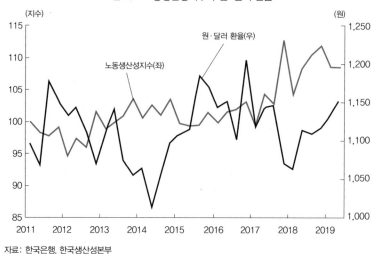

그림 6.3 노동생산성지수와 원·달러 환율

자료: 한국은행, 한국생산성본부

투입 대비 얼마만큼의 산출이 이루어졌는지를 나타내는 지표를 말한다.[4] 생산성 변화는 성장률과 잠재성장률 수준에 영향을 미친다.

한 나라의 생산성이 다른 나라보다 더 빠른 속도로 향상될 경우 그 나라의 통화는 절상된다. 생산성이 향상될 경우 동일한 재화를 생산하는 데 필요한 비용이 절감되어 보다 저렴한 가격으로 재화를 공급할 수 있으므로 각 재화의 가격이 떨어지면서 전반적인 물가 수준이 하락하여 통화 가치가 올라간다. 즉, 그 나라의 환율은 하락

---

4 한 나라의 생산성은 일반적으로 총요소생산성(total factor productivity 또는 multifactor productivity)으로 정의된다. 총요소생산성은 여러 가지 생산요소가 투입되는 경제에서 요소 투입과 산출 간의 관계를 설명한다. 일반적으로 결합된 자본과 노동의 단위당 산출물로 정의된다. 측정의 용이성을 감안하여 총요소생산성보다 노동생산성 또는 자본생산성 등 단일요소생산성이 주로 이용된다.

하게 된다.

4. 국제수지

외환의 수요와 공급

환율은 외환 수요와 공급의 상대적 크기에 따라 결정된다고도 볼 수 있다. 우리나라와 같이 대외의존도와 대외개방도가 높은 나라의 경우 더욱 그러하다. 돈이 쉽게 국경을 넘어 움직이면서 환율에 영향을 주기 때문이다. 국내외를 드나드는 모든 외환의 수요와 공급은 결국 국제수지로 귀결된다. 즉, 국제수지를 보면 외환의 수급을 알 수 있다. 다만 국제수지와 외환 수급은 〈참고 6.2〉에서 보듯이 발생과 실현에 따른 차이를 갖는다.

│ 참고 6.2 │ 국제수지와 외환 수급의 차이

국제수지표balance of payments에 나타난 외환시장에서의 외환 수급 상황은 대체로 그 기간 외환시장의 초과 공급 또는 초과 수요 규모를 나타낸다고 할 수 있다. 다만 국제수지표는 거래를 발생주의 기준[5]에 따라 계상하고 있으므로 실제 돈이 움직인 거래(현금주의)와는 다소 차이가 있다.[6] 국제수지가 은행 간 시장의 외화유동성과 은행의 외환 포지션에 변동을 가져오지 않을 경우에는 환율과의 관계가 뚜렷이 나타나지 않는다. 환율은 외환시장에서 돈의 수요와 공급에 따라 결정되기 때문이다.

국제수지가 환율에 미치는 영향

상품·서비스 거래, 자본거래 등의 대외거래를 한 결과로 국제수지가 흑자를 보이면 외환의 공급이 늘어나므로 환율은 하락한다. 반대로 국제수지가 적자를 보여 외환의 초과 수요가 지속되면 환율은 상승한다.[7]

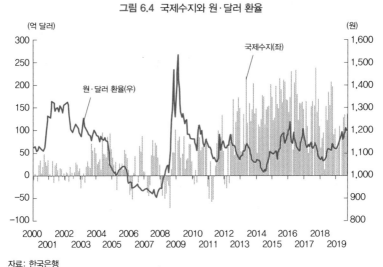

그림 6.4 국제수지와 원·달러 환율

자료: 한국은행

5 발생주의는 현금 흐름과 관계없이 수익과 비용이 발생했을 때 인식하는 원칙을 말한다. 예를 들어 물건을 팔았다면 판매 시점에 현금을 받았는지에 상관없이 소유권이 넘어간 시점에서 수익으로 인식한다. 또한 비용 청구서를 받았다면 현금을 지급했는지에 상관없이 청구서를 받은 시점에서 비용으로 인식한다. 현금주의와 대비된다.

6 거주자외화예금, 환혜지거래, 중앙은행의 외환보유액 이자수입 등은 국제수지표 변동 요인으로 반영되나 환율이 결정되는 국내 외환시장의 수요와 공급에는 영향을 미치지 않는다.

7 일정 기간의 외환 흐름에 따라 환율 변동을 설명하고 예측하는 방법을 플로우 접근법 flow approach이라고 한다.

국제수지의 구성

국제수지는 수출과 수입으로 이루어지는 경상수지와 주식과 채권 투자 등으로 이루어지는 자본수지(금융계정 포함)로 나뉜다. 경상수지와 자본수지가 환율에 미치는 영향은 그 규모와 성격 면에서 다르다. 우선 경상수지를 중심으로 살펴보고, 자본수지에 대해서는 바로 다음에 알아보겠다.

그림 6.5 국제수지의 구성

경상수지				자본·금융계정				
				자본수지	금융계정			
상품수지	서비스수지	본원소득수지	이전소득수지		직접투자	증권투자	파생금융상품	준비자산증감

경상수지가 환율에 미치는 영향

상품수지 등 경상수지는 환율에 미치는 영향 면에서 특별한 성격을 띤다. 수출과 수입의 차이인 상품수지는 같은 규모의 돈이라면 자본거래와는 달리 경제 상황에 훨씬 큰 영향을 미친다. 아버지의 월급이 100만 원 오른 상황과 100만 원을 옆집에서 빌린 상황은 우리 집에 들어온 돈의 규모는 같지만 가정에 미치는 영향은 전혀 다르다. 흑자가 되면 벌어들인 돈으로 외국에 진 빚을 갚거나 외국에 투자할 수 있으며, 국민소득이 증대되고 고용이 확대된다. 반면, 적자가 되면 부족한 돈을 외국으로부터 빌려야 하므로 외채가 증가할 뿐 아니라 흑자일 때에 비해 국민소득이 감소하고 일자리가 줄어든다.

이뿐만 아니다. 무역을 통한 흑자 또는 적자 여부는 우리나라가 대외적으로 경쟁력이 있는가에 대한 강력한 신호signal를 전달하게 되어 우리나라를 드나드는 주식과 채권 등 자본거래에도 영향을 준다. 예를 들어 경상수지가 흑자를 나타내면 수출에 앞장섰던 기업 등의 경쟁력이 강하다고 인식하여 우리나라 주식에 대한 투자가 늘어 자본 유입이 증가한다.

그림 6.6 경상수지와 환율[1]

주: 1) 원·달러 평균환율
자료: 한국은행

단기적으로 자본수지가 환율에 미치는 영향이 더 중요

환율의 단기적 움직임을 이해하기 위해서는 국제수지 중에서도 자본거래에 더 집중해야 한다. 특히 우리나라와 같이 자본시장이 크게 개방되어 있는 경우는 해외자본이 쉽게 들어오고 나갈 수 있기 때문이다. 자본거래의 규모는 무역거래 규모에 비해 엄청나게 클 뿐 아니라 상대적으로 급속하게 이루어진다. 그러므로 환율을 이야기하면서 수출과 수입만 이야기하는 사람들은 세상을 일부만 보는 셈이다.

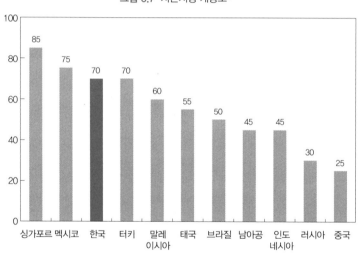

그림 6.7 자본시장 개방도[1]

주: 1) 외국인 직간접투자의 자유화 등을 평가한 투자자유화 지수
자료: 헤리티지 재단(2019)

국제자금 흐름에서 무역거래가 차지하는 비중과 영향

글로벌 총 자본거래에서 총 무역거래가 차지하는 비중은 겨우 1.2%밖에 되지 않는다.[8] 우리나라는 무역거래의 비중이 다른 나라에 비해 크지만, 총 자본거래에서 차지하는 비중은 약 4.4%에 불과하다.[9] 국제결제은행Bank of International Settlement, BIS 자료에 따르면 2019년 글로벌 금융시장에서 하루에 거래되는 외환거래량은 약 1647조 달러인 반면, 세계 상품교역량은 19조 달러에 불과하다. 외환거래액의 약 1.2%만이 실물과 연계되어 있으며 나머지 98% 이상은 자본거래라고 볼 수 있다.

그런데 환율을 움직이는 돈은 무역거래로 교환된 돈인지 자본거래로 이동하는 돈인지를 가리지 않는다. 빨리 치고 빠지는 자본거래의 영향을 훨씬 더 많이 받는 단기적인 환율 변동을 기초 경제 여건만으로 설명할 수는 없다. 물론 채권시장과 주식시장으로 드나드

---

8 글로벌 총 외환거래 규모[A](2019): 6조 5900억 달러/일×250일=1647조 5000억 달러. 글로벌 총 무역거래 규모[B](2018): 19조 4510억 달러. 총 외환거래에서 총 무역거래가 차지하는 비중[B/A]=1.2%. 글로벌 총 외환거래 규모는 Dagfinn Rime & Andreas Schrimpf, 〈The anatomy of the global FX market through the lens of the 2013 Triennial Survey〉(BIS Quarterly Review, December 2019)에서 인용했으며, 총 무역거래 규모는 WTO의 연 수출입통계(2018)를 인용했다.

9 우리나라 총 외환거래 규모[A](2019): 5530억 달러/일×250일=13조 8300억 달러. 우리나라 총 무역거래 규모[B](2018): 6049억 달. 총 외환거래에서 총 무역거래가 차지하는 비중[B/A]=4.4%. 우리나라 총 외환거래 규모는 〈2018년도 BIS 주관 「세계 외환시장 및 장외파생상품시장 조사(거래금액 부문)」 결과〉(2019)에서 인용했으며, 총 무역거래 규모는 WTO의 연 수출입통계(2018)를 인용했다.

는 돈들이 기초 경제 여건을 감안하여 움직인다고 하더라도 환율은 98%의 자본거래에 영향을 크게 받는다.

〈표 6.3〉을 보면, 우리나라에 투자한 외국인의 주식투자 규모가 채권투자 규모에 비해 훨씬 크며, 주식투자 비율도 채권에 비해 높다는 사실을 알 수 있다. 그러므로 미 연준이나 한국은행이 기준금리를 변동했을 때 내외금리차만으로 외국인의 유출 가능성을 논할 필요는 없다. 다만 외국인의 주식과 채권 보유 현황이 빈번한 거래 정도를 알려주지는 않으니 보유 상황, 거래 규모와 속도 등을 모두 지켜봐야 한다.

표 6.3 우리나라의 외국인 주식[1] 및 채권 보유 비율

(조 원, %)

		2013	2014	2015	2016	2017	2018
주식	보유액(시가)	430.4	422.5	420.6	480.8	634.8	506.9
	보유비율	33.0	31.6	29.0	31.8	33.5	32.1
채권	보유액	95.7	100.4	101.4	89.3	98.5	113.8
	보유비율(I)	6.9	6.9	6.5	5.6	5.9	6.6
	보유비율(II)[2]	13.0	13.3	12.4	12.5	11.8	13.5

주: 1) 코스닥, 코넥스시장 포함
　　2) 국채만을 대상으로 했을 경우 외국인 보유 비율
자료: KRX, 기획재정부

빠르고 위험한 자본거래

이제 국제수지 중 자본수지(금융계정 포함)에 대해 이야기해보자. 자본거래는 무역거래와 비교할 수 없을 만큼 규모가 클 뿐만 아니라

움직이는 속도도 빠르다. 무역거래는 흑자 또는 적자 기조를 가지면서 일정 기간 지속되는 성질이 있다. 주력 수출상품의 경쟁력과 경제 구조가 쉽사리 바뀌지 않는 탓이다. 반면 자본거래는 수익을 찾아 빠르게 움직이며 환율을 급변동시키는 경향이 있다. 우리가 자본거래에 관심을 집중해야 하는 이유다.

또한 우리나라는 은행들의 외화자금 조달이 어려워지면 쉽게 위험에 빠지는 구조를 가지고 있다. 은행들이 차환 리스크[10]가 큰 차입금과 채권발행 등 도매자금 조달wholesale funding을 통하여 외화자금을 주로 조달하기 때문이다. 기업보다는 대규모 자금을 낮은 금리로 들여올 수 있는 은행들을 외자 조달의 주요 창구로 이용하면 돈을 빌려오기는 쉽지만 위기 시에는 만기를 연장하기 어렵다.

금융위기 이후 외환 부문의 건전성이 개선된 것으로 나타나고 있지만, 위기에 즈음해서는 국제금융시장의 여건이 악화되면서 갑자기 외화건전성 상황이 나빠질 수도 있다. 따라서 언제 또 상황이 바뀔지 계속 관심을 가져야 한다. 외국인 투자자금이 갑자기 빠져나가면 환율이 급등한다.

---

10 빌린 돈의 만기가 되었을 때 만기를 연장하지 못하고 반드시 상환해야 하는 위험을 말한다.

5. 외채와 외환보유액

눈여겨봐야 할 단기외채

경상수지 적자가 지속되면 해외에서 외화를 빌려야 하므로 대외채무, 즉 외채external debt가 증가한다. 계속해서 경상수지 적자가 이어진다면, 외채를 빌려 적자를 보전해 나가는 과정에서 이러한 경제구조가 언제까지 지속될지에 대한 국내외 시장참가자들의 의구심이 커지기 마련이다. 그러면 국제금융시장에서 그 나라에 대한 국제신인도가 떨어지게 된다. 외채 증가 자체도 문제지만 신용이 낮아진다는 점이 더 큰 문제다. 신용이 떨어지면 통화 가치가 하락하고 환율은 상승한다. 특히 외환위기가 발생했을 경우 단기외채 규모가 크면, 외채 상환을 위해 다시 외화를 빌려야 할 시점이 곧 다가오게 되어 환율이 급등하게 된다.

신뢰를 쌓는 외환보유액

국제수지 흑자가 확대되면 우리나라로 들어오는 외화가 외환보유액으로 쌓인다. 외채가 증가하면 외환보유액을 쌓아 외환위기에 대비해야 한다. 경상수지 적자가 지속되는 상황에서는 외환보유액을 확충하기 어렵다. 월급이 지속적으로 들어오지 않으면 저축하기 어려운 것과 같다. 외환보유액이 줄어들면 그 나라의 대외신인도가 떨어진다. 국제금융시장에서 신용이 떨어지면 통화 가치는 하락하고 환율은 상승한다.

6. 통화정책과 금리

자산시장 접근법

앞서 '각국 통화가 갖는 상대적 구매력'이라고 환율을 정의하기도 했으며(구매력평가 이론), 외환의 수요와 공급에 따라 환율이 결정된다고 설명하기도 했다(플로우 접근법). 이제 다른 방식으로 환율 결정에 접근해보자.

환율을 자기 나라 돈의 가격과 다른 나라 돈의 가격 간 상대가격이라고 보는 자산시장 접근법asset market approach은 돈을 하나의 자산이라고 전제한 뒤 각 자산 간의 상대가격을 환율이라고 정의한다. 다른 조건이 일정할 경우 달러에 대한 수요가 상대적으로 증가하면 원·달러 환율이 오르고, 달러 공급이 상대적으로 증가하면 원·달러 환율이 떨어진다.

그렇다면 무엇이 달러에 대한 수요와 공급을 변화시킬까? 달러의 공급과 두 나라 간의 물가 수준 차이가 일정하다고 가정한다면, 결국 상대적인 금리 차이가 두 통화 간의 상대적 수요와 공급을 결정한다. 즉, 각국의 상대적인 금리 차이의 움직임이 환율 변동을 결정한다.

환율로 조정된 이자율과 이자율로 조정된 환율

일반적으로 우리나라 금리가 오르면 달러 공급이 늘어나고 달러 수요가 줄어든다. 쉽게 말해 우리나라 예금에 가입하면 이자를 더 받을 수 있으므로 원화를 더 선호하는 것이다. 반면 미국 금리가 오르면 달러 수요가 증가한다. 원화를 더 선호하는지와 달러를 더 선호하는지는 환율을 결정하는 요인이다. 환율을 금리와 연관 지어 생각해야 한다.

이와 같은 관점을 이자율평형조건interest parity condition에 의한 환율 변동이라고 한다. 이는 국내 이자율, 외국 이자율, 국내 통화의 예상절상률이 어떠한 관계에 있는지를 설명해준다. 원화를 당시 환율을 적용하여 달러로 환전해 외국에 투자한 후 만기가 되어 받은 달러 원리금을 그때 환율로 다시 원화로 바꾸면, 당초 원화로 예금했을 때의 원리금과 같아진다. 간단히 말해 국내에서 투자하든 외국에서 투자하든 투자 종료 후에는 같은 수익을 얻게 된다는 뜻이다.[11] 달리 말하면, 이렇게 같은 수익을 얻는 조건하에서 환율이 정해진다는 뜻이다.

캐리트레이드

이자율평형조건은 이론적으로는 분명하지만 현실에서는 그렇지

---

11 국내 이자율은 외국 이자율과 예상되는 외국 통화의 절상률의 합과 같다.

못하다. 특히 단기 시계의 관점에서는 더욱 그렇다. 따라서 국내외 금리 차이를 겨냥하는 자금거래가 빈번히 일어난다. 선진국의 저금리와 신흥시장국의 고금리 차이가 확대될 경우 저금리 통화를 차입하여 고금리 통화에 투자한 후 금리 차를 얻으려는 거래가 일어난다. 이러한 거래를 캐리트레이드carry trade라고 한다. 이와 같은 거래가 확대되면 저금리 통화는 매도 규모가 늘어나 약세가 되는 반면, 고금리 통화는 매수 규모가 늘어나 강세를 띠게 된다. 이러한 거래가 많아지면 각국의 금리 수준 조정에도 영향을 미치며 이는 다시 환율에 영향을 미친다.

| 참고 6.3 | 이자율평형조건의 한계

이자율평형조건은 몇 가지 한계를 가진다. 첫째, 이자율평형조건은 자국 통화와 다른 나라 통화가 완전대체재라고 가정한다. 그러나 원화가 달러를 완전히 대체할 수 있을까? 우리나라 국채(5년물)와 미국 국채(5년물) 수익률이 모두 연 3%라고 가정할 때 이를 동일한 금리로 볼 수 있을까? 부도 가능성 등 신용도 차이를 고려하지 않는다.

둘째, 이자율평형조건은 통화를 자산이라고 간주하고 금리와 밀접한 관계에 있는 채권투자를 가정한다. 그러나 금리가 오르면 기업 채산성이 나빠져 주가가 하락할 가능성이 있으므로 주식투자를 통한 자본 유입은 줄어들 수 있다. 반면 국내 금리가 내리면 같은 이유로 주식투자를 통한 자본 유입이 늘어날 수도 있다. 따라서 금리 변동 시 나타나는 자금 흐름은 채권투자와 주식투자가 반대 방향을 나타낸다. 그러므로 외국인 주식투자의 영향이 채권투자의 영향보다 클 때는 이자율평형조건이 성립하지 않을 수 있다.

7. 지정학적 리스크

경제 요인뿐 아니라 정치, 군사, 사회, 문화 등 다양한 요인이 모두 환율에 영향을 미친다. 미중 무역협상은 물론이고 브렉시트, 홍콩 송환법 시위, 남미 대통령 선거 등도 우리나라 환율에 영향을 미친다. 이들 사건이 우리나라에 직접적 영향은 주지 않더라도 미국이나 다른 나라에 영향을 미치면 상대적 가격인 원·달러 환율은 변동한다. 물론 우리나라의 지정학적 리스크가 미치는 영향도 마찬가지다.

일반적으로 지정학적 리스크가 환율에 영향을 미치는지, 또 얼마나 오래 영향을 미치는지는 지정학적 요인이 경제 상황을 얼마나 변

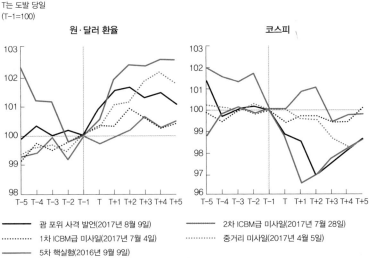

그림 6.8 최근 북한 도발 전후의 환율과 주가 변동

T는 도발 당일
(T-1=100)

원·달러 환율 / 코스피

───── 괌 포위 사격 발언(2017년 8월 9일)   ───── 2차 ICBM급 미사일(2017년 7월 28일)
·········· 1차 ICBM급 미사일(2017년 7월 4일)   ·········· 중거리 미사일(2017년 4월 5일)
───── 5차 핵실험(2016년 9월 9일)

자료: 코스콤, 블룸버그, 한국은행 금요강좌(2019년 6월)

화시키느냐에 달려 있다. 당장 경제 상황에 대한 영향이 없더라도 향후 영향을 미칠 것으로 예상된다면 기대를 통하여 환율이 즉시 변동하게 된다.

8. 기대와 자기실현

기대는 먼저 실현된다

모든 가격변수의 움직임에는 기대가 항상 중요하다. 돈이 이동하여 금리, 환율, 주가에 영향을 주기 전에 경제 상황의 변화가 어떤 영향을 줄 것인지를 생각하면서 가격이 먼저 움직인다. 각종 뉴스와 주변국의 환율 변동 등은 외환시장 참가자들의 기대를 움직여서 단기적으로 환율에 많은 영향을 준다.

한편 앞에서 설명한 물가 수준, 생산성 변동, 국제수지, 통화정책에 의한 금리 변동 등 장기 요인도 그러한 경제 현상이 장기적으로 환율에 영향을 미치기에 앞서 시장참가자들의 기대를 변화시킨다. 이러한 기대는 자기실현적self-fulfilling 거래를 통해 환율을 변동시킨다. 예를 들어 대부분 시장참가자가 원·달러 환율 상승을 예상할 경우, 환율이 오르기 전에 미리 외환을 매입하면 이익을 볼 수 있으므로 외화 수요가 증가하여 실제 환율이 상승하게 된다. 반대로 수출기업들이 환율 하락을 예상할 경우, 환율이 내리기 전에 미리 외환을 매도하면서 실제 환율이 하락하게 된다.

기대의 집합

시장참가자들의 환율 상승 또는 하락 기대가 같은 방향으로 형성될 경우 매입 또는 매도 주문이 한 방향으로 집중되는 동반효과 bandwagon effect가 나타나면서 환율이 급변동하고 외환시장이 불안정해진다. 시장참가자들의 상호작용을 통해 각각의 기대환율 변화를 합한 정도보다 시장환율에 더 큰 영향을 준다.

기대의 실현

여러 가지 요인이 이미 반영되었다고 시장이 평가한다면 나중에 그 요인이 실제로 나타나더라도 기대환율은 바뀌지 않는다. 만일 당초의 경제 변화에 대한 기대가 나중에 실현된 정도보다 더욱 강하게 형성되었다면, 기대가 실현될 때 환율은 오히려 반대 방향으로 움직인다. 물론 기대보다 더욱 강하게 실현된다면 환율은 당초에 반영된 수준보다 더 크게 움직인다. 예컨대 미 연준의 기준금리 50bp 인상이 기대되어 어제 원·달러 환율이 상승했는데, 오늘 25bp 인상을 발표했다면 오늘 환율이 하락하는 요인이 될 수 있다.

9. 각종 뉴스

각종 뉴스는 시장참가자들의 기대를 변화시켜 환율 변동에 영향을 미친다. 국내 뉴스는 물론이고 해외 뉴스도 환율의 움직임에 영향을 준다. 아니, 해외 뉴스가 환율 변동에 더 큰 영향을 주기도 한다. 뉴스는 즉각적으로 환율에 영향을 미친다. 경제 현상이 실제 환율에 미치는 영향이 시차를 두고 나타날 것으로 예상될지라도 시장참가자들은 기대에 따라 바로 반응한다.

현대 사회에서는 경상수지, 국민소득, 물가의 움직임 등 환율을 변동시키는 많은 요인이 뉴스를 통하지 않고는 일반 시장참가자에게 알려질 수 없다. 아침 뉴스에서 북한이 발사체를 발사했다는 소식이 전해지면 환율은 변동한다.

10. 다른 나라 환율

유사한 환율 변동 추세

다른 나라의 환율 변동은 우리나라 환율에 많은 영향을 준다. 특히 경제 구조가 비슷하고 일정 품목을 두고 경쟁하는 나라의 환율과 같은 방향으로 변하는 경향이 있다. 예컨대 자동차 또는 반도체 수출경쟁국의 통화가 절하될 경우 원화도 절하된다. 즉, 환율이 상승한다.

〈그림 6.9〉, 〈그림 6.10〉, 〈그림 6.11〉의 그래프들을 보면 원화 환율은 엔화, 위안화 환율과 비슷한 추세를 보이기도 하는 반면, 유로화 환율과는 거의 상관관계를 나타내지 않는다. 물론 원화와 엔화, 원화와 위안화가 동일한 추세를 보이지는 않는다. 상승폭과 하락폭이 얼마나 비슷한지와 오르고 내리는 방향성이 일치하는지를 눈여겨봐야 한다. 다른 환율들을 살핌으로써 원·달러 환율의 단기적 변화를 유추할 수 있다.

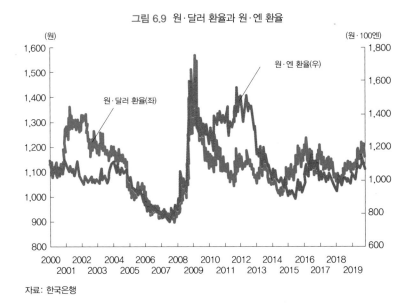

그림 6.9 원·달러 환율과 원·엔 환율

자료: 한국은행

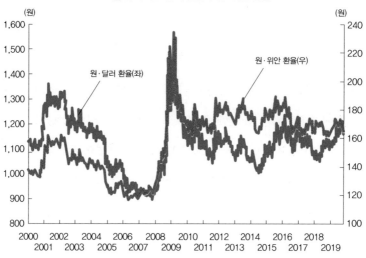

그림 6.10 원·달러 환율과 원·위안 환율

주: 원·위안 직거래 시장이 개설된 2014년 12월부터는 직거래 시장환율(종가)을 사용
자료: 한국은행

그림 6.11 원·달러 환율과 달러·유로 환율

자료: 한국은행

116

해석에 따라 달라지는 요인

미국 경제의 움직임이 전해지면 달러는 유로화, 엔화 등에 비해 강세를 띠거나 약세를 보인다. 원·달러 환율은 달러에 대비한 원화의 가격이므로 달러가 여타 통화 대비 절상 또는 절하되면 당연히 환율에 영향을 미친다.

미국 경제가 침체로 접어들었다는 뉴스는 상대적으로 경제 상황이 양호한 원화 가치를 높여 원·달러 환율 하락 요인으로 작용한다. 그러나 미국 경기가 둔화되고 있다는 신호가 글로벌 경기 둔화로 해석되면 안전자산 선호 경향으로 오히려 환율이 상승하기도 한다. 비슷한 신호를 어떻게 해석하는지가 더 중요하다.

원·달러 환율이 변동할 때 국내 요인 때문인지 미국 요인 때문인지 알아봐야 한다. 원화 변동 요인보다 달러 변동 요인이 더 중요한 경우도 많다. 원·달러 환율 변동에서 달러가 강세를 띠었을 때 달러가 유로화 대비 크게 강세를 나타냈다면 미국 요인의 영향이 더 큰 반면, 달러가 유로화 대비 약세를 나타냈다면 원화 요인으로 강세를 나타냈을 확률이 더 크다.

11. 파생금융상품

선물환Forwards, 역외 차액결제선물환Non Deliverable Forwards, NDF, 통

화스왑Currency Rate Swaps, CRS, 외환스왑Fx Swaps, 통화선물Currency Futures, 통화옵션Currency Options 등 외환파생상품의 거래도 환율 변동에 영향을 미친다. 이들 파생상품은 단독으로 거래되기도 하지만 대체로 현물거래와 연계되는 복잡한 거래구조를 가지므로 정책 당국자뿐 아니라 시장참가자도 사전적으로 거래와 구조를 알기 어렵다. 더욱이 일부 외환파생상품들은 변형된 형태를 가진다.

금융감독 당국도 문제가 발생한 뒤에야 사후적으로 불을 끄기 위해 출동하는 소방관 역할을 하기 십상이다. 예를 들어 환율을 헤지하기 위한 상품이라고 홍보했던 키코KIKO[12]는 글로벌 금융위기 과정에서 환율이 크게 상승함에 따라 이를 매입했던 중소기업 등이 막대한 환차손을 입어 도산하는 등 사회 문제가 되었다.

파생금융상품의 구조는 다소 복잡하다. 정확한 내용을 이해하려면 최소한 두 과목을 수강해야 할 정도다. 이들의 개요에 대해서는 부록의 '전략 보강을 위한 무기체계'에서 간단히 설명해놓았다.

---

12 다수의 옵션이 결합된 비정형 통화옵션의 일종이다. 2008년 우리나라에서 환율을 기초자산으로 하는 키코 상품이 크게 유행했는데, 이후 환율이 크게 상승하여 이를 대규모 매입했던 기업들이 엄청난 손실을 보며 도산하는 일이 많았다. 그 과정에서 은행의 판매 과정이 공정했느냐 등에 대한 소송이 제기되며 사회 문제로 확산되었다. 키코의 전체 구조를 요약하면, 환율이 일정 구간 내에서 움직일 경우 키코 매입자가 수익을 얻을 수 있지만, 환율이 하한 수준 이하가 되면 키코 계약이 무효가 되고, 환율이 상한 수준 이상이 되면 키코 매입자가 손해를 보는 구조였다.

제7장

세력의 균형
균형환율

가장 많이 논의되는 환율 이슈 중 하나는 현재 수준이 적정한가 하는 점이다. 누구는 현재 환율이 적정 수준보다 높다고 하고 누구는 낮다고 한다. 수출기업들은 현재 환율이 너무 낮아 수출에 어려움을 겪고 있으니 환율을 높여달라고 정부에 요구하기도 한다. 반면 반대론자들은 과거 이보다 더 낮은 환율 수준에서도 수출이 잘 이루어졌다고 반론하면서 기업이 생산성을 높여 현 상황을 극복해야 한다고 주장하기도 한다.[13] 현재의 환율 수준이 적정한지를 판단하려면 판단의 기준이 되는 균형환율의 수준을 추정해야 한다. 환율이 균형을 중심으로 움직인다면, 환율 예측에서 균형환율은 매우 중요하다.

---

[13] 우리나라가 수출 주도로 발전해오는 과정에서 환율이 경제 성장, 물가, 기업 채산성 등에 크게 영향을 미쳐온 데서 비롯된 주장으로 보인다. 다만 여러 가지 경제 여건은 상황에 따라 달라지므로 과거의 환율 수준과 단순하게 비교하는 방식은 좋은 접근이 아니다.

1. 환율에 균형이 존재하는가

적정환율에서 균형환율로

수출기업과 수입기업, 정책 당국과 일반 국민이 생각하는 적정환율의 수준은 모두 다르다. 환율 수준이 높으면 수출기업은 유리하지만 수입기업은 불리하다. 이렇게 적정환율의 개념은 주관적 판단에 좌우된다. 현재의 환율 수준이 적정한지를 평가할 때는 어느 일방에 치우치지 않고 경제 전체의 관점에서 생각해야 한다. 이러한 점에서 볼 때 적정환율desired level of exchange rate보다는 균형환율equilibrium exchange rate이 현재 환율 수준의 적정 여부를 판단하는 데 더 유용하다.

적정환율은 국제수지, 경제 성장, 물가 등 기초 경제 여건을 바람직한 상태로 유지시켜주는 환율 수준을 말한다. 즉, 적정환율은 목표환율의 성격을 띤다. 반면 균형환율은 국제수지, 경제 성장, 물가 등 기초 경제 여건에 부합하는 환율 수준을 의미한다.

| 참고 7.1 | **균형환율의 대두**

균형환율에 대한 본격적인 논의가 시작된 때는 제2차 세계대전이 끝나던 1940년대 중반 무렵이었다. 당시 브레턴우즈 협상에서 전후 국제금융질서의 회복을 위한 제도적 장치로서 고정환율제가 채택되면서 IMF 주도하에 각국 통화 사이의 교환비율을 안정적으로 유지하기 위하여 기준이 되는 환율을 정할 필요성이 대두되었기 때문이다.[14]

균형환율과 시장환율의 괴리

한 나라의 기초 경제 여건을 나타내는 거시경제 변수, 즉 경제 성장률, 물가 수준, 국제수지 등을 모두 적절히 반영하는 하나의 균형된 환율이 있다고 가정하자. 균형환율 수준은 당연히 향후 기초 경제 여건의 변화를 반영하여 변하게 되는데, 경제 성장률, 물가 수준, 국제수지 등은 급속하게 변하지 않으므로 균형환율도 일정 기간은 크게 변하지 않고 서서히 변한다고 볼 수 있다.

반면 실제 시장환율은 거시경제 변수뿐 아니라 실시간 주어지는 모든 정보를 반영하여 외환시장에서 수요와 공급에 따라 결정된다. 이렇게 시장에서 결정된 환율은 외환에 대한 수요와 공급이 균형을 이루는 점에서 형성된 가격이므로 협의의 의미에서 균형환율이라 부를 수도 있다. 그러나 외환시장에서 형성되는 환율은 기초 경제 여건과 괴리되어 움직이는 경우가 많다. 더욱이 시장참가자들이 가진 비대칭적 정보, 군집행동 등에 따라 일시적으로 과도하게 상승 overshooting하거나 과도하게 하락undershooting하기도 한다.

지난 외환위기의 사례들, 1994년 멕시코, 1997년 아시아, 1999년 브라질 등의 위기는 잘못된 환율 운용에 따른 환율 괴리misalignment가 막대한 혼란과 손실을 초래한다는 점을 확인하는 계기가 되었다. 균형환율의 수준과 환율 괴리 정도를 평가하는 작업의 중요성을 깨

---

14 김치호·김승원, 《균형 원화환율의 추정과 평가》(2002)에서 인용했다.

달은 후 환율정책의 주요 목표는 명목환율을 적절한 수준에서 유지하는 정책에서 장기간의 환율 괴리, 즉 실질환율이 장기 균형환율 수준에서 벗어나는 정도를 최소화하는 정책으로 바뀌었다.[15]

균형환율의 움직임과 시장환율의 수렴

한 나라의 경제가 안정적인 경제 성장, 고용률 상승, 물가 안정, 국제수지 흑자 등 양호한 모습을 보이면 궁극적으로 그 나라 통화 가치는 상승해야 한다. 즉, 균형환율은 하락해야 한다. 반면 한 나라의 경제가 경기 둔화, 실업률 상승, 인플레이션 확산, 국제수지 적자 지속 등 부진한 모습을 보이면 궁극적으로 그 나라 통화 가치는 하락해야 한다. 즉, 균형환율은 상승해야 한다.

그러나 단기적으로는 시장환율이 장기 균형환율과 괴리를 보일 수 있는데, 이 경우 반드시 단기간에 현재의 환율 수준을 장기 균형환율 수준으로 조정해야 한다는 뜻은 아니다. 물론 시장환율이 반드시 장기 균형환율로 수렴한다는 뜻도 아니다. 다만 현재의 환율 수준이 장기 균형환율 수준으로부터 상당 기간 과도하게 이탈하면 실물경제와 금융시장의 불균형이 심화될 수 있다는 점에 유의하자.

---

15 김치호·김승원, 《균형 원화환율의 추정과 평가》(2002)를 주로 참고했다.

2. 균형환율의 기여와 한계

환율 예측에 도움이 되는 균형환율

균형환율과 시장환율의 괴리된 정도를 알면 어떤 도움을 얻을 수 있을까? 우선 정책 당국 입장에서는 기초 경제 여건에 비추어 시장환율의 과도한 변동 정도를 알게 되면 환율정책, 거시경제정책 등의 운영에 도움이 된다. 특히 고정환율제 국가라면 환율 수준 조정에 참고자료로 활용할 수 있다. 또 국가 간 환율전쟁이 일어났을 때 균형환율 수준에 대한 평가는 자국의 입장을 주장할 수 있는 근거를 제공한다.

한편 균형환율은 환율 예측에 도움이 된다. 현재의 시장환율이 균형환율 수준보다 높으면 향후 환율이 하락할 확률이 높고, 균형환율 수준보다 낮으면 향후 환율이 상승할 확률이 높다고 볼 수 있다. 균형 수준에서 이탈과 수렴을 반복하면서 변동하므로 균형환율 수준에 대한 평가는 미래 환율 예측에 도움이 된다.

균형환율, 그 인내심의 한계

앞서 환율은 장기적 관점에서 균형환율로 수렴한다고 설명했는데, 이는 단기적 관점에서는 환율이 그렇게 움직이지 않는다는 뜻이기도 하다. 균형환율에 수렴하길 기다려보지만 시장환율은 균형에서 오히려 더 멀어지기도 한다. 언젠가 결국 균형을 찾는다고 할지라도 긴 시간 속에서 우리가 얼마나 견뎌낼 수 있을까? 개인과 기업, 금융기관뿐 아니라 정책 당국도 오랜 시간 인내하기는 힘들다.

주관적 산출

균형환율은 추정할 때 이용하는 모형 설정 방법과 표본 기간에 따라 다르게 나타나므로 잘못 활용하면 오류를 범할 수 있다. 더욱이 자기 주장을 관철하기 위해 균형환율을 이용하는 경우도 있다.

3. 균형환율의 추정

추정 방법

균형환율에 대해서는 여러 개념이 제시되고 있을 뿐 아니라 이를 추정하는 방법도 다양하다. 균형환율은 물가 수준, 교역 조건, 국제수지 균형 등을 이용해 산출한다. 대표적 추정 방법으로 구매력평가 접근법(실질실효환율 접근법), 국제수지 접근법, 자산시장 접근법, 거시경제균형 접근법, 형태적 균형환율 접근법 등을 들 수 있다. 균형환율 추정 방법은 복잡하지만, 간단하게 설명하자면 환율 결정 이론에서 균형을 이루는 환율을 찾아내는 방식을 말한다. 각 추정 방법은 각기 주안점이 다르다. 그중 몇 가지만 살펴보자.

구매력평가 접근법

균형환율은 상대국 통화의 인플레이션율을 상쇄하는 환율 변동으로 정의된다. 즉, 균형환율은 단순히 양국 물가(인플레이션)의 상대적 비율에 따라 변동한다. 균형환율을 산출하기 위해 실질실효환율지수Real Effective Exchange Rate Index를 이용한다. 이때 실질실효환율지수는 자국 통화와 교역상대국 통화 간의 구매력을 일치시키는 환율이다. 환율이 양국 간의 물가 변동과 상대적 구매력 변화에 따라 결정된다고 보는 구매력평가 이론에 기초한다(6장 참조). 실질실효환율지수는 양국 간 명목환율의 상대적 변동을 반영한 명목실효환율지수Nominal Effective Exchange Rate Index와 물가의 상대적 변동을 감안한 구매력평가지수Purchasing Power Parity Index를 기초로 계산된다. 이는 수출 가격경쟁력의 변화를 판단하는 데도 널리 사용된다(실질실효환율에 대한 보다 자세한 내용은 부록의 '전력 보강을 위한 무기체계' 참조).

실질실효환율 접근법은 구매력평가에 기초한 물가 요인을 중요하게 생각하는 반면 교역 조건, 생산성, 경기 변동 등 실물경제 요인을 간과하므로 단기 환율 변동을 설명하는 데는 한계가 있다. 또 지수 산출 과정에서 기준연도 설정, 물가지수 선정, 국가별 가중치 부여 방식에 따라 결과가 상이하게 나타나는 문제점이 있다.

거시경제균형 접근법

거시경제균형환율Macroeconomic Equilibrium Exchange Rate은 한 나라의 경제가 국내 부문과 대외 부문에서 균형을 달성할 때 결정되는 환율 수준을 말한다. 이러한 조건의 균형환율을 '장기 균형환율'이라고 부르기도 한다. 이때 대내 균형internal equilibrium이란 물가 안정을 유지하는 상태에서 성장잠재력 수준의 경제 성장을 달성하는 상태를 말하며, 대외 균형external equilibrium이란 경상수지가 대체로 균형을 이루는 상태를 말한다.

이때의 균형환율은 기조적 균형환율Fundamental Equilibrium Exchange Rate과 소망균형환율Desired Equilibrium Exchange Rate 등으로 나누어볼 수 있다. 우선 기조적 균형환율은 대내적으로 완전고용이 달성되고 무역에 대해 인위적인 규제가 없는 상태에서 국제수지가 균형을 이루는 환율이다. 나아가 경제의 대내 균형과 대외 균형이 달성된 경우의 환율이라고 할 수 있다. 다음으로 소망균형환율은 정책 당국이 특정 경상수지 목표를 설정하여 정책을 운영하는 경우 목표 경상수지와 대내 균형의 달성을 위한 바람직한 환율 수준을 말한다.

행태적 균형환율 접근법

행태적 균형환율 접근법Behavioral Equilibrium Exchange Rate Approach은 다양한 경제 변수와 환율과의 관계에 대한 방정식을 설정한 후 추정을 통하여 모형 내에서 균형환율을 도출한다. 이때 경제 변수로는 경상수지, 대외개방도, 생산성, 교역 조건, 대외채무, 순대외자산, 내외금리차 등이 이용된다.

시장환율 움직임을 따라가면서 균형환율을 도출하므로 시장의 수요와 공급에 따라 결정된 시장환율을 어느 정도 반영한다. 실제 시장환율이 균형환율 수준과 차이가 나는 경우 다시 균형환율 수준으로 수렴하기 때문에 환율 예측에도 도움이 된다.

제8장

움직임은 누구를 겨냥하는가
환율이 경제에 미치는 영향

환율의 예측에 초점을 맞추면 지난 6장에서 설명한 환율에 영향을
미치는 요인이 중요하다. 반대로 이번 장에서는 환율이 경제에 미
치는 영향을 이야기하고자 한다. 환율이 경제에 어떤 영향을 어떻
게 미치는지는 더욱 복잡하지만, 환율을 이야기할 때 빠질 수 없이
중요하다. 환율의 움직임에 영향받은 경제의 각 부문이 다시 환율의
움직임에 영향을 주는 상호작용을 하므로 더욱 그러하다.

1. 환율은 어디에 영향을 미치는가

무역거래 규모가 확대되고 국가 간 자본이동도 활발히 일어나는 오
늘날에는 환율이 경제에 미치는 영향이 점점 커지고 있다. 그러나
교과서를 찾아보면 환율에 영향을 미치는 요인들에 대해서는 비교
적 상세하게 설명되어 있는 반면, 환율이 미치는 영향에 대해서는

자세한 설명이 부족하거나 복잡하기만 하다.

환율 변동은 경상수지, 물가, 경제 성장 등에 영향을 미친다. 그리고 이들 거시경제 변수들의 변동은 또다시 서로에게 영향을 미치는 한편 개별적으로 또는 복합적으로 다시 환율 변동에 영향을 미친다. 따라서 환율 변동이 경제에 미치는 영향은 다수의 연립방정식으로 구성된 거시계량모형을 이용해 분석할 수밖에 없다. 물론 환율 변동이 거시경제에 미치는 기본 메커니즘을 살펴보는 작업도 복잡하다.

환율이 경제에 미치는 영향을 살펴볼 때 장단기로 구분해 보거나 이익과 손해의 방향으로 나누어 볼 수 있다. 단기 시계에서 환율은 외화의 수요와 공급에 영향을 미친다. 환율의 움직임은 돈의 흐름에 즉각 반영되며, 기대가 미리 반영되기도 하면서 환율에 다시 영향을 미친다. 반면 장기 시계에서는 수출입거래, 경제 성장과 고용, 물가 수준 등 실물경제에 영향을 미칠 뿐 아니라 자본거래가 누적되어 외채, 외환보유액 등에도 영향을 미친다. 그리고 이 또한 다시 환율에 영향을 미친다.

2. 실물경제에 미치는 영향

수출입거래와 환율 변동의 기본 메커니즘

환율 변동에 민감하게 반응하는 부문은 아무래도 무역 부문이다.

수출 위주의 경제 구조인 우리나라의 경우 무역거래가 일자리 등 경제의 각 부문에 큰 영향을 미친다.

원·달러 환율이 상승하면 수출 기업은 원화로 수출대금을 환산할 경우 더 많은 이익을 얻으므로 수출 단가를 인하하여 가격경쟁력으로 수출을 늘릴 수 있다. 반면 수입 기업은 환율이 상승하면 원화로 지급해야 할 대금이 늘어나 국내 경쟁력이 낮아진다. 수입상품 가격은 비싸지고 그에 따라 수요가 줄어들면서 수입액이 감소하게 된다. 따라서 무역수지는 개선된다. 아울러 환율 상승으로 수입상품의 가격이 오르면 수입상품 소비와 투자 등에 대한 수요가 둔화되지만, 수출 의존도가 큰 우리나라에서는 수출 증대로 경제 성장이 확대되고 고용이 늘어난다. 또 수입원자재 가격 상승으로 국내 물가가 상승하며 외화차입에 대한 상환 부담이 늘어나게 된다.

원·달러 환율이 하락하면 반대의 결과가 일어난다. 먼저 국내 기업은 수출상품의 달러 표시 가격을 올릴 수밖에 없으므로 대외 경쟁력이 낮아져 수출이 줄어들게 된다. 반면 수입상품 가격은 싸져서 수요가 늘어나고 수입액이 증가하게 된다. 따라서 무역수지는 악화된다. 아울러 환율 하락으로 수입상품의 가격이 내려가면 수입상품 관련 소비와 투자 등에 대한 수요가 확대되지만, 수출 감소로 경제 성장이 둔화되고 고용 사정이 어려워진다. 또 수입원자재 가격 하락으로 국내 물가 상승이 제약되는 한편 외화차입에 대한 상환 부담이 줄어들게 된다.

무역거래와 자본거래의 상호작용

6장에서 수출입거래 규모와 자본거래 규모를 비교하면서 이들의 속성에 대해 설명했는데, 이제 환율 변동이 수출입거래와 자본거래에 미치는 영향과 이들 거래가 환율을 통해 미치는 상호작용에 대해 알아볼 차례다.

환율이 하락하면 경상수지가 적자로 나타나면서 외화자금 유입이 늘어나 다시 환율이 상승하는 반면, 환율이 상승하면 경상수지가 흑자가 되고 외화자금 유입이 줄어들어 환율이 다시 하락한다. 이러한 메커니즘은 단기적으로는 불확실하지만 적어도 J곡선 효과J-curve effects[16]가 사라지는 장기에는 성립한다고 알려져 있다. 즉, 장기적 관점에서는 환율 수준이 외환시장에서 조정되어 수출입거래에 영향을 줄 수 없다.

---

16 환율의 변동과 무역수지의 관계를 나타내는 곡선이다. 환율이 상승하더라도 초기에는 무역수지가 악화되다가 상당 기간이 지난 후 개선되는 현상이 나타나게 된다. 즉, 환율 상승 초기에는 수출량과 수입량에 큰 변동이 없는 가운데 수출품 가격은 하락하는 반면 수입품 가격은 상승함으로써 무역수지가 악화된다. 그 후 시간이 경과하면서 수출입상품의 가격경쟁력 변화에 맞춰 수출량이 늘어나고 수입량은 줄어들면서 조정 효과가 나타나 무역수지가 개선된다. 이와 같은 현상을 그래프로 나타내면 알파벳 J 형태의 곡선이 나타나므로 J곡선 효과라고 부른다.

실증분석 연구[17]에 따르면 첫째, 환율이 신축적으로 움직일수록 경상수지 흑자 또는 적자 조정에 유의한 영향을 미친다. 둘째, 환율의 신축적 변동은 자본거래를 통해 경상수지를 조정하는 확률을 낮추는 것으로 분석되었다. 즉, 경상수지 적자국의 경우 유입되는 외화자금이 경상수지 적자를 보전하는 재원으로 활용되는 반면, 경상수지 흑자국의 경우는 유입되는 외화자금이 생산성 향상에 기여함으로써 경상수지 흑자를 줄일 가능성이 적어진 것으로 나타났다. 셋째, 환율이 신축적으로 변동할수록 자본거래가 경상수지 적자를 조정하는 효과가 상대적으로 작으며 외자유입 효과도 체감하는 특성을 나타냈다. 넷째, 경상수지 흑자국의 경우 경상수지 흑자가 조정될 확률이 높아지면 외화자본이 유출되는 경향이 있으나 경상수지 적자국의 경우는 이러한 유의한 관계가 나타나지 않았다.

그림 8.1 경상수지와 환율[1]

주: 1) 원·달러 평균환율
자료: 한국은행

132

경제 성장과 고용

국내 실물경제에서 가장 중요한 변수는 경제 성장과 고용이다. 수출 위주 경제 구조인 우리나라에서 환율 변동은 주로 수출입거래를 통해 이들에게 영향을 미친다. 그런데 환율 변동이 실물경제에 미치는 영향은 그 나라 경제가 얼마나 대외의존도가 높은지 등에 따라 비교적 뚜렷한 차이를 나타낸다.

환율이 상승하면 수출이 증가하고 수입이 감소하여 국내 생산과 고용이 늘어남에 따라 경제 성장이 촉진된다는 긍정적 면이 강조된다. 반면 환율이 하락하면 수출이 감소하고 수입이 증가하여 국내 생산과 고용이 줄어들어 경제 성장이 둔화된다는 부정적 면이 강조된다. 물론 장기적 관점에서 볼 때 올랐던 환율이 자본거래를 통해 다시 하락하거나 내렸던 환율이 자본거래를 통하여 다시 상승한다면 이러한 영향은 사라지게 된다.

물가 변동

환율 변동은 수입물가의 변화를 통해 소비자물가에 영향을 미친다. 환율이 상승하면 수입원자재 가격이 높아져 물가가 상승하는 반

---

17 김근영, 〈국제자본이동하에서 환율신축성과 경상수지 조정: 국가패널분석〉《BOK 경제연구》, 2014)을 참조하여 정리했다. 이 연구는 44개국을 대상으로 경상수지 조정과 외국인 자본 유입 간의 관계 및 환율신축성의 역할을 실증분석한 결과를 포함하고 있다.

면, 환율이 하락하면 수입원자재 가격이 낮아져 물가가 하락한다.

더욱이 원유 같은 국제원자재 가격 상승 등으로 환율의 수입가격 전가율이 높은 원자재 수입 비중이 커지면 환율이 물가에 미치는 영향은 이전에 비해 더욱 강화된다. 우리나라의 경우 수입에 의존하는 에너지 자원의 영향이 특히 그러하다. 실증연구 결과에 따르면 환율 변동의 수입가격 전가율은 2000년대 이후 1에 가까워지는 모습을 보이고 있는데, 이는 환율 변동의 영향이 거의 그대로 국내 가격에 반영되고 있음을 의미한다.

3. 자본이동에 미치는 영향

환율 변동에 민감한 반응

환율이 변동하면 외국인이 투자한 국내 자산가격에 영향을 미친다. 물론 여기서 자산가격이란 국내에서 보유하고 있는 자산이 외화로 표시된 가격이다. 즉, 환율이 오르면 국내 자산이 싸 보이니까 돈이 들어오고, 환율이 떨어지면 비싸 보이니까 돈이 나가게 된다. 이를 조금 어렵게 말하면, 외국인의 국내 투자 포트폴리오 선택에 영향을 미친다. 그런데 다른 요인들의 변화가 없다면 그러한 외국인의 투자 행태는 다시 환율에 영향을 준다. 외국인들이 빠져나가면 환율이 오르고 외국인들이 들어오면 환율이 떨어지게 된다. 시차가 있는 순환 과정을 밝게 된다.

그런데 이러한 자본거래와 환율의 관계는 수출입거래와도 밀접한 관련이 있음을 앞서 J곡선 효과와 〈참고 8.1〉에서 살펴본 바 있다. 설명했듯이 환율이 자본거래와 수출입거래를 통하여 자금 흐름에 미치는 영향은 서로 반대 방향으로 작용한다. 따라서 환율 변동으로 외화가 유출되느냐 유입되느냐의 문제는 쉽게 답할 수 없다. 어떤 부문의 영향이 더 강한지가 중요하다. 또 어떤 부문이 더 빨리 반응하는지도 중요하다. 일반적으로 자본거래는 무역거래보다 환율 변동에 더 빨리 반응한다. 환율이 자본이동에 미치는 영향은 당시 환율 수준보다 향후 환율이 어떻게 변하느냐에 달려 있다.

〈표 8.1〉은 금리, 주가, 환율이 자금이동에 미치는 영향을 정리한 것이다. 이 중 환율이 자본이동에 미치는 영향을 보면, 환율이 상승할 것으로 예상하면 자금이 해외로 유출되고, 환율이 하락할 것으로

표 8.1 금리, 주가, 환율이 자금이동에 미치는 영향

A국			B국		
가격변수		자금이동	가격변수		자금이동
금리	높음	유입	금리	낮음	유출
	상승 전망	유출		하락 전망	유입
주가수익률	상승 전망	유입	주가수익률	하락 전망	유출
환율 (통화 가치)	상승(절하) 전망	유출	환율 (통화가치)	하락(절상) 전망	유입

자료: 임경, 《돈은 어떻게 움직이는가?》(2018)

예상하면 자금이 해외에서 유입된다. 즉, 자본이동에 미치는 영향은 환율이 상승했느냐 하락했느냐의 문제가 아니라 환율이 상승하리라 기대하느냐 또는 하락하리라 기대하느냐의 문제다.

자본이동과 헤지거래

환율이 자본이동에 미치는 영향을 알기 위해서는 앞의 설명으로 부족하다. 자본이동의 영향을 말하려면 환헤지에 대해 알아야 한다. 자본이동은 크게 채권투자와 주식투자로 나뉘는데, 이들 자금거래 에는 〈참고 8.2〉에서 보듯이 환헤지를 하는 거래와 환헤지를 하지 않는 거래가 있다. 뉴스에서는 우리나라와 미국의 금리 차이가 벌어 지거나 좁아지면 외국인 투자자금이 금방이라도 이동할 듯이 보도 한다. 그러나 그렇게 단순하지 않다. 환율 변동에 헤지된 거래는 환 율 변동의 영향을 금방 받지 않는다. 헤지되지 않은 거래도 환율이 변동하여 금리 차이를 상쇄해주기 때문에 자금이동에 미치는 영향 은 제한적이다.

| 참고 8.2 | **외국인 투자자금과 환헤지**[18]

주식투자자금은 환차익보다는 그냥 주가차익을 겨냥하여 들어온다고 볼 수 있다. 그러므로 환헤지를 하는 경우는 드물다고 알려져 있다. 원화 가치가 저 평가되었다는 인식이 커질 경우 주식자금은 환차익까지 획득할 수 있으므로 환헤지를 하지 않는 편이 더 유리하다. 일반적으로는 상대적으로 큰 폭인 주

가 변동 위험을 감수하고 투자하기 때문에 환헤지에 크게 신경 쓰지 않는 것으로 판단된다.

반면 채권투자자금은 환율 변동에 신경을 많이 쓴다고 알려져 있다. 다만 투자회사, 외국 중앙은행 등 주요 투자기관들은 최근 환헤지를 거의 하지 않고 단기채권 위주로 투자하는 경향이 있다. 단기채권의 경우는 환차익을 겨냥하여 들어오거나 향후 금리 상승 시에도 환율 변동의 손해가 크지 않으리라 판단한다. 그러므로 원·달러 환율이 하락할 것으로 기대되는 경우 환차익을 겨냥한 외국인의 단기채권투자는 증가한다. 반대로 원·달러 환율 상승을 예상하는 경우에는 환차익을 겨냥하여 들어왔던 외국인들은 단기채권을 팔게 된다. 반면 일부 채권투자의 경우에는 환율 변동 위험에 대비하여 환헤지를 하고 들어오는 자금도 있다고 알려져 있다. 이런 자금들은 주로 금리차익 획득을 위해 환헤지를 하는 경우인데 일시적인 환율 변동보다는 내외금리차 또는 스왑레이트 변동에 따라 결정되는 차익거래 유인의 추이에 민감하게 반응하는 경향이 있다. 한편 외국 중앙은행, 국부펀드, 연기금 등 중장기성 투자기관들은 포트폴리오 다변화를 목적으로 우리나라 국채와 통화안정증권에 대한 투자를 크게 확대하기도 한다. 이들 자금은 대부분 환헤지를 하고 있지 않지만 환율이 변동하는 상황에서도 유출입 변동이 제한적인 모습을 보였다.

한편 자본이동을 생각할 때 외국인 투자자금의 움직임에 주로 관심을 두지만, 우리나라 자금의 해외 이동에도 관심을 가져야 한다. 〈참고 8.3〉에서 글로벌 금융위기 시 해외증권투자와 환헤지에 대해 정리해보았다. 이에 대한 설명은 이 장 뒷부분의 '손익 실현에 대한 비대칭적 반응'에서 이어진다.

18 임경, 《돈은 어떻게 움직이는가?》(2018)를 참고했다.

2008년 글로벌 위기 과정에서 국내 투자자들은 국내 외화 부족을 보충하기 위해 돈을 환수retrenchment한 경우가 많았다. 당시 우리나라 투자자들은 대부분 해외투자 시 환헤지를 했기 때문에 환율 상승세를 완화하는 데는 크게 기여하지 않았다. 2008년 하반기 동안 외국인 증권투자자금은 약 290억 달러가 유출된 반면, 같은 기간 국내 투자자들의 해외증권투자자금은 약 240억 달러가 유입된 데 그쳤다. 유입액 가운데 국민연금이 일정 부분을 차지했음을 감안할 때 환헤지는 국내 투자자들의 자금 회수를 제약했던 요인으로 작용했다고 볼 수 있다.

〈표 8.2〉는 외국인 투자자의 금리를 겨냥한 단기투자 유인을 보여준다. 통안증권(91일) 금리와 LIBOR(3개월) 금리의 차이로 표시되는 내외금리차에 환율 변동의 예상치를 반영하는 스왑레이트를 차감하여 차익거래 유인을 나타내준다. 대체로 이러한 투자 유인이 크면 외국인 투자자금이 국내로 유입되고, 투자 유인이 마이너스가 되면 외국인 투자자금이 해외로 유출된다. 물론 단기적으로 이러한 요인에 의해서만 외국인 투자자금이 움직이지는 않는다. 거래비용도 감안해야 하며, 외국인 투자자의 대체투자 대안과 포트폴리오 구성의 변화도 고려해야 한다.

---

19 임경, 《돈은 어떻게 움직이는가?》(2018)를 참고했다.

표 8.2 내외금리차와 스왑레이트

(%, %p)

	통안증권 (91일)(A)	LIBOR (3개월)(B)	내외금리차 (C=A-B)	스왑레이트 (3개월)(D)	차익거래 유인(C-D)
2010년 말	2.68	0.30	2.38	1.91	0.47
2011년 말	3.51	0.58	2.93	2.39	0.54
2012년 말	2.77	0.31	2.46	2.14	0.32
2013년 말	2.57	0.25	2.32	2.27	0.06
2014년 말	2.08	0.26	1.82	1.66	0.16
2015년 말	1.56	0.61	0.95	0.75	0.19
2016년 말	1.34	1.00	0.34	−0.02	0.36
2017년 말	1.55	1.69	−0.14	−0.63	0.48
2018년 말	1.76	2.81	−1.05	−1.33	0.28
2019년 3월 말	1.78	2.60	−0.82	−1.13	0.31
2019년 6월 말	1.56	2.32	−0.76	−1.13	0.37
2019년 9월 말	1.31	2.09	−0.78	−1.11	0.34
2019년 10월 말	1.32	1.90	−0.58	−0.97	0.39

주: 외환스왑(3개월)으로 헤지하여 통안증권(91일)에 투자할 경우
자료: 한국은행

4. 자산과 부채에 미치는 영향

외채

우리 경제에서 외채는 주목의 대상이다. 환율이 상승하면 외채(외화 표시 채무)의 원화 환산액이 증가하여 상환 부담이 증가한다. 물론 달러 금액은 그대로다. 반면 외국인의 원화 채권투자(원화 표시 채무)

는 환율이 상승하면 달러로 환산한 금액이 감소한다. 물론 원화 금액은 그대로다.

아울러 순외채(외채-대외채권)를 생각해보면, 환율 변동에 따라 대외채권은 외채와 반대 방향으로 움직인다. 우리나라는 현재 해외증권투자와 해외직접투자 등 대외 금융자산이 외국인의 국내 직접투자, 증권투자와 은행 해외차입 등에 따른 대외 금융부채를 웃돌아 대외 순채권국을 유지하고 있다. 2014년 말 기준 대외 순채권국으로 전환된 이후 이를 유지하고 있는데, 반가운 현상이다.

이와 같이 대외채권과 외채를 동시에 생각하면서 환율의 영향이 한 방향으로 작용하지 않는 점도 고려해야 한다. 환율이 상승할 때 대외채권이 외채보다 크면(순외채>0) 순외채의 원화환산액은 증가하는 반면, 대외채권이 외채보다 작으면(순외채<0) 순외채의 원화환산액은 감소하게 된다. 그러나 대외채권이 외채보다 많다고 안심할 수는 없다. 자금 조달과 운용 주체가 다르기도 하거니와 만기가 다르기 때문이다. 갚아야 할 돈은 당장 내일인데 받아야 할 돈은 3년 후라면 문제가 생긴다. 외채 중에서 단기외채의 규모가 중요하다. 단기외채를 대규모로 상환하려면 환율에 영향을 줄 뿐 아니라 환율 변동에 따라 상환요구가 급격히 증가하기도 한다.

외환보유액

외화자금이 우리나라로 들어온 후 상품 수입과 해외투자 등으로 해외로 빠져나가지 않았다면 그 규모만큼 외환보유액을 증가시킨다. 환율 변동에 따른 자본거래와 수출입거래 증감은 당연히 외환보유액이 늘거나 줄어드는 결과가 된다.

한편 자금 유출입이 없다고 가정하더라도 외환보유액 규모는 증가 또는 감소할 수 있다. 외환보유액은 달러, 유로화, 엔화 등 다양한 통화로 표시되므로 이들 통화와 달러 간의 환율이 변동하면 달러 표시로 발표되는 우리나라 외환보유액 규모는 변동한다. 예를 들어 달러에 대비한 유로화 환율이 강세를 띠면, 달러 표시로 발표되는 외환보유액 규모는 증가한 것으로 나타난다.

5. 영향의 비대칭과 대립

손익 실현에 대한 비대칭적 반응

투자자들이 보이는 행태는 보통 대칭적이지 않다. 환율이 오르면 국내 자산이 싸 보이니까 돈이 들어오고, 환율이 내리면 비싸 보이니까 돈이 나가게 된다. 그런데 외국인 투자자들은 환율이 하락해 이익을 얻게 되면 장부상의 이익을 실현하기 위해 국내 자산을 매각하는 경향이 있는 반면, 환율이 상승해 손실이 발생하면 손해 본 자산을 보유하는 경향이 있다. 이익을 실현하려는 마음에는 '이만큼 이익을 얻었으니 되었다'는 만족과 '탐욕을 부리다가는 오히려 손해

볼 수 있다'는 우려가 함께 존재한다.[20] 또한 투자 성과 평가제도와도 관련이 있다.

한편 국내 투자자가 해외투자를 할 경우 환율이 오르면 원화로 표시된 투자액이 늘어나서 발생한 이익을 실현하기 위해 투자를 환수하는 경향이 있다. 반면 환율이 내리면 원화 기준으로 손해를 보게 되므로 적극적으로 환수하지 않는다.

환율이 하락하면 외국인이 투자자금을 회수하면서 다시 환율이 오르게 되는 상쇄 효과가 있는 반면, 환율이 상승하면 외국인이 비대칭적으로 움직이지 않아 환율 상승이 가속화될 가능성이 있다. 이렇게 외국인 투자자는 비대칭적으로 움직인다. 그런데 내국인들의 투자와 투자 환수를 생각하면 외국인들과 반대로 움직일 가능성이 크므로 환율 변동을 상쇄하게 된다. 환율 변동은 양측의 자금이동 규모와 속도에 달려 있다.

글로벌 금융위기 당시를 살펴보면, 원·달러 환율이 큰 폭으로 오르고 있었지만 외국인 투자자들은 자기 나라의 자금 부족 사정을 감안하여 돈을 빼 나가는 경우sudden stop가 많았으며, 국내 투자자들은 국내 외화자금이 부족하여 해외투자자산을 팔아 그 돈을 들여온 경우retrenchment가 많았다. 향후 환율 변동에 대한 예상보다 자금의 유

---

20 대개 누구나 자신의 실패를 인정하지 않으려는 속성이 있어 매몰원가sunk cost에 집착하는 경향이 있다.

동성 문제가 더 시급했기 때문이다.

이해관계의 대립

환율 변동에 대한 이해는 대립한다. 환율이 변동하면 이득을 보는 사람과 손해를 보는 사람이 생겨서 자산과 소득이 재분배되는 결과를 가져온다. 외화자산이 많으면 환율이 올라야 좋고, 떨어지면 손해다. 반면 외화부채가 많으면 환율이 내려야 좋고, 오르면 손해다. 소득 면에서 수출기업은 환율이 오르면 이익이고 내리면 손해인 반면, 수입기업은 반대의 손익구조를 가진다. 해외여행을 계획하고 있는 사람과 유학 간 딸이나 아들에게 돈을 보내야 하는 사람은 환율이 떨어져야 이익이다.

이른바 IMF 사태라 불리는 지난 외환위기 때에는 저환율 정책, 즉 원화 가치의 고평가가 있었던 반면, 한때는 일부 정부 관계자와 기업들을 중심으로 '환율주권론'이 강하게 제기되기도 했다. 시장환율을 왜곡하게 되면 환율의 자원 배분 기능을 왜곡하여 수출 부문과 내수 부문 간의 불균형을 가져올 뿐 아니라 통상마찰의 원인이 되는 등 여러 문제를 불러일으킨다. 환율의 배분 기능은 결과적으로 나타난다.

제 **4** 부

환율전쟁

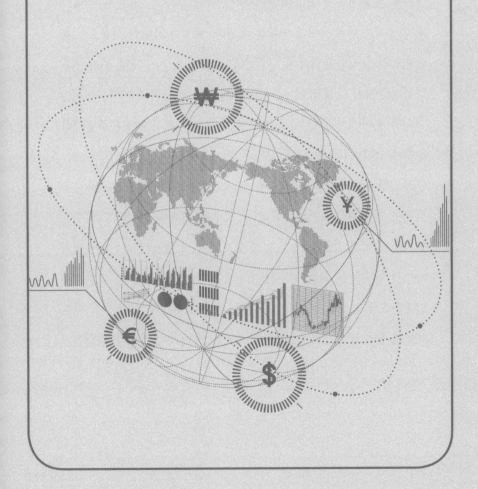

제9장

구속이냐 자유냐
고정환율제와 변동환율제

다양한 환율제도가 있다. 그중에서도 미국, 유로존, 일본 등 주요국의 환율제도는 우리에게 영향을 미친다. 세계가 하나의 시장으로 통합되면서 고정환율제로 합의되었다가[1] 브레턴우즈 체제 붕괴 이후 변동환율제가 대세를 이루고 있다. 현재 주요 선진국들 사이에서만 그러할 뿐이라고 말할 수도 있겠지만, 전체적 흐름은 변동환율제로 향하고 있다.

그런데 왜 다양한 환율제도를 살펴보는가? 환율제도는 환율이 움직이는 전쟁터다. 도망칠 곳 없는 막다른 절벽과 빠져나오기 힘든 늪지대가 어디 있는지 아는 일은 중요하다. 고정금리와 변동금리의 차이를 이해하는 작업이 금리 공부의 첫걸음인 것처럼, 고정환율과 변동환율의 문제를 이해하는 작업 또한 환율 공부의 시작이다. 환율제도를 둘러싼 전쟁은 10장 '환율 수준의 압력'과 긴밀히 연결된다.

---

1 앞서 설명했던 금본위제와 브레턴우즈 체제 모두 고정환율제의 일환이었다.

1. 환율제도를 둘러싼 전쟁

고정과 변동의 운동장

고정환율제에서는 정책 의지에 따라 환율 수준이 고정되는 반면, 변동환율제에서는 외환시장의 수요와 공급에 따라 환율이 결정된다. 〈참고 9.1〉과 〈참고 9.2〉에서 두 환율제도의 기본 개념을 살펴보고 장단점을 비교해보자.

| 참고 9.1 | **고정환율제**

기본 개념

고정환율제fixed exchange rate regime는 환율을 일정 수준으로 유지하는 제도다. 시세 변동을 반영하지 않는다. 고정환율제는 한 나라의 대외적인 통화 가치를 기준통화anchor currency 가치에 연동하여 운영한다. 그러므로 적정한 기준이 중요하다.

장점: 안정적인 무역거래

변동환율제 도입 이후에도 고정환율제의 장점은 잊히지 않았다. 브레턴우즈 체제 붕괴 이전에는 고정환율제를 가장 적합한 제도로 믿었다. 환율이 금 가격 또는 금과 교환될 수 있는 달러와 연계되어 있다는 점이 믿음직스러웠다.

무역거래가 안정적으로 이루어지기 위해서는 환율이 쉽게 변하지 않고 고정되어 있는 편이 좋다. 환율이 급격하게 변동하면 무역거래가 활발히 이루어질 수 없다. 수출업자와 수입업자 모두 환율 변동 리스크 때문에 거래하기 어렵다고 호소하게 된다.

단점: 경제 여건과의 괴리와 투기세력의 공격

고정환율제를 유지하기 위해서는 금 또는 달러(기축통화)를 매매하면서 국제수지 균형을 먼저 고려해야 한다. 환율이 변동하여 경상수지 적자가 발생하면 환율 변동에 의한 자율조정 없이 지속되는 경향을 나타낸다. 불균형(흑자 또는 적자)을 자동으로 조정해주는 환율의 역할을 기대할 수 없다.[2] 그러나 국제수지를 우선하게 되면 국내 경기에 어려움이나 구조적인 변화가 발생했을 때도 재정정책과 통화정책을 실시하는 데 제약이 따른다.

또한 고정환율제는 경제 상황 변화와 관계없이 환율 변동을 용인하지 않기 때문에 투기적 공격speculative attack에 상당히 취약하다. 투기세력은 외화자금의 유출입 등에 따라 고정된 환율이 적정 수준으로 수렴할 수밖에 없다고 생각하여 대량 매입 또는 매도를 통해 의도된 수준으로 환율을 움직여서 차익을 얻으려고 한다.

아울러 고정환율제를 운용하기 위해서는 각국의 환율과 연결된 기준통화의 신뢰성이 유지되어야 한다. 이 체제 안의 모든 나라가 미리 정해놓은 환율수준의 약속을 지켜야 한다.

운용: 제재

환율을 금 또는 달러 등 어디에다 고정해야 하는지가 결정되면 제도를 안정적으로 유지하기 위해 의무를 위반하는 나라에 대한 제재가 필요하다. 합의 후에도 약속을 지키지 않는 나라에 페널티를 주지 않으면 제도가 운용될 수 없다. 브레턴우즈 합의에 따라 IMF는 고정환율을 유지하기 위한 준칙을 만들었다. 미국을 제외한 나머지 국가의 중앙은행들이 금 또는 미국 달러를 매입하고 매각함으로써 자국 통화의 달러에 대한 환율을 고정시켰다.

---

2 만약 어느 나라 무역수지가 적자가 되면 나랏빚이 증가해 경제가 어렵게 되는데, 변동환율제에서는 지불해야 할 외화가 받는 외화보다 많아져 자동으로 환율이 올라간다. 이렇게 환율이 상승하면 수출 제품의 값이 저렴해져 수출이 늘면서 무역적자가 줄어들게 된다. 즉, 환율이 국제수지 균형을 맞춰주는 균형추 역할을 하게 되므로 어느 한 방향으로 쏠리는 문제를 완화해준다.

| 참고 9.2 | **변동환율제**

기본 개념

변동환율제floating exchange rate regime는 다른 나라 통화의 움직임에 상관없이 시장에서 외환의 수요와 공급에 의해 자유롭게 변동하도록 자기 나라의 통화를 놓아두는 체제다.

장점: 자본이동과 거시경제정책의 자유화

고정환율제의 단점은 변동환율제의 장점이 된다. 환율 변동이 자유로워짐에 따라 자본이동이 자유롭게 이루어진다. 국제유동성 확보가 용이하고 외부 충격이 환율 변동에 의해 흡수됨으로써 거시경제정책의 자율적 수행이 용이하다. 경상수지 흑자 또는 적자의 불균형도 환율 변동으로 자율 조정될 수 있다. 투기세력의 공격에서도 상대적으로 자유롭다. 각국이 모여 규약을 만들고 이를 준수할 필요도 없다.

단점: 환율의 변동성 확대

고정환율제의 장점은 변동환율제의 단점이 된다. 환율 변동에 따라 무역거래가 영향을 받으므로 수출과 수입이 안정적이지 못하다. 외환시장 규모가 작고 외부 충격의 흡수 능력이 미약한 나라는 환율 변동성이 커지면서 어려움을 겪을 수 있다. 과거 금융위기를 겪은 우리나라 국민이라면 가파르게 치솟는 환율 그래프를 보면서 가슴이 철렁했던 경험이 있을 것이다. 지나친 환율 변동의 원인이 되는 대규모 자본의 급속한 유출입도 단점으로 제기된다.

한편 변동환율제하에서도 환율 변동성을 줄이면서 경제를 안정적으로 운영하고 싶은 정책 당국의 노력은 계속되지만, 환율의 안정과 통화정책의 자율성 그리고 자유로운 자본이동의 세 가지 정책 목표를 동시에 만족시키기는 현실적으로 어렵다. 이들 중 적어도 하나는 포기하거나 완화해야 한다. 이와 같은 삼불일치론impossible trinity, trilemma에 대해서는 다음 장에서 자세히 설명한다.

다양한 환율제도의 의미

고정환율제와 변동환율제뿐 아니라 페그제peg system 등 다양한 환율제도가 운영되고 있다. 고정과 변동의 중간지대에 놓여 있는 다양한 환율제도에 대해서는 부록의 '전략 보강을 위한 무기체계'에서 상세한 내용을 찾아볼 수 있다.

페그제는 환율을 미국 달러 또는 가중치를 반영한 주요국 통화 등의 움직임에 연결시킴으로써 자국 환율의 변동성을 줄이고자 하는 제도다. 즉, 변동환율제를 유지하면서도 변동폭을 줄이고, 고정환율제를 유지하면서도 경제 사정에 맞게 환율을 변동시키고 싶은 이중의 목적이 있다.

다양한 환율제도는 변동환율제 속에서도 환율의 안정이 중요하다는 점을 강조한다. 자유변동환율제를 채택하고 있는 주요국들도 시장 교란 요인 제거 등을 위해 예외적 상황에서 외환시장에 개입해 환율을 조정한다. 이는 외환 당국의 판단에 따라 변동폭을 줄이는 인위적인 작업을 허용한다는 뜻이기도 하다.

표 9.1 국가별 환율제도(IMF 회원국[1] 비중)

(%)

	2016	2017	2018
고정환율제(Hard pegs)	13.0	12.5	12.5
통화동맹(No separate legal tender)	7.3	6.8	6.8
통화위원회제(Currency board)	5.7	5.7	5.7
중간단계 환율제(Soft pegs)	39.6	42.2	46.4
전통적 페그제(Conventional peg)	22.9	22.4	22.4
유사 페그제(Stabilized arrangement)	9.4	12.5	14.1
크롤링 페그제(Crawling peg)	1.6	1.6	1.6
유사 크롤링제(Crawl-like arrangement)	5.2	5.2	7.8
수평밴드 페그제(Pegged exchange rate within horizontal bands)	0.5	0.5	0.5
변동환율제(Floating)	37.0	35.9	34.4
관리변동제(Floating)	20.8	19.8	18.2
자유변동제(Free Floating)	16.1	16.1	16.1
기타(Other managed arrangement)	10.4	9.4	6.8

주: 1) 192개국
자료: IMF, 〈Annual Report on Exchange Arrangements and Exchange Restrictions〉

2. 우리나라의 역사와 현재

우리나라는 〈표 9.2〉와 같이 다섯 차례에 걸쳐 환율제도를 변경하면서 고정환율제에서 점차 변동환율제로 이동했다. 경제 상황이 변하면 환율제도를 바꾸게 된다. 또 외부 압력으로 환율제도를 변경하기도 한다. 우리나라도 외환위기 이후 IMF가 환율제도의 변경을 요구했다.

표 9.2 우리나라의 환율제도

	기간	환율제도
1	1945. 10 ~ 1964. 5	고정환율제
2	1964. 5 ~ 1980. 2	단일변동환율제
3	1980. 2 ~ 1990. 2	복수통화바스켓제
4	1990. 3 ~ 1997. 12	시장평균환율제
5	1997. 12 ~ 현재	변동환율제

자료: 《한국의 외환제도와 외환시장》(한국은행, 2016)

IMF 기준에 따르면 현재 우리나라의 환율제도는 아직 자유변동 환율제로 구분되지 않고 변동환율제로 분류된다. 변동환율제는 관리변동환율제의 다른 이름이기도 하다. 자유변동환율제는 예외적 상황에서만 제한적으로 외환시장에 개입하고 개입 관련 정보를 공개하는 반면, 변동환율제는 과도한 환율 변동성에 대응하기 위한 외환시장 개입을 허용한다.

우리나라는 환율조작국 후보인 관찰대상국으로 거론되기도 한다.

표 9.3 변동환율제와 자유변동환율제 비교

환율제도	주요 내용
변동환율제	원칙적으로 환율의 신축적 변동을 허용하되 정책 당국이 외환시장에 직간접적으로 개입하여 과도한 환율 변동성을 완화
자유변동환율제	변동환율제 국가 중 외환 당국의 시장 개입이 시장 교란 요인 제거 등 예외적 상황에서 과거 6개월간 3회(매회 3업일 이내)로 이루어지고 개입 관련 정보를 제공

자료: IMF, 〈Annual Report on Exchange Arrangements and Exchange Restrictions〉(2018)

IMF 등은 우리나라도 이제 선진국 문턱에 다다랐으니 외환시장에 개입하지 말라고 한다. 이에 우리나라는 외환시장에 개입하지만 미세조정smoothing operation에 불과하다고 맞선다.[3] 우리나라도 2019년 4월부터 외환시장 개입 규모를 공개하고 있다. 외환시장 개입 정보 공개가 시작된 만큼 이제 자유변동환율제로 가는 길목으로 진입했다고 볼 수 있다.

| 참고 9.3 | **미 환율조작국 압박에⋯'보이지 않는 손' 결국 공개**

'보이지 않는 손'인 외환 당국의 움직임을 엿볼 수 있는 단서가 나왔다. 지난해 하반기 외환시장 개입 내역이 29일 공개됐다. 우리 외환 당국이 '시장안정조치' 내역을 공개한 것은 이번이 처음이다. 29일 한국은행에 따르면 지난해 하반기 외환 당국은 1억 8700만 달러를 순매도했다. 정부는 그동안 외환시장의 폭과 깊이, 외환 정책에 미치는 영향 등을 감안해 시장안정조치 내역을 공개하지 않았다.

하지만 미국 재무부가 2016년 하반기부터 지난해 10월까지 여섯 차례 연속 한국을 '관찰대상국'으로 분류하는 등 압박이 커지자 외환 당국은 지난해 5월 외환 정책 투명성 제고 방안을 발표하며 시장 개입 내역 공개를 결정했다. 이번에 공개한 내용은 외국환평형기금 등 외환 당국의 외환 순매수 규모(총매수액−총매도액)다. 외환을 사고판 내역을 일일이 공개하지는 않았다. 공개 주기는 지난해 하반기와 올 상반기는 6개월 단위로, 올 3분기부터는 분기(3개월)별로 거래 내역을 공개한다. 시장에 미칠 영향을 줄이기 위해 공개 시점은 해당 기간이 지난 뒤 3개월 뒤로 정했다. 한국은행 관계자는 "시장 개입 내역 공개와 관련해 여러 측면이 있지만 지난해부터 상하방 쏠림이 줄어드는 등 환율이 안정적인 움직임을 보여 공개가 긍정적일 수 있다고 판단했다"고 말했다. 시장에 미치는 영향은 크지 않을 것으로 분석된다. 시장순매수 규모만으로는 외환 당국의 개입 패턴을 파악하기 어려워서다. 예를 들어 외환 당국이 지난해 하반기에 10억 달러의 외환을 사고 10억 달러를 팔았으면 순매수 규모는 0달러이기 때문이다. 전승지 삼성선물 연구원은 "외환 당국이 공격적인 매수 개입을 하지 않았던 데다 공개 방식 자체도 순매매 내역이라 부담이 크지 않다"며 "미 재무부 환율보고서를 통해 개입액도 추정할 수 있었다"고 말했다.

미국의 환율조작국 지정을 피할 가능성은 커졌다. 미국은 매년 4월과 10월 환율보고서를 내고 환율조작국을 지정한다. 미국은 ▲대미 무역수지 흑자 200억 달러 초과 ▲국내총생산GDP 대비 경상수지 흑자 비율 3% 초과 ▲외환시장 한 방향 개입(GDP 대비 순매수 비중 2% 초과) 등 세 가지 요건에 해당하면 환율조작국으로 지정한다. 한국은 대미 무역수지와 GDP 대비 경상수지 흑자 비율에 해당돼 '관찰대상국'이 됐다.

상황은 좀 달라졌다. 지난해 대미 무역흑자는 6년 만에 200억 달러에 미치지 못했다. 시장 개입 내역이 공개되며 '한 방향 개입' 요건에 해당되지 않을 가능성이 크다. GDP 대비 경상흑자 비율(4.7%)에만 해당된다. 조영무 LG경제연구원 연구위원은 "달러 순매도로 나타나며 원화 가치를 인위적으로 떨어뜨려 환율을 조작했다는 공격은 피해가게 됐지만, 반대로 외환 당국이 원화 가치 하락 압력을 우려하는 것으로 시장에 비칠 가능성도 있다"며 "외환 당국이 신경 써야 할 것들이 늘어나게 됐다"고 말했다.

정기적으로 순매수 거래 규모를 공개하면서 외환시장 개입의 방향성이 드러날 수 있는 만큼 외환 당국의 부담은 커졌다. 주원 현대경제연구원 경제연구실장은 "시장 개입 내역 공개로 통화 당국의 정책 여력이 줄어들며 운신의 폭이 좁아질 수밖에 없다"고 말했다. 외환시장 개입 공개 확대 압력이 커질 가능성도 배제할 수 없다. 미국이 공개 주기 단축과 공개 내역 확대 등을 추가로 요구할 수 있어서다. 영국과 일본, 호주 등은 1개월 주기로 외환시장 개입 내역을 공개한다. 미국은 분기별로 매수와 매도 내역 모두 공개, 독일과 프랑스, 영국도 매입과 매도분을 구분해 공개하고 있다.

《중앙일보》 2019. 3. 29

3. 브레턴우즈 체제의 붕괴와 혼란의 시대

브레턴우즈 체제는 왜 붕괴되었는가?

마침내 고정환율제였던 브레턴우즈 체제는 붕괴되었다. 왜 그럴 수밖에 없었을까? 당시 여건을 돌이켜보면, 우선 미국에서 극심한 인플레이션hyperinflation이 일어나면서 고정환율제에 치명타를 입혔다. 1960년대 중반 당시 존슨 행정부는 베트남 전쟁을 위해 대규모 재정 지원을 하지 않을 수 없었다. 또한 사회복지계획Great Society Program의 재원을 확보하고자 재정정책 대신 통화정책에 의지하여 돈의 발행을 크게 늘림에 따라 엄청난 인플레이션이 일어났다. 미국은 이를 개선하기 위해 노력했으나 역부족이었다. 브레턴우즈 체제는 와해되기 시작했다. 달러는 평가절하될 수밖에 없었으며, 흔들리는 달러의 위상과 함께 국제통화체제는 붕괴되었다.

그런데 보다 근본적인 요인은 브레턴우즈 체제의 국제수지 조정 메커니즘에 있었다. 그래도 금본위제 아래에서는 금의 자동 이동에 의해 고정환율이 유지되었으나, 브레턴우즈 체제에서는 정부가 외환시장에 개입하여 환율을 안정적으로 유지함으로써 고정환율제를

---

3 "송인창 기획재정부 국제경제관리관(차관보)은 24일 미국이 환율보고서에서 한국을 관찰대상국으로 분류한 데 대해 '환율이 한쪽 방향으로 급격한 쏠림을 보이면 국제적으로 허용되는 수준에서 스무딩 오퍼레이션(미세조정)에 나설 것'이라고 말했다."《연합뉴스》2016. 10. 24.

유지하도록 되어 있었다. 브레턴우즈 체제 아래에서는 외환거래의 안정 메커니즘으로서 정부의 개입이 금의 이동을 대체하게 된 것이다. 즉, 금본위제를 운용하던 원칙은 사라진 채 고정환율제만 남아 있던 체제 아래에서는 국제수지의 불균형을 해소할 자동 조정 장치가 사라져버렸다.

스미스소니언 체제의 성립과 와해

1971년 8월 미국 닉슨 대통령이 달러의 금태환 중지를 발표하면서 국제통화체제가 엄청난 혼란에 휩싸이게 되자 고정환율제를 재건하기 위해 전 세계적인 노력이 집중되었다. 1971년 12월 워싱턴의 스미스소니언 박물관에서 주요 10개국 재무장관과 중앙은행 총재 회의가 개최되었으며, 마침내 브레턴우즈 체제의 수정판이라고 할 수 있는 스미스소니언 체제Smithsonian agreement가 성립되었다.

이들은 무역거래의 안정을 최우선으로 고려하면서 다음 내용에 합의했다. 첫째, 금 1온스당 35달러에서 38달러로 미국 달러를 7.895% 평가절하하고 이에 준해 다른 국가들의 통화에 대한 평가를 재조정했다. 둘째, 환율체제는 고정환율제를 유지하되 종전처럼 금 또는 금태환이 보장된 달러화를 기준으로 하는 대신 보다 신축성 있게 금태환 기능을 상실한 달러를 기준으로 하는 제도를 도입했다. 셋째, 각국 통화의 환율 변동폭을 기준율의 상하 2.25%로 확대하는 보다 넓은 마진제wider margin를 채택했다.[4]

그러나 이러한 스미스소니언 체제도 그리 오래 가지 못했다. 이 체제는 고정환율 자체가 아니라 고정된 환율의 구조에 문제가 있으므로 보다 현실적으로 환율을 재조정하면 모든 문제가 순조롭게 해결되리라는 관념에 입각했다. 따라서 브레턴우즈 체제의 모순을 근본적으로 제거하지 못한 과도기적 체제의 성격을 띠었다.

스미스소니언 체제가 국가 간 국제수지 불균형 문제를 개선하지 못하면서 적자국과 흑자국 간의 차이는 더욱 심화되었고, 고정된 환율 수준을 지키기 더욱 어려워졌다. 출범 6개월 만인 1972년 6월 영국 파운드화는 투기세력의 공격을 견디지 못하고 기준율에서 이탈했으며, 마침내 영국은 변동환율제를 택했다. 기축통화국인 미국도 역시 국제수지 문제를 해결하지 못했다. 이탈리아는 이중환율제를 선택했으며, 스위스, 독일, 일본 등의 강세 통화에 투기세력의 공격이 집중되자 대부분 국가의 외환시장이 문을 닫기에 이르렀다. 이후 1972년 중반 스미스소니언 체제를 벗어난 영국, 덴마크, 아일랜드, 노르웨이 등은 유럽공동변동환율협정European joint float agreement을 체결했다.[5]

---

4 브레턴우즈 체제에서는 각국의 통화 평가절하 경쟁을 미연에 방지하기 위해 각국의 통화 당국은 외환시장에서 환율을 기준가격의 상하 1% 내에서 유지하도록 하는 조정가능 고정환율제adjustable pegged exchange rate system를 채택했다.
5 공동변동환율체제 또는 스네이크snake 체제는 서독, 벨기에, 룩셈부르크, 덴마크, 노르웨이, 스웨덴, 네덜란드 등의 국가가 좁은 공동변동폭 범위 안에서 미국 달러에 대해 공동으로 환율을 변동하게 하는 체제를 말한다. 스네이크란 명칭은 환율이 변동하는 모습이 터널 속의 뱀과 같다는 데서 비롯되었다. 1972년 4월 미국 달

이러한 혼란을 겪으면서 마침내 세계 각국은 자기 살길을 찾아 경제 상황에 맞추어 자유롭게 움직이는 변동환율제를 채택하게 되었다. 고정환율제 재건을 목표로 출발한 스미스소니언 체제는 출범한 지 채 1년 반도 안 되어 무너질 수밖에 없었다. 이제 혼란을 극복하기 위한 국제통화체제의 근본적 개혁과 새로운 체제의 모색이 불가피해졌다. 다시 환율을 고정하느냐 아니면 자유로운 변동에 맡기느냐의 전쟁이 시작되었다.

고정과 변동을 둘러싼 대립

달러 중심의 고정환율제를 유지하기 위한 마지막 노력이었던 스미스소니언 체제가 붕괴되자 새로운 국제통화체제를 모색하지 않을 수 없었다. 그러나 미국의 국제수지는 대규모 적자를 벗어나지 못하고 있었으며 달러의 태환성 회복 전망도 불투명했다. 어떤 형태의 개혁이 바람직한지에 대해서는 의견이 일치하지 않았다. 몇몇 국가는 고정환율제로의 복귀를 주장한 반면, 대다수 국가는 대규모로 형성된 단기유동자금을 통제하고 달러의 대규모 유출과 유입을 관리하기 위해 변동환율제가 필요하다고 주장했다. 첨예한 의견 대립을

러에 대한 환율의 변동폭을 1.125%로 제한했으나 1973년 3월 달러 위기가 계속되자 가맹국 통화를 비가맹국 통화에 대해 아무런 제한을 두지 않고 변동시켜 나가되 가맹국 통화 간에는 환율 변동의 범위를 제한했다. 1978년 유럽 국가를 위한 보다 합리적인 통화제도의 창설을 모색하게 되었고, 그 결과 1979년 3월 정식으로 유럽통화제도European Monetary System, EMS가 발족했다.

조정하기 위한 작업이 난항을 겪는 가운데 1974년 갑자기 들이닥친 석유파동 등으로 논의는 중단되고 연기되었다.

킹스턴 체제의 출범

1976년 새로운 국제통화체제를 마련하기 위한 노력이 재개되었다. 자메이카 킹스턴에서 발족한 킹스턴 체제는 더 이상 고정환율제를 유지하기 어렵다는 현실을 인정함으로써 오늘날 국제통화체제의 모체가 되었다. 킹스턴 체제는 관리변동환율제managed floating system[6]로서 SDR 본위제로의 점진적 이행을 준비했다. 그러나 SDR 본위를 위한 시도는 아직 그만큼 진척되지 못했다.

이 체제는 변동환율제를 적법화하는 한편 금의 대외지불준비자산으로서의 화폐 기능을 중지시켰다. 또한 이 체제에 가입한 국가들은 투기로 야기되는 환율의 등락을 완화하기 위해 외환시장에 개입할 수 있다는 단서조항을 달았다. 킹스턴 체제는 원칙적으로 각국에 환율제도 선택권을 부여하는 변동환율제지만, 가맹국에 협조해야 할 일반적인 의무를 부여하고 IMF의 감독 기능을 강화했다. 1976년 킹스턴 체제의 출범으로 국제통화제도 개혁 작업은 일단락되었다고 볼 수 있다.

---

6 IMF의 기본 이념은 향후 세계 경제 여건이 허용되면 IMF 총투표권의 85% 찬성으로 안정적이면서도 조정 가능한stable but adjustable 평가제도, 즉 고정환율제의 형태로 복귀할 수 있도록 규정했다.

국제금융시장의 혼란

1970년대 초 두 차례의 석유파동으로 산유국의 국제수지 흑자가 크게 확대되는 등 국제금융시장에 엄청난 변화가 일어났다. 국가 간 인플레이션과 금리의 격차가 심해지고 국제수지의 구조가 변화되었으며, 시장 혼란을 틈탄 투기의 확산 등으로 환율이 매우 큰 폭으로 흔들렸다.

이 같은 환경에서 미국은 달러의 대외가치에 신경 쓰기보다 인플레이션과 국제수지 악화 등 국내 경제 문제를 해결하는 데 집중했다. 이에 미국 달러의 가치는 폭락하고 달러의 국제신용은 지속적으로 하락했다. 달러 가치의 하락을 방지하기 위해 노력했던 나라들도 서독 마르크와 스위스 프랑으로 달러 보유를 대체하면서 달러 가치는 더욱 폭락했다. 따라서 미국은 당시까지의 원칙을 포기하고 외환시장 개입을 선언할 수밖에 없었다. 1980년과 1981년 미국의 고금리 정책으로 국제금리가 상승하고 산유국을 제외한 개발도상국[7]의 외채가 급증하여 채무상환이 불가능해지는 사태가 일어나면서 국제금융시장이 위기를 맞기도 했다.

이처럼 킹스턴 체제 이후의 변동환율제하에서도 국제금융시장의 혼란과 국내 경제 문제가 얽히면서 미국 달러화는 여러 번 흔들리는 상황을 맞았다.

---

7 당시에는 신흥시장국이 아닌 개발도상국이라고 불렸다.

4. 압력과 저항의 전쟁

환율체제를 둘러싼 간섭

브레턴우즈 체제 붕괴 이후 주요 선진국을 중심으로 변동환율제로 옮겨간 상황은 어쩔 수 없는 선택이기도 했다. 고정환율제를 유지하기 위해 애썼던 나라들과 변동환율제를 재빨리 선택한 나라들 간의 전쟁도 끝나면서 변동환율제가 주요국들 사이에서 대세가 되었다. IMF와 주요국들은 아직 개발이 미흡한 나라들이 어떤 환율제도를 채택하고 있는지는 중요하게 취급하지 않는다. 세계 경제에 미치는 영향이 미미하기 때문이다.

그러나 경제 규모가 점점 커지고 경제 구조가 발전하게 되면, 환율 수준을 인위적으로 조정하지 말고 변동폭을 좀 더 확대하라는, 또는 완전히 자유롭게 하라는 무언의 압력을 가한다. 이들은 자유변동환율제를 지향한다. 운용의 문제는 제도 변경으로 귀결된다. 반면 신흥시장국의 입장에서는 자유변동환율제로 이행할 경우 경제 상황 변화에 따라 환율 변동폭이 커지면서 외국인 투자자금이 큰 폭으로 유입되고 유출되는 등 금융시장이 혼란스러워질 우려가 있어 쉽게 제도를 변경하기 어렵다.

어떤 환율제도가 더 좋은가?

환율제도란 정책 당국이 환율을 어떤 방식으로 운용하겠다는 시스템이다. 그런데 무엇이 더 나은 환율제도일까? 어떤 제도가 더 좋은지 정답은 없다. 자기 나라 경제 상황에 적합한 환율제도가 가장 좋다. 아마 그때그때의 경제 상황 변화를 봐가면서 고정환율제와 변동환율제를 번갈아 마음대로 운용하는 편이 단기적으로 가장 유리할 것이다. 그러나 그렇게 하면 장기적 관점에서 대외적인 신용을 잃어버린다.

경제 환경이 변화하면 정책 당국은 많은 논의를 주도하면서 환율제도를 바꾼다. 그러나 앞서 이야기했듯이 국제금융기구와 선진국들의 대외적 압력에 의해 바꿔야 하는 경우도 있다. 또한 거대자본의 투기적 공격에 의해 환율제도가 바뀌기도 한다.

투기세력의 공격

거대자본의 환율 수준에 대한 공격이 환율제도를 변화시키기도 한다. 1997년 아시아 외환위기 때도 투기적 공격을 받았다. IMF 사태로 우리나라도 투기세력의 공격을 받고 시장평균환율제에서 변동환율제로 환율체제를 바꾸었다.

1992년 영국의 중앙은행인 영란은행Bank of England과 소로스가 격돌한 전쟁도 많이 거론되는 사례다. 헤지펀드의 공격으로 일종의 준*고정환율제로 운영되던 유럽통화시스템의 '환율 조절 메커니즘'은 붕괴되었으며 이후 변동환율제로 이행했다. 투기세력은 특정 국가의 환율제도를 변경시키려는 의도는 전혀 없다. 그럴 필요도 없

| 참고 9.4 | **유럽통화시스템**

1979년 유럽경제공동체European Economic Community, EEC는 유럽통화시스템 European Monetary System, EMS을 창설[8]하고 회원국들은 각 나라 간의 환율을 고정시키는 한편 미국 달러에 대해 환율을 공동으로 변동시키기로 합의했다. 즉, 회원국 간에는 고정환율제, 미국 달러에 대응해서는 변동환율제였다. 유럽통화시스템은 유럽연합의 경제통화동맹European Economic and Monetary Union, EMU[9] 출범 과정에서 일종의 징검다리 역할을 했다.

유럽통화시스템은 새로운 통화European Currency Unit를 만들었는데, 그 가치는 유럽통화들로 구성된 바스켓에 고정되어 있었다. 참여 국가 간에 상호 2개국 간 환율은 고정환율을 중심으로 좁은 범위 이내[10]에서만 변동할 수 있도록 허용되었는데, 만일 환율이 허용 범위 밖으로 변동되었을 때는 두 나라 중앙은행이 외환시장 개입을 통해 다시 일정 범위 이내에서 움직이도록 조치했다. 이와 같은 외환시장 개입에 따라 자국 통화가 강세가 될 경우 대외지급자산인 외환보유액은 늘어난 반면, 자국 통화가 약세가 될 경우 대외지급자산은 줄어들 수밖에 없었다. 모든 국가는 독일 마르크에 자기 나라의 통화 가치를 연동시켰다. 1990년 각국의 경제 여건 변화로 회원국들이 이러한 좁은 범위 내에서 자신의 환율을 변동시키는 데 어려움을 겪은 이후 유럽통화시스템은 붕괴되었다.

---

8 1979년 3월 독일, 프랑스, 이탈리아, 네덜란드, 벨기에, 룩셈부르크, 덴마크, 아일랜드 8개국이 창설했으며 1989년 6월 스페인, 1990년 10월 영국, 1992년 4월 포르투갈이 가입했다.

9 유럽중앙은행제도European System of Central Banks 설립과 유럽연합의 단일 통화인 유로Euro 발행을 추진했다.

10 환율의 허용 범위는 고정환율을 중심으로 ±2.25%였으나 1993년 8월에는 무려 ±15%로 확대되었다.

다. 다만 투기적 공격으로 기존 환율체제가 붕괴되고 취약한 제도의 문제점이 드러나면 정책 당국은 새로운 제도로 변경할 수밖에 없다.

조작과 비판 그리고 반론과 논쟁

2019년 8월 미국은 중국을 환율조작국[11]으로 지정했다. 중국에 대한 환율조작국 지정은 1994년 이후 처음이다. 미국은 중국이 막대한 외환보유액이 있음에도 위안화를 평가절하하는 조치를 취했다고 비판한다. 또한 통화 가치를 떨어뜨려 미국 상품에 대한 경쟁력을 높여 대규모 무역수지 흑자를 보고 있다고 주장한다. 도널드 트럼프 대통령은 위안화 절하가 무역전쟁에 따른 보복이라고 주장한다. 미국이 중국산 제품에 10% 추가 관세를 매기겠다고 하자 중국은 보복하겠다는 뜻을 밝힌 바 있다. 이러한 환율전쟁은 트럼프 대

---

11 1988년 제정 당시 큰 무역적자를 겪고 있던 미국은 〈종합무역법〉에 따라 환율조작국 지정 기준을 운용해왔지만 실효성에 꾸준히 의문이 제기되자 2015년 〈교역촉진법〉에 근거한 새로운 기준을 도입했다. 이전에는 재무부 장관 재량으로 환율조작국을 지정할 수 있을 정도로 기준이 모호했지만, 2015년 이후로는 더 구체적이고 정량적인 조건이 도입되었다. 2015년 이후 환율조작국 지정 요건에는 대미 무역흑자 200억 달러 이상, GDP 대비 경상수지 흑자 3% 이상, GDP 대비 2% 이상의 달러 매수 등이 포함됐다. 2019년 5월 말 미국은 지정 요건을 대폭 완화해 GDP 대비 경상수지 흑자 비중을 GDP 대비 3% 이상에서 2% 이상으로 조정하고 외환시장 개입 여부 판단 기준도 1년 중 8개월에서 6개월로 변경했다. 세 조건에 모두 해당하면 환율조작국으로 지정되며, 이 중 두 가지에 해당하면 관찰대상국으로 지정된다. 환율조작국으로 지정되면 1년 내에 저평가된 환율을 시정해야 한다. 이후에도 개선되지 않으면 투자 제한, 미국 내 자금 조달시장 진입 금지, IMF를 통한 압박 등의 제재를 가할 수 있다.

통령의 미국 우선주의America First에 기초한다. 물론 시진핑 주석의
중국몽中國夢도 바탕에 있다.

　미국과 중국이 고율의 관세를 주고받는 가운데 위안화의 가치 하
락은 미국 정부가 부과한 관세를 상쇄하는 효과를 거둘 수 있다. 미
국은 중국 정부가 의도적으로 위안화 평가절하를 용인했다고 주장
한다. 반면 중국은 미국의 조치가 국제금융질서를 해치는 행위라며
반발한다.[12] 미국은 IMF와 관련 사안을 논의할 것이다. 다각적 압박
이다. 무역전쟁은 통화전쟁으로 확산된다.

체제 전쟁으로 가는 길목

　미국과 중국의 갈등은 위안화의 환율 수준을 둘러싼 전쟁으로 보
인다. 그러나 이면을 살펴보면 환율체제를 둘러싼 전쟁으로 가는 전
초전이라 할 수 있다. IMF의 분류 기준[13]에 따르면 현재 중국은 유
사 크롤링제crawl-like arrangement를 채택하고 있다. 이는 기본적으로
6개월 이상의 기간에 환율의 통계적 추세가 2% 이내에서 변동하는
특성이 있다. 그러나 실제 운용 과정은 외부에서 조작 여부를 판단
하기 힘들도록 복잡하게 설계되어 있다.

12　2019년 8월 6일 중국 인민은행은 미국이 사실을 제대로 살피지 않고 환율조작
　　국이라는 딱지를 붙이는 행위는 미국 일방의 자국 보호주의 행동이며 세계 경제
　　와 금융에 중대한 영향을 미친다고 비난하는 성명을 발표했다.

13　IMF, 〈Annual Report on Exchange Arrangements and Exchange
　　Restrictions〉(2018)를 참조했다.

미국 등이 중국의 환율 수준에 문제를 제기하는 이유는 불투명하게 운영되는 중국의 환율제도를 투명하게 운영되는 변동환율제로 바꾸도록 압력을 넣는 데 있다. 세계의 공장이라 불리는 중국은 금융제도, 금융시장, 금융기법 등에 있어 미국 등 주요국에 비해 상당히 낙후되어 있다. 시장원리에 의해 움직이는 금융제도는 미흡한 실정이며 정부가 개입하는 범위가 넓다. 대내외 자본이동과 금리와 환율이 시장원리에 따라 움직이도록 개방되고 자유화되면, 금융산업이 발달한 미국과 유럽의 헤지펀드 등이 중국 자본을 공격해 국부가 유출될 가능성이 매우 크다. 중국도 경제 발전을 거듭함에 따라 잃어버릴 수 있는 많은 자산을 축적해왔다. 물론 중국 정부도 이를 잘 알기에 쉽게 변동환율제로 이행하지 않을 것이다. 그러나 어느 정도 시간이 흐르면 환율 수준의 문제는 환율체제 문제로 옮겨갈 수밖에 없다.

5. 삼불일치론의 이해[14]

삼각형의 구조 읽기

환율체제의 이해는 삼불일치론과 관련된다. 환율과 금리와 자본이동을 함께 생각해야 한다. 자본 자유화financial integration, 환율 안정exchange rate stability, 통화정책의 독자성monetary policy autonomy 등 세

가지 정책 목표를 동시에 만족시키기는 현실적으로 어렵다는 이론을 삼불일치론(impossible trinity 또는 trilemma)이라고 한다. 즉, '자유로운 자본이동, 환율 안정, 통화정책의 독자성[15]이라는 세 가지 정책 목표는 동시에 달성될 수 없으며, 이 중 두 가지만 선택 가능하다'라고 정리할 수 있다.

<그림 9.1>에서 삼각형의 변에 있는 통화정책의 독자성, 환율 안정성, 자본 자유화는 거시경제정책 목표를 나타낸다. 즉, 이렇게 정

그림 9.1 삼불일치론의 기본 개념[16]

자료: 한국은행, 《한국의 통화정책》(2012)

14 임경, 《돈은 어떻게 움직이는가?》(2018)를 주로 참조했다.
15 이 책에서 통화정책의 독자성은 통화 당국이 인플레이션 억제, 고용 확대 등 국내 경제정책의 목표를 위해 자주적이고 유효한 수단으로 통화정책을 운용할 수 있음을 말한다. '통화정책의 자주성'이라고 할 수도 있다.
16 삼각형의 각 꼭짓점은 정책 선택policy choice을 나타내며, 삼각형의 각 변은 정책 목표policy goal를 나타낸다.

책을 운용하고 싶다는 뜻이다. 그리고 삼각형의 꼭짓점에 있는 자본 통제 및 관리환율제, 변동환율제, 통화동맹 또는 통화위원회제도는 외환정책과 환율제도를 나타낸다.

이제 삼각형의 의미를 해석해보면, 왼쪽 변인 '통화정책의 독자성' 과 아랫변인 '자본 자유화'를 목적으로 하려면 환율제도는 두 변이 만나는 꼭짓점인 '변동환율제'를 선택해야 하고, 왼쪽 변인 '통화정책 의 독자성'과 오른쪽 변인 '환율 안정성'을 목적으로 하려면 두 변이 만나는 '자본통제 및 관리환율제'를 채택해야 한다는 뜻이다. 그리고 아랫변인 '자본 자유화'와 오른쪽 변인 '환율 안정성'을 목적으로 하 려면 두 변이 만나는 '통화동맹currency union'[17] 또는 '통화위원회제도 currency board system'[18]를 선택해야 한다는 뜻이다.

삼불일치론의 메커니즘

사례를 통해 삼불일치론의 메커니즘을 설명해보겠다. 우선 자본 유출입을 개방한 나라가 고정환율제를 유지하고 있는 가운데 해외 보다 높은 수준의 금리를 운용하고 있다고 가정해보자. 그러면 내외

---

17 다수 국가가 어떤 통화를 공통의 법정통화로 할지 합의하고 통화금융정책에 대해 협력관계를 수립한 제도를 말한다. 대표적인 예로 유럽통화연맹EMU이 있다.

18 일정한 환율로 자국 통화를 외국 통화(주로 미국 달러)와 언제나 교환할 수 있 도록 법적으로 보장하는 제도로서 중앙은행이 자의적으로 통화를 늘리지 못하 여 외환보유액 규모에 따라 통화량이 결정된다. 한국은행, 《한국의 통화정책》 (2012)에서 인용했다.

금리차를 겨냥하여 상당한 해외자본이 유입된다. 환율이 고정되어 있으니 환율 변동 위험 없이 저금리로 자금을 조달하여 고금리를 얻을 수 있다. 고정환율과 금리 격차가 유지되는 조합은 해외투자자에게 상당히 매력적인 차익거래arbitrage transaction 기회를 제공한다.

그런데 고정환율제 덕분에 환율 변동 위험을 부담하지 않는 가운데 높은 금리를 겨냥하여 해외투자자들이 외화자금을 들여오면 국내 시장에 외화자금이 넘쳐나 환율이 떨어진다. 당초 고정환율제를 유지하고자 하는 노력이 위협받게 된다.

이러한 상황에서도 정책 당국이 고정환율제를 유지하기 위하여 시장 개입을 통해 환율을 떨어뜨리지 않으려고 하면, 국내 금리를 하락시키는 수밖에 없다. 자기 나라 금리를 낮추어 더 이상 내외금리차가 존재하지 않도록 해서 해외에서 외화가 들어와 환율을 떨어뜨리는 문제를 막아야 한다. 고정환율제 국가에서는 환율을 일정 수준으로 유지해야 하기 때문이다. 따라서 통화정책의 독자성이 훼손되는 결과가 일어나서 삼불일치론의 세 가지 목표를 이루지 못하게 된다. 그러므로 변동환율제로 이행해야만 환율이 시장 메커니즘에 의해 조정됨으로써 내외금리차로 인한 해외투자자의 이득을 환율 손실로 상쇄시켜 더 이상의 외국인 투자를 막아낼 수 있다.

삼불일치론은 그동안 경제 규모가 작은 국가들에 대해 경제를 개방하라고 요구하는 정책의 기본 틀로서 이해되어왔다. '반드시 그렇다' 또는 '그러해야만 한다'고 말하면 종종 이데올로기가 된다. 선진

표 9.4 환율제도와 삼불일치론의 관계

	환율 안정성	자본이동 자유화	통화정책의 독자성
금본위제	O	O	X
브레턴우즈 체제	O	X	O
변동환율제 채택	X	O	O
고정환율제 고수	O	O	X

자료: 한국은행, 《한국의 통화정책》(2012)

국들이 힘주어 이를 말할 때는 더욱 그렇다.

모서리해 선택 주장과 반론

삼불일치론에 따르면 세 가지 거시정책 목표를 모두 달성할 수는 없다. 그중 두 가지를 선택할 수밖에 없다는 '두 개의 모서리해 two corner solution'에 대한 논의는 1992년 유럽환율메커니즘European Exchange Rate Mechanism, ERM[19]이 투기세력의 공격으로 위기를 겪게 된 후 제기되었다. 즉, 1993년 ERM의 환율 변동폭이 확대되자 자

---

19 유럽위원회는 1979년 3월, 유럽통화제도EMS의 일환으로 ERM을 도입했다. 이는 유럽의 환율 변동을 조정해 통화의 안정성을 확보하는 것을 목적으로 만든 일종의 고정환율제도다. 회원국들은 통화 상호 간에 중심환율을 설정하고 ±2.25% 내에서 환율을 지키도록 했으며, 환율이 여기에서 벗어날 경우 시장 개입 등을 통해 대처하도록 했다. 이 제도는 회원국 통화 간 환율의 과도한 변동을 막아 경제의 안정적 성장에 기여한다는 목적이 있었다. 한국은행, 《한국의 통화정책》(2012)에서 인용했다.

유변동환율제를 선택하거나 고정환율제를 유지하는 통화동맹이 바람직하다고 강조하는 과정에서 제기되었다.[20]

특히 1997년 시작된 아시아 금융위기 이후에는 고정환율제를 내세우나 상황에 따라 변동환율제를 용인하는 중간 형태fixed but adjustable의 환율제도가 금융위기를 유발한 요인이라는 지적이 대두되면서 고정환율제나 자유변동환율제 중 하나를 선택해야 한다는 주장이 제기되었다.[21] 당시 아시아 국가들이 그리 나쁘지 않은 경제의 기초체력을 유지하는 가운데 환율 운용에 있어서 고정환율제와 자유변동환율제 사이에서 엉거주춤한 모습을 보였기 때문이다.

그러나 자본 자유화, 환율 안정성, 통화정책의 독자성이라는 세 가지 목표 중 반드시 두 가지를 선택해야 한다는 주장에 대한 의문이 제기되었다. 삼불일치론은 이들 세 가지가 동시에 성립할 수 없음을 의미할 뿐이지 반드시 극단적인 두 가지를 선택해야 하는 것은 아니며 다양한 선택이 가능하다는 반론이 제기되었다. 예컨대 환율의 평가절상 압력에 대응하여 일부만 환율 수준에 반영하고 나머지는 정책 당국이 외환시장에 참여하여 중화시키는 정책도 삼불일치

---

20 Barry J. Tobin Eichengreen and C. Wyplosz, 〈Two Cases for Sand in the Wheels of International Finance〉(《The Economic Journal》, 1994)를 참조했다.

21 Reuven Glick, 〈Fixed or Floating: Is it Still possible to Manage in Middle?〉 (paper prepared for the conference on financial markets and policies in East Asia, Asia-Pacific School of Econmics and Management, ANI, Canberra, 2000)을 참조했다.

론과 배치되지 않는다는 말이다.

1990년대에 '중간지대는 사라진다disappearing middle'는 가설을 두고 심각한 논쟁이 있었다. 정책 당국이 관리변동환율제를 유지할 경우 변동성 제한으로 더 큰 위기를 초래할 수 있으므로 두 개의 모서리해로 갈 수밖에 없다는 의견이다.[22] 이러한 주장은 우리나라, 태국, 멕시코 등의 과거 위기 경험에 기초한다. 그러나 2001년 말 그동안 통화위원회제도의 성공적 사례로 여겨졌던 아르헨티나의 환율체제가 붕괴되면서 '두 개의 모서리해'에 대한 주장이 약화되었다. 이후 재반론이 제기되면서 환율제도가 무엇인가에 대한 논의는 여전히 계속되고 있으며, 시간이 흐르면서 여러 사례가 제시될수록 유로체제의 형성 그리고 홍콩 등 소규모 개방경제의 통화위원회 사례를 제외하고는 전 세계적으로 중간지대가 사라진다는 증거는 없는 것으로 나타나고 있다.

이제는 이러한 모서리해로의 이동 타당성에 대한 논쟁을 넘어 각국 여건에 적합한 환율제도를 모색하려는 논의가 진행되고 있다. 그런데 이러한 논쟁에는 통화정책과 외환정책의 수립에서 한번 세워

---

22 국제자본이동이 자유로운 경우 개별 국가가 국제자본이동에 맞서 환율을 관리하는 것은 현실적으로 거의 불가능하여 관리변동환율제와 같은 중도적 환율제도intermediate regime는 필연적으로 위기 상황을 맞게 되며, 장기적으로는 통화위원회제도, 전통적 페그제 등 극단적 형태의 고정환율제 혹은 완전자유변동환율제로 이행하게 된다는 주장이 있다. Eichengreen, 〈Hollow Middle〉(1994), Fischer, 〈Bi-Polar View〉(2001)를 참조했다.

진 원칙이 계속 유지된다는 전제가 숨어 있다. 그러나 급변하는 경제 여건 변화에 정책적 대응이 경직되게 이루어져야 하는 것은 아니다. 장기 시계의 관점에서 어떠한 정책 조합을 만들어 지속해 나간다고 하더라도 최소한 일시적으로 충격이 발생했을 경우에는 정책 조합을 탄력적으로 변경할 수 있다.

제 10장

네 이웃을 가난하게 하라
환율 수준의 압력

대부분 국가는 대체로 자기 나라의 통화 가치를 절하시키는 한편 다른 나라의 통화 가치를 절상시키고 싶어 한다. 수출 등에 유리하므로 이를 통해 국내 경기를 활성화시키고 싶기 때문이다. 다른 나라의 환율 수준에 대해 압력을 넣기도 한다. 한편 이와는 별도로 국제 투기세력이 특정 나라를 겨냥하여 환율 수준을 공격하기도 한다. 환율 수준을 둘러싼 공격과 방어의 전쟁사를 살펴보자.

환율 수준이 압력을 받는 상황이 일어났다면, 어떤 국가의 상황이 많이 어려워졌거나 심대한 위기 상황이 벌어졌다고 볼 수 있다. 또는 투기세력과의 싸움이 벌어졌다는 뜻이기도 하다. 이는 향후 환율에 커다란 영향을 미친다.

1. 환율 체제와 수준

환율 수준에 대한 개입

환율전쟁의 또 다른 모습은 환율 수준에 대한 개입이다. 고정환율
제하에서 정부가 고정된 수준으로 환율을 지키려고 하는 것은 당연
한 일이지만, 변동환율제하에서도 정부는 일정 범위 내에서 자신이
원하는 수준으로 환율을 관리하려는 경향이 있다.

수출과 일자리 늘리기

환율 수준을 둘러싼 전쟁은 주로 각 나라가 수출가격에서 경쟁력
을 가지기 위해 환율 상승을 도모하는 모습으로 나타난다. 공급이
수요를 초과하는 시대에 살고 있으므로 많이 파는 것이 중요하다.
수출을 확대하면 일자리가 늘어난다. 고용률을 상승시키거나 실업
률을 떨어뜨릴 수 있다. 수출 확대는 국내 경제 활성화에 중요하다.

환율은 수출상품과 수입상품에 영향을 미친다. 통화 가치가 절하
되면 해외시장에서 가격경쟁력을 가진다. 즉, 싸니까 해외에서 많이
팔린다. 또한 수입상품 가격이 비싸지므로 국내에서 자기 나라 상품
이 많이 팔릴 수 있다.[23]

역사를 돌이켜보면, 자기 나라의 통화 가치를 낮추기 위한 다툼
이 국제금융시장에서 빈번하게 일어났다. 자국의 통화 가치를 절하
시키면 상대적으로 다른 나라의 통화 가치가 절상되므로 다른 나라

에 피해를 주게 된다. 이웃 나라를 가난하게 만드는 '근린 궁핍화 정책beggar-thy-neighbor policy'이다. 다른 나라의 통화 가치를 절상시키기 위한 압력도 행해졌다. 그런데 다른 나라를 압박하려면 자신의 힘이 강해야 한다. 주요국 사이에서 극단적인 분쟁으로 치달으면 전 세계 모든 나라의 경제에 좋지 않은 결과를 가져올 수 있다.

2. 강대국의 압력

힘의 논리

자유변동환율제를 운영하고 있다고 천명하는 나라들이 자기 나라의 환율을 절하시키거나 다른 나라의 환율 절상을 유도하기는 쉽지 않다. 명분이 없다. 그러므로 이러한 조치들은 종종 다른 목적으로 포장되어 진행된다. 국내 경제 사정에만 초점을 맞춘 정책일 수도 있다. 예를 들어 자기 나라의 물가를 안정시키기 위해 정책을 시행했는데, 이러한 정책들이 환율에 영향을 주어 다른 나라의 경제 사정을 어렵게 만들기도 한다. 이러한 결과들은 쉽게 예견할 수 있다.

---

23 예를 들면 엔·달러 환율이 상승(엔화 절하 및 미국 달러화 절상)할 경우 일본 토요타 자동차의 일본 내 가격에는 변동이 없더라도 미국에 수출하는 가격은 하락하게 된다. 따라서 일본 토요타의 수출 가격경쟁력이 확보되어 더 많은 자동차를 수출할 수 있다. 이때 미국 포드 자동차가 일본에 수출하는 가격은 상승하게 되므로 포드의 수출 가격경쟁력은 떨어지게 된다.

그러나 환율에 직간접적으로 영향을 주는 정책들은 여러 경제 변수들이 연계되어 있으므로 쉽게 잘라서 구분하기 어렵다. 전쟁은 이렇게 모호한 경계를 이용하여 추진된다. '나도 살기 위해서 그랬다'라고 하면 다른 나라들이 뭐라고 하기도 어렵다. '너희도 너희를 위해 원하는 대로 해라'라고 하는 말에 대응하기도 어렵다. 경제 강대국은 약소국에 큰 영향을 미치지만, 경제 약소국은 강대국에 큰 영향을 미치지 못한다. 힘센 나라의 주장이 옳다는 결론은 종종 성립한다.

플라자 합의[24]

강대국의 환율 수준에 대한 압력의 대표적인 예가 1985년 플라자 합의다. 1985년 9월 22일 미국 뉴욕의 플라자 호텔에서 열린 당시 G5 경제 선진국(미국, 영국, 프랑스, 서독, 일본) 재무장관, 중앙은행 총재 모임에서 환율에 관한 합의를 발표했다. 그동안 지속된 미국의 경상수지 적자 문제를 해결하기 위하여 달러를 평가절하하는 반면, 일본과 서독 통화는 평가절상하기로 주요국이 동의했다. 그렇게 되면 미국의 무역 경쟁력이 강화되면서 안정적인 국제경제 운영과 국

---

24 이원영, 〈패권국 통화정치연구-역플라자 합의를 중심으로〉(서울대학교 대학원 박사학위논문, 2018), 장슬아, 〈미국 헤게모니의 변화와 국제정치경제질서의 불안정: 브레튼우즈 체제의 붕괴에서 플라자 합의까지〉(서울대학교 대학원 석사학위논문, 2015)를 주로 참조했다.

제금융질서가 이루어지리라 생각했다. 이를 위해서는 기축통화의 안정이 필수적이었다.

브레턴우즈 체제 붕괴 이후 미국은 경상수지 적자 문제를 해결하지 못할 정도로 쇠락했을까? 그렇지 않았다. 환율 수준에 대한 합의가 이루어지는 과정에서 미국의 헤게모니에 주목하자. 쉽게 말해 미국이 달러 패권을 바탕으로 자기 나라의 경제 조정 비용을 다른 나라들에 전가했다고 볼 수 있다.[25] 남의 팔을 비튼 결과다. 물론 명분은 국제통화체제와 기축통화의 안정이었다. 플라자 합의로 일본은 '잃어버린 20년'이라는 긴 터널로 진입하게 되었다.

브레턴우즈 체제와 스미스소니언 체제 붕괴 이후 새로운 국제통화질서가 수립되었음을 우리는 알고 있다. 그런데 달러 본위제, 변동환율제, 자본이동 자유화를 특징으로 하는 새로운 질서는 미국 달러의 위상을 약화시켰는가? 그렇지 않았다. 금과의 연결고리가 끊어지면서 오히려 미국 달러의 영향력은 강화되었다. 달러는 금을 보유해야 한다는 제약을 받지 않아도 되었다. 새로운 체제는 시장 기능

---

25 미국은 쇠퇴하는 모습을 보인 것이 아니라 금융 헤게모니로의 변모라는 질적인 변화를 겪었다고 볼 수 있다. 미국의 금융 헤게모니 추구는 무역적자 대응 전략이 변화한 과정을 살펴보면 알 수 있다. 미국은 무역적자에 대응하여 비용 분담에서 비용 전가로 전략을 수정했다. 1961년 창설된 골드풀Gold Pool이 비용 분담 전략이라면, 금 이중가격제two-tier system는 비용 전가 전략이었다. 비용 전가 전략은 1971년 닉슨의 금창구 폐쇄를 기점으로 특권 극대화 성격의 전략으로 발전했다.

에 맡기는 시스템이었으므로 국제 규율을 제정할 필요는 없었다. 이러한 조건하에서 기축통화국인 미국은 자기 나라 정책이 국제통화 질서에 미치는 영향을 무시한 채로, 달러 발권력에 기초해 재정 지출과 통화 공급을 확대하며 자국 경제 최우선의 목표를 추구할 수 있었다. 그런데 이러한 정책은 국제적으로 인플레이션이 발생하는 배경이 되었으며, 경제 성장 과정에서 원자재 수요가 증가하는 가운데 투기가 급증하는 결과를 초래했다.

변동환율제와 자본이동의 자유화로 특징 지어지는 국제통화질서 속에서 미국은 지속적으로 헤게모니를 구축했다. 1980년대 초 국제수지와 재정수지의 이중 적자를 관리하는 정책에서도 자기 나라 중심의 정책을 드러냈다. 즉, 미국은 일본 국내의 과잉저축을 이용하여 미국 재정적자를 보전하는 정책을 추진했다.[26] 1985년에는 플라자 합의를 통해 자신의 문제를 해결하고자 했다. 일본 엔화는 미국에 의해 강제로 평가절상되었다. 플라자 합의는 외견상으로 다자적 협력체제였지만 사실상 미국의 이익에 기여하는 방식으로 마무리되었다.

미국은 플라자 합의 이후 계속해서 다자적 통화협력체제를 통해 국제 또는 국내 경제 문제들을 다루고자 했다. 플라자 합의 이후 미

---

26 1984년 일본 금융시장에 대한 미국 금융기관들의 접근성 확대를 주요 내용으로 하는 엔·달러 협정Yen-Dollar Agreement을 체결했다.

국이 추진한 잇따른 통화 가치 조정은 기축통화인 달러의 특권을 기반으로 미국의 필요에 따라 다른 국가들의 국내외 경제정책에 개입하려는 의지를 보여주었다. 즉, 기축통화인 달러의 힘이었다. 그러나 이와 같은 금융 헤게모니가 국제통화질서의 안정을 가져다주지는 않았다. 금융의 힘으로 실물경제의 도도한 흐름을 제어하기에는 역부족이었다. 이에 대해서는 이미 4장에서 살펴보았다.

| 참고 10.1 | **플라자 합의에 대한 다른 시각**

1980년대 초 미국 레이건 행정부는 높은 수준의 인플레이션이 지속되는 것을 억제하기 위해 강도 높은 금융긴축을 시행했다. 당시 금리를 두 자릿수에 달하는 수준으로 유지함[27]에 따라 전 세계 유동자금은 미국으로 집중되었고, 이에 따른 달러 수요로 미국 달러는 절상되었다. 그러나 미국의 수출은 감소하고 수입은 확대되었다. 고금리 정책을 통해 높은 인플레이션 추세를 꺾을 수 있었으나 무역 흑자는 큰 폭으로 줄어들게 된 것이다.

인플레이션이 진정됨에 따라 미국 시중금리를 하락시켜 국내 불경기[28]를 걷어내고 경기 회복을 도모하는 가운데 대규모 무역 적자를 방지해야 하는 과제가 생겼다. 반면 시중금리가 하락하면 미국으로 들어왔던 외화가 유출되면서 달러 시장은 점차 불안정해질 우려가 있었다. 또 1970년대 말 달러가 위기에 처했던 상황이 재발할지 알 수 없었다. 기축통화의 불안정으로 국제금융시장이 불안정해질 가능성을 두려워한 나라는 미국뿐만이 아니었다. 주요 선진국들도 그러했다. 한편 미국도 다른 나라들의 협조가 절실했다. 1980년에서 1985년 사이에 미국의 긴축정책으로 달러는 일본 엔, 독일 마르크, 프랑스 프랑, 영국 파운드 등 4개 국가 통화에 대해 약 50% 평가절상된 상태였다.

미국은 달러를 평가절하시켜야 했다. GDP의 3.5%에 달하는 미국 경상수지 적자를 축소하는 한편 1980년대 초반 시작된 경기 침체에서 벗어나야 했다. 그러나 미국 정부는 경기를 살리기 위한 기준금리 인하 카드 사용을 망설였다. 또한 미국의 금융기관들은 달러 유입으로 인한 이익을 거부하기 힘들었으며, 정부는 인플레이션을 간신히 잡은 성과가 무너질까 우려했다. 반면 미국 산업계는 자국 산업의 보호를 요구했다. IBM과 모토로라는 물론이고 곡물 수출업체, 자동차 제조업체, 서비스업자, 농부 등도 가담했다. 이에 따라 미국은 무역 규제를 검토했다. 이러한 규제 추진이 가시화되면서 다른 나라들은 미국의 수입 규제를 받느니 통화 가치 조정을 선호하게 되었다. 이는 해외 주요국과의 협상에서 미국에 유리하게 작용했으며, 마침내 플라자 합의에 도달했다. 이렇게 미국은 달러를 평가절하시키기 위해 기준금리를 인하하는 대신 정치적 결정에 의한 합의를 택했다.

만일 이때 다른 나라들이 미국의 제의를 수용하지 않았다면 미국은 대외 무역을 규제했을까? 또는 기축통화가 흔들리면서 국제통화체제의 혼란으로 전 세계가 혼돈의 시대에 놓이게 되었을까? 역사에 가정은 없다. 플라자 합의는 미국 달러를 평가절하하고 일본 엔화와 독일 마르크화를 평가절상하는 정책에 합의했다. 발표 다음 날 달러 환율은 1달러에 235엔에서 약 20엔이 하락했다. 1년 후 달러는 120엔대에서 거래가 이루어졌다.

한편 일본은 엔고에 의한 불황의 발생 우려가 현실화되자 저금리 정책을 시행했다. 그런데 저금리 정책으로 일본 국내 경기가 회복되기보다는 주식과 부동산에 대한 투기가 확대되었다. 즉, 거품 경제를 초래했다. 또 엔고에 따라 일본의 경제 규모는 상대적으로 급속히 확대되었다. 미국에서 부동산 등 자산을 사들이고 고부가가치 상품을 생산하는 가운데 개발도상국으로의 공장 이전이 이루어지고 해외여행 붐이 일어났다. 그 이후 찾아온 현실은 거품의 붕괴였다. 부동산 버블을 우려한 일본 정부가 대출 총량 규제를 시행하고, 일본은행은 정책금리를 1989~1990년에 걸쳐 3.5%포인트나 올렸다. 부동산 가격은 폭락했고, 금융시장은 얼어붙었다. 부동산의 담보가치가 줄어들면서 은행대출은 부실채권이 되었다. 금융회사는 도산했으며, 자금난에 허덕이던 굴지의 기업들이 하나둘 쓰러졌다. 대규모 구조조정으로 실직자도 증가했다. 일본의 잃어버린 20년은 이렇게 시작했다. 플라자 합의를 강요한 결과라고 할 수 있다.

그러나 이에 대해서도 많은 논쟁이 있었다. 지금까지의 평가를 살펴보면, 일본의 경기 침체는 플라자 합의에 대응한 일본 경제정책이 적절하지 못했기 때문이라는 의견이 지배적이다. 금리 인하 정책 등에 힘입어 1986년 2.5% 까지 떨어졌던 경제 성장률이 1987년 4%대로 높아지면서 경기가 어느 정도 회복되었을 때 금리를 높였어야 한다는 주장이 제기되었지만, 경제를 확실하게 살리기 위해 저금리를 유지했기 때문에 자산 버블이 초래되었다는 비판이다. 또 부동산 가격 거품 등을 잡기 위해 갑자기 대출을 규제하고 기준금리를 큰 폭으로 인상한 정책도 비난의 대상이다. 아울러 이후 금리 수준을 낮추면서 양적완화를 시행하는 등 완화적인 통화정책으로 전환했지만 이 또한 지속적이지 못했다고 비판받는다.

27 당시 연방준비제도이사회 의장이었던 폴 볼커Paul Volcker는 스태그플레이션을 잡기 위해 기준금리를 큰 폭으로 인상했는데, 미국으로 자금이 몰려들어 달러는 엄청나게 절상되었다. 1960~1970년대에 달러 자금을 차입했던 아르헨티나, 브라질, 이집트, 유고슬라비아, 헝가리, 폴란드 등 남미와 동구권 국가들은 고금리로 인해 외채가 크게 증가했다. 빚을 갚기 어려워짐에 따라 1980년대 중남미 외채파동의 원인이 되었으며 1989년 동구 공산권 붕괴에도 영향을 끼쳤을 정도였다. 한편 미국 내에서도 금리 급등으로 제조업에 대한 투자가 위축되는 등 경제구조가 크게 바뀌었다. 금융업 분야가 비정상적으로 확대된 반면 제조업이 축소되는 결과를 가져왔다. 이로 인해 미국은 공산품에 대한 수입을 늘릴 수밖에 없었으며 일본은 제조업 최강국의 위치에 오르게 되었다. 이렇게 크게 늘어난 미국의 일본에 대한 적자와 독일에 대한 적자는 1982년 들어 금리가 내렸음에도 줄어들지 않았다.

28 폴 볼커 미국 연방준비제도이사회 의장은 금리를 인상해 1970년대 스태그플레이션 위기를 막았지만, 금리 인상은 미국 달러의 가치를 높여 세계 시장에서 미국 산업계(특히 자동차업계)의 경쟁력을 약화시켰다. 당시 미국은 쌍둥이 적자(무역수지 적자와 재정수지 적자)에 시달리고 있었다. 일본 자동차의 미국 진출로 일자리를 잃은 미국 노동자들은 일본 자동차를 부수며 시위했다.

플라자 합의는 재현되는가?

앞서 이야기했듯이 2019년 8월 미국은 중국을 환율조작국으로 지정했다. 무역전쟁은 결국 환율전쟁으로 전이되었다. 중국은 과거사에 주목하면서 일본의 장기 경제 침체의 전철을 중국도 밟을 수 있다고 우려한다. 중국은 일본의 쓰라린 경험을 연구하면서 반면교사로 삼고자 노력한다.

| 참고 10.2 | **무역협상이 '신플라자 합의' 될라⋯ 일본에 조언 구하는 중국**

미중 무역협상이 '신新플라자 합의'로 귀결될 가능성이 있다는 중국 내부의 우려가 커지고 있다. 시장 개방 확대와 위안화 환율을 정조준한 도널드 트럼프 미국 행정부의 압박이 1980년대 대폭적인 엔화 평가절상을 끌어낸 플라자 합의 때와 매우 비슷하다는 것이다. 이에 따라 중국의 경제 석학과 전직 관료들은 중국이 플라자 합의 후 장기 불황에 빠진 일본의 전철을 밟을 수 있다고 보고 적극적으로 일본 학계 등에 조언을 구하고 있다고 《사우스차이나 모닝포스트SCMP》가 21일 보도했다.

SCMP에 따르면 중국 인민대회우호협회와 일본 사사카와재단이 최근 베이징에서 연 심포지엄에서 중국 측 학자와 전직 관료 등은 일본 측 참석자들에게 중국이 일본과 같은 경제 침체기를 겪지 않을 방법에 관해 의견을 구했다. 중국 관료와 경제학자들은 지난달에도 마사히로 가와이 도쿄대 공공정책대학원 교수를 초청해 플라자 합의가 일본 경제에 미친 영향 등을 집중적으로 물었다. 중국 측 인사들은 일본의 다른 학자들과도 정기적인 만남을 갖고 있는 것으로 알려졌다.

미국은 중국과의 무역협상에서 통상·산업정책 변화와 위안화 평가절하 방지를 명시할 것을 요구해왔다. 이는 1980년대 일본을 겨냥한 통상 압박과 매우 비슷하다는 게 중국 측 시각이다. 이에 따라 미중 무역협상 합의가 1990년대 일본 경제의 장기 침체를 유발한 플라자 합의를 닮을 가능성이 있다는 우려가 나오고 있다. … 화성 난징둥난대 명예학장은 "플라자 합의에 따른 일본 경제의 침체는 중국에도 큰 경고를 주고 있다"며 "일본의 경험은 참고할 만한 가치가 크다"고 말했다. 《한국경제》 2019. 3. 22

주요국의 양적완화 정책

환율 수준을 이야기하다가 왜 갑자기 양적완화인가? 먼저 양적완화를 간단히 설명하면, 선진국 중앙은행들이 돈을 찍어 금융기관이 가진 채권을 사들이는 정책을 말한다. 통화정책을 쓰려고 할 때 기준금리를 0까지 인하하여 더 떨어뜨릴 수 없으면 돈을 엄청나게 풀어버리는 수밖에 없다. 신흥시장국은 이를 시행할 여건을 대체로 갖추지 못했다.[29] 양적완화를 시행하면 금융기관은 중앙은행을 상대로 채권을 매각한 돈이 생긴다. 그렇게 생긴 돈을 낮은 금리로 대출해주면 사람들이 집도 사고, 차도 사고, 공장설비에도 투자하는 과정에서 자연스럽게 경제가 다시 살아날 수 있다. 즉, 돈을 밀어내어

---

29 양적완화 정책을 시행하려면 우선 기준금리가 제로(0) 수준이어야 한다. 만일 기준금리가 일정 수준을 유지하는 가운데 양적완화 정책을 수행하면, 기준금리는 제로 수준으로 하락하게 된다. 돈이 엄청나게 풀리므로 금리가 하락할 수밖에 없기 때문이다. 즉, 양적완화는 기준금리를 제로 수준으로 끌어내린다.

경기를 살리는 정책이다.

그런데 선진국의 화폐 발행이 늘어나면 외환시장의 수요와 공급 법칙에 따라 자연스럽게 선진국의 통화 가치는 절하된다. 반면 다른 나라의 통화 가치는 상대적으로 올라가 해당 국가의 수출경쟁력은 떨어지게 된다. 이렇듯 주요 선진국들이 모두 양적완화 정책을 통해 경쟁적으로 자국 통화 가치의 약세를 유도하면 곧 환율전쟁이 된다. 이렇게 양적완화는 대내적으로는 제로 금리 이상의 경기 부양 정책으로 작용하는 한편 대외적으로는 환율을 절하시키는 정책이 된다. 반드시 다른 나라의 환율 수준에 직접 간섭하는 정책을 취해야만 환율전쟁이 아니다. 신흥시장국 입장에서는 자국의 수출경쟁력이 약화되는 데다 늘어난 글로벌 유동성으로 금융시장이 불안해지니 다른 나라의 양적완화가 반가울 리 없다.

미국, 일본, 유럽중앙은행 등이 기준금리 인하에 이어 양적완화를 시행함에 따라 이러한 완화적 통화정책 기조를 어떻게 평가할 것인지 논란이 되었다. 자국의 통화 가치를 낮추는 결과를 가져오게 되므로 글로벌 환율전쟁이 다시 시작될지 모른다는 우려가 제기되었다. 그러나 완화적 통화정책을 시행하는 나라들은 대출금리를 인하하고 신용을 확대하여 자기 나라의 자산가격을 상승시키고 투자심리를 개선하기 위해서일 뿐이라고 주장했다. 즉, 자국 내 경기 회복과 디플레이션 방지가 주목적이라는 설명이다.

그러나 이러한 정책은 결과적으로는 자기 나라 통화 가치가 절하되는 효과를 가져온다. '근린 궁핍화 정책'이 된다. 물론 완화적 통화 정책으로 각국의 내수경기가 회복되면 글로벌 경기 회복과 수출 증대에 오히려 도움을 줄 수도 있다. 다른 나라의 수요를 빼앗아 오는 제로섬zero-sum 게임의 속성을 지니지만, 글로벌 경기 회복에 기여함으로써 포지티브섬positive-sum 게임이 될 수 있다고 선진국들은 주장했다. 반면 당시 인도와 브라질 정책 당국자들은 미국이 경기를 살리기 위해 돈을 푼 양적완화를 '환율전쟁'이라는 표현을 써가며 비난했다. 그러나 양적완화는 자기 길을 걸었다.

아베노믹스

아베노믹스는 지난 20~30년 동안 일본 경제를 괴롭힌 디플레이션을 무슨 수를 써서라도 잡겠다는 목표를 표방했다. 일본은행이 설정한 물가상승률 목표는 2%다. 아베노믹스의 정책 목표는 흔히 세 가지 화살[30]로 요약된다. 첫째, 통화·환율 정책을 통한 무제한 양적완화로 엔화 가치 절하를 겨냥한다.[31] 둘째, 재정정책으로 재정 지출

---

30 일본 전국시대 요시다吉田를 본거지로 한 모리 가문의 당주였던 모리 모토나리毛利元就(1497~1571)가 세 아들에게 세 개의 화살을 한꺼번에 부러뜨리라고 말한 후, 아들들이 화살을 하나씩은 부러뜨렸으나 세 개를 한꺼번에 부러뜨리지는 못하자 단합의 중요성을 일깨워주었다는 고사에 등장하는 화살을 말한다.

31 인플레이션 타깃팅inflation targeting을 2%로 설정하고 실질적인 마이너스 금리를 가져가며 무제한 양적완화를 가져간다는 계획이다. 일본은행의 책무에 물가 안정 이외에 고용 안정을 추가하는 등 성장을 지향토록 했으며, 재무관료 출신인 비둘기파 구로다 하루히코黒田東彦를 총재에 임명했다.

을 확대한다.[32] 셋째, 민간투자를 촉진하는 성장정책[33]을 사용하여 디플레이션을 잡고 경제 성장을 달성한다. 야심 찬 계획이다.

아베노믹스 실시 이후 일본 경제는 일자리가 늘어나고 주가가 상승하는 등 어느 정도 성과를 거두고 있다. 하지만 아베노믹스의 성공 여부에 대한 논란도 끊이지 않는다. 여기서는 우리의 관심인 환율 문제에 대해서만 살펴보자. 일본은행은 인플레이션 기대가 형성되는 모멘텀을 유지하기 위하여 양적·질적 금융완화Quantative Qualitative Easing, QQE를 지속하고 있다.[34] 그러므로 아베노믹스가 환율 수준에 미치는 영향은 결국 앞에서 말한 양적완화와 같다. 아베노믹스가 성공한다면 원하건 원하지 않건 결국 근린 궁핍화 정책이 될 수 있다. 아베노믹스는 현재진행형이다.

---

32 재정 지출을 GDP의 2%로 확대하고 재정적자 규모를 GDP의 11.5%로 확대했다.

33 향후 10년간 연 2% 성장률을 목표로 수출, 투자, 산업, 고용 등 다방면의 정책을 제시했다.

34 2014년 10월 31일 본원통화 증가 목표를 연간 +80조 엔(종전 +60~70조 엔)으로 확대하는 한편 장기국채 매입을 잔액 기준 연간 +80조 엔(종전 +50조 엔)으로 확대하고 평균잔존만기도 7~10년(종전 7년)으로 연장했다.

3. 투기세력의 공격[35]

공격과 방어의 교훈

투기세력은 막대한 자금을 투여하여 환율의 일정 수준을 무너뜨림으로써 단기에 큰 이익을 얻으려고 한다. 이들은 남의 나라를 공격한다. 그런데 자기가 살기 위해서 그 나라 기업과 금융기관 등이 이러한 공격에 합세하는 때도 있다. 환율을 지키려는 정책 당국과 무너뜨리려는 투기세력 간의 대결이 펼쳐진다. 이 또한 치열한 전쟁이다. 환율이 경제의 기초 여건과 괴리되어 있을 경우 환율 목표는 투기적 공격의 대상이 된다. 이로 인해 큰 혼란이 초래될 수도 있음을 역사적 사례들이 잘 보여준다. 고정환율제에서는 물론이고 변동환율제에서도 일정 수준을 지키려는 당국의 정책이 시행된다.

그런데 환율이 경제의 기초 여건과 부합하는지를 사전에 정확히 알기는 어렵다. 어느 경제든 취약점은 존재하기 마련이다. 심지어 투기세력의 공격으로 건강했던 경제 여건이 급속히 악화되기도 한다. 고정환율제를 운용하면 투기세력의 좋은 먹잇감이 된다. 특히 금융시스템이 취약한 신흥시장국은 더욱 그러하다. 그리하여 고정환율제는 많은 위험을 수반하는 제도로 인식되었다. 역사를 교훈 삼아 우리나라를 비롯한 많은 나라가 시장의 수급 상황에 따라 환율이

---

35 한국은행,《한국의 통화정책》(2012)을 주로 참조했다.

변동하는 변동환율제로 이행했다.

ERM에 대한 공격

1992년 고정환율제의 일종인 유럽환율메커니즘ERM에 대한 투기세력의 공격은 교과서에 단골로 등장하는 사례다. 당시 독일은 과도한 통일 비용 지출로 물가가 상승하자 금리를 큰 폭으로 인상했다. 독일의 금리가 높아지자 돈이 독일로 몰리면서 마르크화는 다른 나라 통화에 대해 대폭 절상될 수밖에 없었다.

따라서 ERM을 유지하려면 영국 중앙은행이 외환시장에 개입하여 마르크화를 팔고 파운드화를 환수하든지 또는 정책금리를 인상하든지 해야만 했다. 그러나 당시 영국은 극심한 경기 침체를 겪고 있었기에 금리를 인상할 수 없었다. 환율체제 유지를 위하여 정책금리를 인상할 경우 국내 경기가 더 심한 부진에 빠지게 되기 때문이었다.

이러한 사정을 간파한 투기세력은 영국 중앙은행이 파운드화의 가치를 평가절하할 수밖에 없다고 예상하여 파운드화를 대량 매각하고 마르크화를 매입했다. ERM 유지를 위해 마르크화를 팔고 자국 통화를 매입하던 영국 중앙은행은 파운드화의 투매가 계속되자 중앙은행 대출금리를 대폭 인상했다. 그러나 파운드화의 투매가 계속되어 ERM의 환율 하한폭을 지키기가 더는 불가능해지자 영국은 ERM 탈퇴를 선언하고 파운드화의 마르크화 대비 환율을 10% 평가

절하했다. 이탈리아도 영국과 비슷한 과정을 겪으면서 ERM에서 탈퇴하고 환율을 15% 평가절하했다.

ERM 사태로 중앙은행들은 40억~60억 달러에 이르는 손실을 보았으며, 투기세력은 그만큼 이익을 보았다. 이 사태를 계기로 유명해진 소로스의 헤지펀드는 10억 달러의 수익을 올렸다고 알려졌다. 씨티은행도 2억 달러를 벌어들인 것으로 추정된다.

멕시코의 페소화 위기

1994년 발생한 멕시코의 페소화 위기도 비슷한 과정을 밟았다. 당시 멕시코는 높은 수준의 만성적 인플레이션을 해소하기 위하여 1987년 페소화를 미국 달러에 연동시키는 제도를 도입했다. 이로 인해 멕시코는 물가를 빠르게 안정시킬 수 있었으나 페소화가 고평가됨에 따라 수출경쟁력이 낮아졌다. 그 결과 큰 폭의 경상수지 적자가 지속되었으며, 1994년에는 정치 불안까지 겹쳐 경제가 불안해졌다.

멕시코 정부가 환율 방어를 천명했음에도 시장은 이를 회의적으로 보았기 때문에 곧 페소화 투매가 시작되었다. 멕시코 중앙은행은 대출금리를 10%에서 20%로 두 배 올리고, 300억 달러에 이르는 외환보유액의 절반 가량을 환율 방어에 투입했다. 그러나 투기적 공격을 진정시킬 수 없어 1994년 12월 20일 페소화를 평가절하했다. 페소화 가치는 단기간에 50%가량 폭락했다. 평가절하 이전에 페소화를 미국 달러로 바꾸어둔 투자자들은 막대한 이익을 볼 수 있었다.

아시아의 외환위기

1997년 발생한 태국 바트화 사태도 비슷한 과정을 거쳤다. 태국은 외국자본 유치에 힘입어 고도성장을 지속해왔는데, 외자를 유치하고 이를 태국 국내에 묶어두기 위해서는 환율 안정이 필수적이었다. 따라서 태국 정부는 1984년부터 미국 달러 등 주요국 통화의 가치 변동에 의해 결정되는 복수통화바스켓제를 유지해왔다. 대략 1달러당 25바트의 환율이 유지되고 있었다.

그러나 멕시코와 마찬가지로 고평가된 환율에 의해 경상수지 적자폭이 커진 데다 5월 이후 부실화된 금융시스템 문제가 표면에 드러나면서 태국 정부가 고정환율제를 고수하기 어려울 것이라는 전

그림 10.1 한국, 말레이시아, 인도네시아 환율 추이

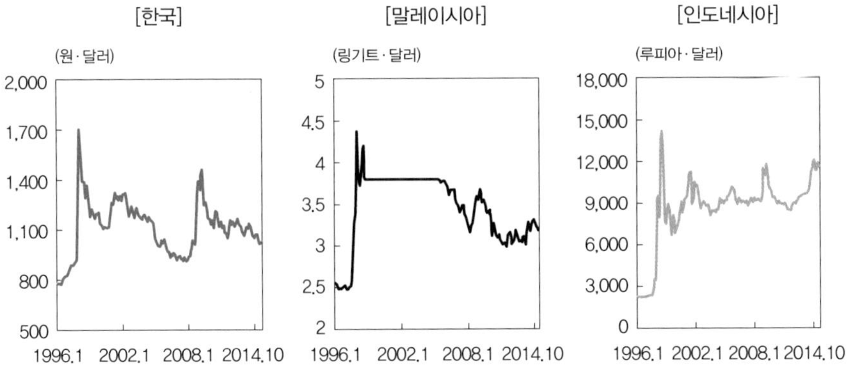

[한국]
(원·달러)

[말레이시아]
(링기트·달러)

[인도네시아]
(루피아·달러)

자료: 블룸버그

망이 확산되기 시작했다. 곧이어 바트화의 투매가 이어졌다. 태국 정부는 외환시장 개입과 금리 인상으로 대응했지만, 두 달 뒤인 7월 2일 결국 고정환율제를 포기할 수밖에 없었다. 바트화는 미국 달러에 대해 즉각 16%나 평가절하되었다.

이러한 투기적 공격과 통화 가치 평가절하는 인도네시아, 말레이시아, 필리핀으로 빠르게 전염되어 급기야 동남아 외환위기로 확산되었다. 우리나라에도 외환위기가 몰아쳤다.

제 11 장

탐욕과 공포
경제위기의 발생[36]

환율은 위기를 맞으면 움직임이 달라진다. 이번 장에서는 금융위기의 본질에 대해 알아본다. 'IMF 사태'라 불리는 우리나라의 외환위기와 글로벌 금융위기에 환율은 어떠한 영향을 미쳤는가? 그때 환율은 어떻게 움직였는가? 우리나라 역사에서 교훈을 찾아보자. 위기는 치열한 전쟁이다. 국토가 전장이 되어서는 곤란하지만, 나라 전체가 패자가 되어서는 더욱 힘들다.

안정된 호황기가 길었을 때(Great Moderation 또는 Goldilock) 위기가 더 심하게 다가온다. 안정된 것만큼 불안정한 것도 없다. '비가 올 때 우산을 빼앗는다'라는 말은 위기에 대응하는 금융시스템의 문제로 항상 거론된다. 그러나 위기 속에서 또 다른 기회를 찾아 나서는 사람들도 있다.

---

36 임경, 《돈은 어떻게 움직이는가?》(2018)에 많은 부분을 의지했다.

1. 위기의 본질

위험이 되는 기회

평소에 열 번 잘하더라도 위기 한 번에 무너지기 쉽다. 경제위기가 발생하면 돈의 가치는 낭떠러지로 떨어지고 환율은 하늘을 향해 치솟는다. 환율의 속성과 움직임을 알려면 위기를 이해해야 한다. 물은 100도가 넘으면 수증기가 되고, 영하에서는 얼음이 된다. 극단적 상황을 알아야 물을 이해할 수 있다.

금융은 무너지기 쉽고 신뢰는 취약하다. '기회'라고 생각했던 시간은 '위험'이 된다. 아니, 기회라고 생각했기 때문에 위험이 된다. 위기의 본질이다. 기회는 욕망을 불러오고 탐욕은 위험을 잉태한다. 여러 문제가 불황기에 생겨나는 것처럼 보이지만 호황기에 축적되었다가 불황기에 현실화될 따름이다. 저수지의 쓰레기는 여름 휴가철에 쌓였다가 날씨가 추워 물이 줄어들면 제 모습을 드러낸다.

신용의 연계

경제위기는 금융위기, 은행위기, 외환위기, 외채위기, 체계적 금융위기, 재정위기, 실물경제위기 등으로 다양하지만, 여기서는 환율과 관련된 외환위기와 외채위기에 집중하기로 한다.

하나의 위기는 다른 위기와 서로 밀접하게 연관되어 있다. 금융시장이 발달할수록 각 시장과 은행은 서로에게 더 의존한다. 한 은행의 신용이 무너지면 그 은행의 자산을 가진 다른 은행의 신용도 함께 낮아진다. 적벽대전에서 연환계連環計[37]에 의해 쇠사슬로 묶여 있던 배들이 함께 불길에 타버리는 참사와 같다. 시장 움직임과 운명을 같이하는 금융기관들이 많아진다. 금융기관들이 동시에 한 방향으로 움직이게 되면 환율, 금리, 주가는 급등하거나 급락한다. 광란 또는 패닉이다.

국내에서 일어나는 금융위기는 돈을 찍어서, 즉 발권력으로 해결할 수도 있다. 그러나 외화자금이 유출되면 어쩔 수 없이 외환위기가 발생한다. 국제통화인 외화를 찍어낼 수는 없다. 기축통화를 발행하는 국가에서는 외환위기가 발생하지 않는다. 신흥시장국에서는 외환위기가 전반적인 금융위기로 이어지는 경향이 있다.

그림 11.1 경제위기의 구분

금융위기				재정위기	실물경제위기
은행위기	외환위기	외채위기	체계적 금융위기		

---

37 유비劉備와 손권孫權 연합군이 적벽대전에서 사용한 계략이다. 방통龐統이 조조曹操를 찾아가 뱃멀미에 대한 대책으로 배들을 서로 쇠사슬로 엮도록 진언하여 조조의 군선이 쉽게 움직일 수 없게 만들어놓고, 조조가 위장 투항시킨 채중蔡中과 채화蔡和를 역이용하는 반간계와 황개黃蓋를 위장 투항시키기 위한 고육계를 사용하여 마침내 조조의 군선에 불을 놓아 크게 무찔렀다.

2. 위기의 역사와 교훈

위기의 역사와 공통점

금융위기는 화폐경제가 출현한 이후 늘 존재해왔다. 그러나 우리는 경제개발 이후를 기준으로 아주 짧은 시계를 가지고 위기를 바라보는 경향이 있다. 그렇지만 몇백 년에 걸친 위기 사례를 살펴보는 작업은 우리에게 넓은 시야의 통찰력을 제공해준다. 위기가 발생할 가능성이 있을 때 여러 가지 경고 신호가 나타나지만, 우리는 이를 알지 못하거나 욕심 때문에 눈을 감아버린다. 오래전부터 반복된 경제위기의 발생 원인과 진행 과정에 대해 연구와 해석이 이루어지고 있다. 그러나 한편으로는 위기의 핵심을 파악하기 위해 벗겨 버려야 할 현상의 표피도 점차 두꺼워지고 있다.

대공황을 비롯한 지난 경제위기들의 발생 요인을 살펴보면 몇 가지 공통점을 발견할 수 있다. 첫째, 위기는 경제에 좋은 일이 발행한 후에 발생한다. 둘째, 위기는 자산과 부채 간의 불일치에서 발생한다. 셋째, 위기는 불확실한 환경에서 관성의 법칙이 작용하면 발생한다. 넷째, 위기는 정책 당국의 무관심 혹은 무능력 때문에 발생한다. 이들 원인의 밑바탕에는 인간의 탐욕과 공포가 도사리고 있다.

신기술의 탄생과 새로운 시장의 발견

'신기술에 의한 상품의 탄생'이나 '새로운 시장의 발견'에 따른 투자 기회는 사람들에게 욕망을 불러일으킨다. 1800년대 초 기차와 철도가 새로운 상품으로 각광받으면서 여행의 기회와 물품 수송의 혁신을 가져다주었다. 많은 사람이 엄청난 기회라고 열광했으나 과도한 투자는 투기가 되고, 이후 거품이 생기면서 철도회사의 주가는 폭락했다. 이렇게 새로운 기회에 열광하는 욕망은 항상 도를 넘게 된다. 투자 기회 앞에서 자신을 제어하기 어려워진다. 발생한 위기는 불황으로 이어질 수 있지만, 위험이 불황기에 잉태되지는 않는다.

그런데 문제는 여러 위기를 경험한 사람들도 새로운 기회를 앞두고 '이번엔 다르다This time is different'[38]라고 생각한다는 점이다. 인간의 탐욕은 이성적 판단을 가로막는다. 돌이켜보면 지난 외환위기와 글로벌 금융위기도 우리가 생각하는 것보다 훨씬 더 과거와 비슷한 모습으로 나타났다.

자산과 부채의 불일치

새로운 상품이나 새로운 시장이 등장하면 매우 좋은 기회로 보이므로 자기 돈만으로 자산을 구입하기에는 성에 차지 않는다. 다른 사람의 돈을 과도하게 빌려 투자하는 경우가 많다. 더 많이 빌리면 더 많이 벌 수 있다. 투자 기회를 앞두고 돈을 빌리고자 하는 마음은 우리 욕망의 자연스러운 결과다. 쉽게 만족할 줄 모른다. 호황기에

---

38 케네스 로고프·카르멘 라인하트, 《이번엔 다르다》(2009)를 인용했다.

과도하게 차입한 결과 때문에 위기가 잉태된다. 차입으로 부채가 증가하면 경제 변화에 한층 더 민감해진다. 앞에서 설명한 외환 포지션 변동을 떠올려보자.

불확실성을 바라보는 관성의 법칙

미래는 항상 불확실하다. 하지만 사람들은 특별한 징후가 없는 한 현재 상태가 계속 이어진다고 생각한다. 물리학에서 말하는 '관성의 법칙'이다. 경제는 순환과정cycle을 거치지만 '호황 → 침체 → 불황 → 회복 → 호황'으로 이어지는 과정의 전환점을 누가 알 수 있겠는가? 흥청망청 잔치가 계속되는 동안에는 경기 침체에 대비하기 어렵다. 많은 사람이 순환을 예측하는 데 실패한다. 인간의 본성인 탐욕과 공포는 현실이 지속되리라고 믿는 '관성의 법칙'에 올라탄다.

경제 전문가들은 의식의 관성을 끊어야 한다고 주장하지만, 과거의 추세에 의지하다 보면 위기를 예상하기 어렵다. 전문가들은 추세가 이어지는 계량분석을 선호한다. 평소에는 상당한 설득력이 있기 때문이다. 위기의 발견이란 기회가 위험으로 바뀌는 전환점을 찾아내는 일이다. 과거로부터 이어지는 추세선을 만들려는 욕심 앞에서 변곡점은 보이지 않는다.

경제 구조가 바뀌었다고 선언하지만 언제 그 영향이 나타날지 모른다. 인터넷의 영향과 4차 산업혁명의 미래는 과장된 채로 확산된다. 사후적으로는 예언의 성공과 실패를 합리화하면서 미리 알 수 있었다는 증거를 찾아내기 바쁘다. 인간의 합리성은 제한적이다.

예언자의 경고

위기를 정확하게 예측한 사람은 많지 않다. 미 연준, 정부, 월가 Wall Street의 투자금융가, 유수한 학자들도 대부분 알지 못했다. 반면 광야에서 외치는 선지자의 목소리는 언제나 있었다. 위기가 아닌 시기에도 언제나 위기가 온다고 외치는 예언가들이 있었으므로 평소에는 대부분 관심을 두지 않는다. 사실 위기론자에게 번번이 설득당했더라면 위기가 아닌 시기에도 살아남기 어렵다. '아니면 말고' 식의 무책임한 위기론자도 많기 때문이다.

정책 당국자와 기업 최고경영자들도 종종 위기를 알린다. 위기가 오지 않으면 자신들이 미리 위기를 경고하여 잘 대비했기 때문이라고 자평한다. 만일 위기가 오면 미리 경고했다며 책임에서 벗어나려고 한다. 종종 나라와 조직에 긴장감을 불어넣기 위해 위기 인식을 조장하기도 한다.

위기는 시장에서 태어나서 성장하고 폭발한다. 시장에서 한 발 떨어져 있는 정책 당국자와 학자들은 미리 알아채기 어렵다. 반면 시장참가자들은 이상한 분위기를 느낄 수 있지만 이익을 추구하려는 욕심에 눈이 멀어 깨닫지 못한다. 또는 전체보다 자신의 이해관계를 앞세운다. 정보는 비대칭적이어서 진정한 모습을 알기 어렵다.

경고에는 용기가 필요하다

위기를 앞두고 버블이 만들어내는 파티를 깨야 한다. 하지만 위기가 오지 않았는데도 과잉 대응한다고 비난받기 쉽다. 비난을 감수하는 용기가 필요하다. 정책을 시행하여 위기를 예방해도 칭찬받기 어렵다. 사전에 방지했기 때문에 미래에 위기가 올 가능성이 있었는지 알 수 없다. 예방책을 제시하면 호황의 관성에 익숙해진 사람들은 이를 비난하기 마련이다. 위기를 인지하는 지식과 지혜도 필요하지만, '쓸데없는 짓 하지 말라'는 비판을 감수할 용기가 필요하다. 하지만 그러한 용기는 대체로 인정받지 못한다.

그러므로 정책 당국자들은 위기 발생 가능성을 경고하면서도 조치의 실행은 유보하는 경향이 있다. 계속 진행 과정을 지켜보자고 한다. 위기가 발생한 뒤에 소방수로 나서는 편이 편하다. 위기가 닥치면 당국자를 비판하기보다는 구호의 손길을 간절히 기다리기 때문이다.

3. 위기의 발생과 확산

위기의 발생

외환위기는 왜 발생하는가? 우리 경제의 취약성vulnerability[39]이 원인이라고들 한다. 평소 체력이 허약한데도 운동을 하지 않았다는 비난이 사후적으로 대두된다. 그러나 위기에 직접 방아쇠를 당기는 기폭제trigger[40]를 주시해야 한다.

어느 날 무리하게 등산하다 산속에서 쓰러졌다면, 평소의 허약한 체질이 문제일까? 아니면 무리한 등산이 문제일까? 가을에 어떤 농부가 창고에 건초 더미를 쌓아놓았는데, 어떤 사람이 지나가다가 무심코 담배꽁초를 던져서 농가에 불이 났다면 누구 책임일까? 많은 요인을 취약성과 기폭제로 분별해내는 작업이 필요하다. 물론 쉽지 않다. 그리고 모든 경제는 항상 취약점을 가진다는 사실을 잊지 말아야 한다. 누구도 자기 몸에는 전혀 아픈 구석이 없다고 자신할 수 없다.

앞서 살펴봤듯이 브레턴우즈 체제의 붕괴 이후에도 외환시장에 대한 투기적 공격은 빈번하게 발생했다. 역내 통화 간 교환비율을 재조정할 필요성이 대두되는 가운데 1992~1993년 유럽통화제도에 대한 투기적 공격이 있었다. 1994~1995년에는 멕시코 페소화에 큰 폭의 평가절하가 일어났다. 또 1997~1998년에는 인도네시아, 한국, 말레이시아, 태국 통화의 가치 하락 등 외환위기가 있었다.

그런데 잘 살펴보면, 환율을 일정 수준으로 지켜내려는 외환 당국의 의지는 경제의 취약성을 드러냈다. 평소의 아픈 구석들이 도마

---

39 최초의 충격을 전달하고 증폭시키는 역할을 하는 금융시스템 및 규제·감독상의 구조적인 약점을 의미한다.

40 위기를 촉발한 특정 요인이나 사건을 의미한다.

위에 올랐다. 이렇게 우리 경제의 여러 부문에 문제가 있었단 말인가? 새삼스러운 자기비판과 반성이 제기되었다. 투기세력은 제기된 문제를 확산시키면서 우려를 증폭시킨다. 투기세력은 방어세력의 반성과 우려를 이용한다. 전쟁의 결과는 시장이 생각하는 적정 수준을 벗어난 현실을 공격하는 세력의 승리였다.

아프지 않아도 아프게 된다

기폭제에 의해 불씨가 던져지면 건강해 보이던 경제에도 문제가 나타나기 시작한다. 외환위기가 발생하면 역동적이라고 평가받던 기업의 추진력이 문어발식 확장이라고 비판받기 시작한다. 이러한 기업에 대해 금융 지원을 축소하면 평소 잠재해 있던 유동성 부족 문제가 불거지면서 정말로 문제가 일어난다. 비 오는 날 우산을 뺏으면 몸이 흠뻑 젖는다.

큰 사건들이 대부분 그러하듯이 하나의 자극이 주어지면 여러 개의 서로 다른 원인이 동시에 발생한다. '이럴 줄 알았다'고 많은 사람이 생각하는 순간, 자기실현적 예언self-fulfilling prophecy[41]으로 위기가 찾아온다. 경제활동에 참여하는 모든 사람이 평소 경제활동에 대해 가지는 신뢰가 중요하다. 적들에게 빌미를 주지 말아야 한다.

---

41 위기에 대한 우려가 발생하면 그 상황 자체가 사람들을 자극하여 실제로 위기가 초래될 수 있다는 뜻이다.

위기의 확산

경제위기는 서로 연결되어 있다. 외환위기는 외채위기를 불러낸다. 환율이 급등하면 외채를 상환하기 위해 은행들은 이전보다 많은 원화자금이 필요해진다. 이렇게 은행의 자금 상황이 어려워지거나 그럴 가능성이 있다고 소문만 퍼져도 예금인출사태bank run가 일어난다. 이러한 과정을 통해 외환위기는 은행위기와 전반적인 금융위기로 확산된다.

외환위기가 발생하면 은행이 차입한 외화자금의 만기를 연장하거나 차환하기 어려워지므로 외화유동성 위기에 처하게 된다. 이때 은행이 외화부채 규모와 비슷한 외화자산이 있으면 그 외화자산을 처분해 외화부채를 상환하면 된다고 단순하게 생각할 수도 있다. '은행은 외환 포지션을 중립 상태square position로 유지하기 위해 노력한다고 하지 않았던가?' 이렇게 물을 수도 있겠지만, 그것은 쉬운 일이 아니다. 일반적으로 은행의 외화자산 만기와 외화부채 만기가 일치하지 않을 경우가 많기 때문에 자산을 처분하여 부채를 상환하기 어렵다.[42]

은행의 외화자산 중 상당 부분은 기업에 대한 외화대출 등으로 운용되고 있어 은행이 외화대출을 상환받으려면 기업들이 외화를 외

---

[42] 원화의 경우와 마찬가지로, 일반적으로 외화부채의 평균 조달 기간보다 외화자산의 평균 운용 기간이 더 길다.

환시장에서 매입하여 상환해야 한다. 그런데 이 경우 환율이 상승하여 외화자금 상환에 원화자금이 더욱 많이 소요된다. 또한 위기 시에는 외환시장에서 외화를 조달하는 일 자체가 어려워진다. 외환위기가 진행되는 과정에서는 모든 은행과 기업이 동시에 외화 조달에 나서기 때문에 평소 신용이 좋은 은행과 기업도 만기 연장이 갑자기 어려워진다. 이와 같은 상황이 겹쳐 위기가 초래된다. 또 앞으로 어떻게 될지 모른다는 우려가 증폭되어 필요 이상의 자금을 미리 확보하려는 외화자금의 가수요를 만들어낸다. 악순환의 고리에 걸려들게 된다.

글로벌 금융 환경 변화에 대응하는 과정에서 외환정책을 잘못 시행하여 발생한 위기도 많다. 즉, 자본 자유화와 환율 수준, 통화정책 실행 등을 어떻게 조정해 나가야 하는지에 대한 이해가 부족하거나 대처해 나갈 역량이 부족한 경우도 있었다. IMF 사태라 부르는 외환위기와 글로벌 금융위기에 대한 우리나라의 대처에도 이러한 요인이 가세했다.

한편으로는 외환위기와 외채위기가 대부분 신흥시장국이 선진국 경제로 이행해가는 과정에서 경험하는 통과의례라고도 한다.[43] 왜 많은 나라가 이러한 실패를 반복할까?

---

43 케네스 로고프·카르멘 라인하트,《이번엔 다르다》(2009)를 인용했다.

외채위기와 지급거부

환율이 급등하면 외화부채 상환 부담이 증가하므로 경제활동이 위축된다. 이때 외채를 못 갚겠다고 선언하면 어떻게 될까? 정부가 국가채무를 갚을 능력이 있더라도 채무 변제 시 사회·경제적 어려움을 고려하여 부도 선언을 할 수도 있다.[44] 재정위기에 따른 국가채무 불이행moratorium 선언은 상환 능력이 아니라 상환 의지willingness to pay에 달려 있다고 볼 수 있다.[45]

어떤 국가가 채무상환을 이행하지 않고 버틴다면 사실상 강제하기는 어렵지만, 그 나라는 다시 국제금융시장에 등장해 활동하기가 곤란해진다.[46] 향후 경제 상황이 회복되더라도 신용이 나빠진 나라에 돈을 빌려주기는 어렵다. 전과가 있기 때문이다. 그래서 적지 않은 국가가 IMF 등을 통하여 조건이 까다로운 긴급자금을 수혈받으면서 채무조정을 신청하게 된다.

44 박대근, 〈한국의 외환위기와 외채〉(《경제분석》 제5권 제1호, 한국은행, 1999)를 참조했다.

45 국가 간에는 채무계약 이행을 강제할 수 있는 국제기관과 법률체계가 없다는 점도 또 다른 이유다.

46 러시아 볼셰비키 정부는 1918년 러시아 전제군주가 빌린 채무를 부도 처리했으나 69년 후 러시아가 국제금융시장에서 차입을 시도했을 때 기존에 국가채무 부도를 선언한 금액에 이자까지 보태서 상환해야 했다. 케네스 로고프·카르멘 라인하트, 《이번엔 다르다》(2009)를 인용했다.

4. 외환위기

제2의 6·25

1997년 12월 우리나라 외환위기가 발생한 지도 벌써 20여 년이 지났다. 당시 우리나라 경제는 외환위기가 발생할 수밖에 없는 상황이었다는 주장이 있다. 그동안 여러 관점에서 외환위기의 발생 요인을 설명해왔으나 병렬적인 견해가 많았다. 즉, 이것도 잘못했고 저것도 문제였다는 식이다. 위기 발생 시점보다 조금 더 이전에 우리나라의 경제 여건은 어땠을까? 언제부터 문제가 있었던 것일까?

위기 진행 경과, 대책 마련과 추진, 사후 관리 등을 생략하고 발생 원인에 초점을 맞춰보자. 당시의 배경과 경제의 기초 여건, 일반적으로 거론되는 발생 원인을 간단히 살펴보고, 우리의 주인공인 환율의 관점에서 삼불일치론으로 다시 우리나라 외환위기를 읽어보자.

동아시아 외환위기와 기초 경제 여건

우리나라의 외환위기는 기본적으로 동아시아 외환위기[47]의 일환이었다. 우리나라만의 문제가 아니었다는 뜻이다. 1990년대 초반까지 우리나라를 비롯한 동아시아 경제는 세계에서 가장 역동적인 고

---

[47] 1997년 7월 태국에서 시작된 아세안 국가들의 외환위기는 12월 한국의 IMF 구제금융을 계기로 동아시아 외환위기로 확산되었다.

도 경제 성장을 지속했다. 그러나 1997년 7월 2일 태국의 바트화가 처음으로 투기적 공격을 받아 20% 평가절하된 데 이어 7, 8월에 말레이시아 링기트화, 인도네시아 루피아화가 차례로 공격을 받았고 마침내 11월 한국도 외환위기를 겪기에 이르렀다.

물론 경제와 금융의 체계가 잘 정비된 상태는 아니었지만 외환위기 시점에서 조금만 시간을 거슬러 올라가면 당시 우리나라 거시경제 여건은 높은 저축률과 투자, 무역거래의 확대, 건전한 정부재정, 낮은 수준의 인플레이션 등 그런대로 양호한 상태를 유지하고 있었다. 다시 말해 외환위기를 초래할 정도로 경제 상황이 나쁘지는 않았다.

표 11.1 단기외채 비율(1997년 6월 말 현재)

(%)

	인도네시아	말레이시아	태국	한국	아르헨티나	브라질	칠레	멕시코
단기외채/총외채	24	39	46	67	23	23	25	16
단기외채/외환보유액	160	55	107	300	108	69	44	126

자료: BIS, IMF, World Bank

일반적으로 거론되는 위기 발생 요인

이미 많이 이야기된 위기 요인들을 요약해보면 첫째, 총외채와 단기외채가 갑자기 증가했다는 문제 둘째, 경상수지 적자가 지속되었다는 문제 셋째, 부동산 버블이 형성되었다는 문제 넷째, 대기업의 문어발식 확장, 차입경영, 과잉중복투자와 금융기관의 무절제한 대출 등이 있다. 특히 당시 대기업과 금융기관의 몰염치한 행태는 지금도 많은 비판을 받는다.[48] 대기업들은 수익성이 악화되고 있음에도 사업 확장을 지속하며 경쟁적으로 외형 확대를 이어갔다. 기업들의 의욕에 발맞춰 은행들은 '대마불사too big to fail'라는 인식하에서 정부 지원이 계속되리라고 예상하며 대출을 지속했다. 대기업의 욕심 또는 의욕은 국민경제가 조달할 수 있는 자금의 규모를 넘어서고 있었다.

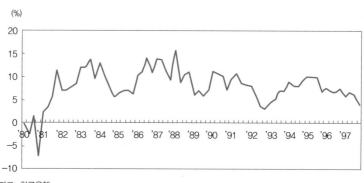

그림 11.2 경제 성장률(GDP 기준, 1980년 1/4분기~1997년 4/4분기)

자료: 한국은행

---

48 이와 같은 행태가 지속될 수 있는 관행과 토대를 마련해준 정부 정책에 대한 비판은 상대적으로 덜한 편이다.

세계화와 대외개방

외환위기가 일어나기 직전의 대외개방, 환율 변동, 금리 변동 등에 대해 잠시 짚어보자. 경상수지 적자가 지속되고 대기업 등의 자금 수요가 급증하고 있을 때 우리나라 외환시장의 대외개방이 이루어졌다. 저리의 외화차입이 가능해졌으므로 국내은행들은 대기업에 대한 대출을 외화대출을 통해 확대할 수 있었다. 해외 금리는 국내에 비해 엄청나게 낮아서 자금 수요를 자극했다. 아울러 환율은 안정적으로 운영되고 있었으므로 환리스크를 걱정할 필요도 없었다. 당시 국내 금리는 실질적으로 자유화되지 않아 내외금리차가 지속되고 있었으며, 환율제도로는 바스켓환율제가 운용되고 있었다.

한편 정부는 외환시장을 개방하면서 단기 해외차입은 자유화한 반면 장기 해외차입은 금액 제한 등으로 규제했다. 단기차입 금리는 장기차입 금리보다 낮으므로 차환roll-over만 계속할 수 있다면 단기로 빌리는 것이 유리하지만, 국제금융시장의 사정이 어려워지면 단기차입금이 먼저 회수되기 마련이다. 동남아 국가들이 모두 위기 상황에서 갑자기 차입금을 상환해야 했는데, 그 결과 외화유동성 문제에 봉착하게 되었다.

삼불일치론의 해석

이제 삼불일치론의 시각에서 '금융시장 개방'과 '내외금리차' 그리고 '환율 운용'에 중점을 두고 위기의 원인을 읽어보자. 첫째, 외채 증가 문제는 금융시장 개방으로 외화자금이 급증했던 상황과 직결되어 있으므로 삼불일치론의 자본 자유화와 연결하여 생각할 수 있다. 둘째, 경상수지 적자 문제는 환율을 낮게 운용한 정책, 즉 원화 고평가 정책에 따른 문제였으므로 삼불일치론의 환율 안정과 관련된다. 셋째, 부동산 버블 문제와 대기업의 과잉중복투자 문제는 내외금리차에 따른 저금리 외화의 유입과 관련되므로 삼불일치론의 통화정책의 독자성과 관련이 있다. 이렇듯 일반적으로 거론되는 외환위기 발생 요인을 더 깊이 살펴보면 모두 삼불일치론의 세 가지 주제로 치환된다.

외환위기의 표면만을 이야기해보면, 우리나라에 유입되어 있던 대규모 외화자금이 갑자기 유출됨에 따라 상환해야 할 외화자금이 부족해져 생긴 문제라고 볼 수 있다. 외환위기 이전 우리나라의 금융 여건을 짚어보면, 내외금리차가 약 8%포인트에 달했으며, 환율이 안정적으로 유지되는 가운데[49] '세계화'를 외치며 자본시장을 갑자기 개방하면서[50] 국내외 금리와 환율의 재정거래를 겨냥한 외화 차입이 급증한 문제가 있었다. 즉, 기업과 금융기관 등의 외화보유와 외환거래가 규제 완화를 통하여 자유로워진 상황에서도 환율은

---

49 1995년 1월~1996년 12월 원·달러 환율(월평균)은 755.5~835.7원 수준을 유지했다.

50 1992년부터 금융 자유화 3단계 추진계획에 따라 각종 규제 완화와 시장 자유화가 진행되는 과정에서 외환거래의 실수요원칙 폐지, 외화보유한도 확대, 한국은행 외화집중제도 폐지 등이 이루어졌다.

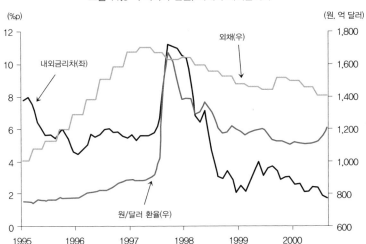

그림 11.3 우리나라 환율, 외채와 내외금리차

(%p)

12

10

내외금리차(좌)

8

6

4

2

0

외채(우)

원/달러 환율(우)

(원, 억 달러)

1,800

1,600

1,400

1,200

1,000

800

600

1995   1996   1997   1998   1999   2000

주: 국고채(5년) 금리와 미국채(5년) 금리의 차이, 월평균
자료: 한국은행, 블룸버그

여전히 고정된 수준으로 지속되고 있었으며 고금리가 유지되고 있었다. 따라서 기업들은 국내 예금보다 훨씬 낮은 금리의 외화차입을 선호했으며, 종합금융회사를 비롯한 금융기관들도 예대마진 확보를 위해 외화차입에 치중했다. 더욱이 정부가 환율을 일정 수준으로 유지해주기에 기업과 금융기관은 환율 변동 리스크를 부담할 필요도 없었다.

결론적으로 환율이 안정적인 상황에서는 외화차입과 관련된 환위험이 거의 없기 때문에 내외금리차를 이용한 재정거래 목적의 외화차입이 크게 늘어나게 되었는데, 이것이 우리나라 외환위기의 근본 요인이었다. 다시 말해 삼불일치론의 관점을 충분히 이해하지 못하여 자본 자유화와 더불어 금리 자유화 또는 환율 자유화를 병행해 추진하지 못한 정책적 오류가 있었다. 당시 경제 여건상 국내 금리를 조정하기 어려운 상황에서는 내외금리차에 따른 이득이 환율 변동에 따른 환차손을 통해 상쇄될 수 있도록 변동환율제를 적극적으로 도입했어야 했다.

5. 글로벌 금융위기

위기의 확산과 전이

미국발 서브프라임 모기지sub-prime mortgage 금융위기가 '글로벌' 위기라고 불리는 만큼 우리나라도 그 영향권에서 벗어나기는 애초부터 불가능했다. 1997년 외환위기 이후 많은 노력을 통해 외환보유액을 확충하고 제도를 정비했는데도 불구하고 위기가 닥쳤다. 그래도 IMF 구제금융을 받지 않고 신흥시장국 중에서 가장 잘 대처했다고 평가받았다는 점에 만족해야 할까?

2008년 미국에서 시작된 금융기관들의 부실로 국제금융시장의 불안이 확산되는 가운데 미국과 유럽 금융기관들은 투자자금을 환수하기 시작했다. 대규모 자금이 해외로 빠져나가면서 국내시장에서 외화유동성이 부족해지자 환율은 급등했으며 우리나라 외환보유액은 지속적으로 줄어들었다. 2008년 4/4분기부터 2009년 1/4분

그림 11.4 미국 및 우리나라 주가

한국(KOSPI)

미국(S&P 500)

자료: 블룸버그

그림 11.5 자본 유출액¹⁾ 및 환율 추이

(억 달러)

(원·달러)

■ 외환보유액 증감(좌)
■ 자본유출액(좌)
— 원·달러 환율(월평균, 우)

주: 1) BOP의 증권투자 + 파생 + 기타투자
자료: 한국은행

표 11.2 외국인의 국내증권투자자금 유출입[1]

(조 원, %)

	2007	2008	상반	3/4	4/4	2009	1/4	2/4	하반	잔액[2] (2009년말)
채권	33.5	22.3	24.3	3.5	-5.5	53.6	4.7	13.4	35.5	56.5(5.6)
주식	-30.6	-45.5	-23.6	-14.9	-7.0	23.5	-1.2	6.7	18.0	296.0(30.4)
합계	2.9	-23.2	0.7	-11.4	-12.5	77.1	3.5	20.1	53.5	352.5

주: 1) 기간 중 증감
　　2) 괄호 안은 채권은 전체 상장채권잔액 대비 비중(%), 주식은 시가총액 대비 비중(%)
자료: 금융감독원, 〈외국인투자자 증권매매동향〉

기에 걸쳐 극심한 외화유동성 위기를 경험했다.[51] 은행들의 해외단
기차입 차환이 어려워지면서 원·달러 환율은 1,573.6원(2009년 3월
3일)까지 상승했으며 2008년 3~11월 외환보유액도 637억 달러 감
소했다.

또한 외환위기 이후 줄어들었던 단기외채 규모가 증가하는 가운
데 단기외채가 총외채 중 차지하는 비중이 크게 상승하여[52] 외화유

51 1997년 외환위기뿐 아니라 2008년 글로벌 금융위기 시에도 외국 금융기관들이
우리나라 은행들에 대한 단기 외화대여금을 경쟁적으로 회수했다. 그 결과 국내
은행의 단기차입금 차환 비율이 30%대로 급속히 하락하고 가산금리가 200bp를
상회하는 등 사실상 해외차입이 불가능해짐에 따라 외화유동성이 급격히 고갈
된 바 있다. 《우리나라의 외환제도와 외환시장》(한국은행, 2010)에서 인용했다.

52 1997년 외환위기 직전 50%에 이르던 단기외채 비중(단기외채/총외채)은 외환
위기 발발로 크게 감소하여 1998년 3/4분기에는 25%까지 하락했으나, 2004년
부터 단기외채 비중이 다시 상승하여 2007년 1/4분기에는 외환위기 수준과 비
슷한 52%에 달했다. 또한 단기외채 규모도 경제 규모에 비해 크게 증가했는데,
GDP 대비 단기외채 비중은 1997년 3/4분기 15%에서 크게 상승하여 2008년
3/4분기에는 20%에 이르렀다.

그림 11.6 우리나라의 외채와 외환보유액

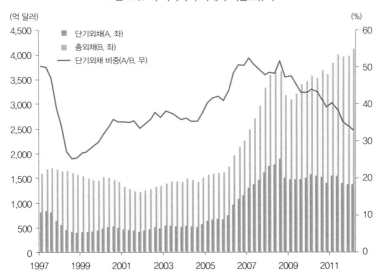

(억 달러)

- 단기외채(A, 좌)
- 총외채(B, 좌)
- 단기외채 비중(A/B, 우)

(%)

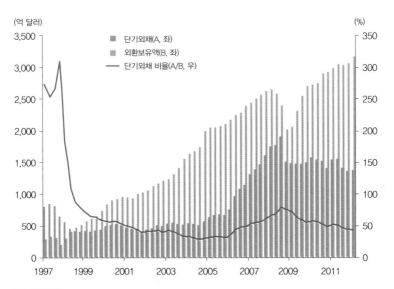

(억 달러)

- 단기외채(A, 좌)
- 외환보유액(B, 좌)
- 단기외채 비율(A/B, 우)

(%)

자료: 한국은행

동성 부족 문제를 야기했을 뿐 아니라 그동안 확충되었던 외환보유액이 국가비상금으로서의 역할을 수행하는 데 커다란 제약 요인으로 작용했다.

발생 원인

이러한 외화 부족 문제는 언제부터 우리 경제에 내재되어 있었을까? 주요 요인 중 하나는 금융위기 이전 달러 가치 하락에 대비하여 우리나라 선박 수출기업들과 해외증권투자자들이 대규모 선물환을 매도했다는 사실이다. 즉, 달러가 아직 비쌀 때 먼저 팔아놓자는 생각이 있었다.

당시 정부가 '환율주권론'을 내세우며 고환율 정책을 유지함에 따라 경제 주체들은 모두 환율 하락을 예상하고 있었다. 그동안 정부가 수출을 확대하기 위해 정책적으로 원·달러 환율을 상승시켜 원화 가치를 약하게 만들고 있다고 생각했으며, 이러한 현상은 오래가지 못하고 얼마 후에는 환율이 시장 기능에 따라 하락할 것이라고 예상했다. 따라서 수출기업들은 아직 들어오지 않은 달러 유입에 대응하여 미리 달러를 팔고자 했으며 이는 선물환 매도[53]로 나타났다. 한편 국내은행들이 이러한 거래를 수용해주면서 외환 포지션 변동

---

53 일정 환율로 달러를 미리 파는 거래를 말한다. 미래에 들어올 달러가 있으면 헤지거래가 되지만 미래에 들어올 달러가 없으면 투기거래가 된다.

을 상쇄하기 위해 단기외화차입을 확대했다.[54] 해외투자자도 비슷한 거래 형태를 나타냈다. 더욱이 일부 선박 수출업체와 해외투자자들은 원·달러 환율의 하락을 예상하여 투기적 의도를 가지고 과도한 매도 포지션[55]을 취하기도 했다.

표 11.3 선박 수주 및 해외증권투자[1]

(억 달러)

	2003	2004	2005	2006	2007	2008
선박 수주액	239.0	318.0	312.7	617.0	975.0	717.9
내국인의 해외증권투자[2]	54.0	117.8	176.3	312.9	564.4	−234.8
합계	293.0	435.8	489.0	929.9	1,539.4	483.1

주: 1) 기간 중 증감   2) 국제수지 기준
자료: 한국은행

삼불일치론의 해석

당시 시장참가자들의 환율 하락 기대가 상당히 높았음에도 불구하고 원·달러 환율 수준은 이러한 시장의 기대를 완전히 반영하지 못하고 있었다.[56] 이는 변동환율제를 택하고 있음에도 수출에 미치

---

54 수출기업 등의 선물환 매도에 따라 국내 은행들은 선물환 매입 포지션을 취했으며, 이러한 외환 포지션 노출을 해소하기 위해 대규모 단기외화자금을 차입한 후 달러를 매각했다.

55 해외투자자의 대부분은 해외채권투자자다. 주식투자는 채권투자와 달리 그 변동성으로 인해 헤지하는 비율이 매우 작다. 또한 선박 수출기업들도 위험 회피 목적이 아닌 매매 목적 거래가 5~10%에 이른 것으로 추정되었다.

는 영향을 고려한 정책 당국이 고환율 유지 정책을 지속하면서 외환 시장에 영향을 미치고 있었기 때문이다.

그러나 시장참가자들은 향후 환율 하락을 예상하면서 선물환 등 파생거래를 통해 향후 환율 하락 가능성에 대비하고자 했다. 정책 당국의 현물 개입에 선물환거래로 대응했던 것이다. 정책과 시장은 다른 생각을 하고 있었다. 앞에서 설명했듯이 자본 자유화하에서 환율이 고정될 경우 내외금리차를 겨냥한 해외자금 유입[57]을 야기하게 된다. 더욱이 당시에는 환율 하락 예상으로 투자자들이 환차익을 겨냥할 수 있으므로 대규모 해외단기자금 유입을 불러왔다.

1997년 외환위기를 앞둔 시장 상황을 돌이켜보면서 2008년 상황과 비교해보자. 두 번의 위기가 일어나기 직전 외환시장에는 공통점이 하나 있었는데, 당시의 환율 수준이 시장의 기대수준에서 현저히 벗어나 있었다는 사실이다. 차이점으로는 1997년 외환위기 때는 원·달러 환율을 낮게 유지하려고 한 문제, 즉 원화 가치 고평가의 문제가 있었던 반면, 글로벌 금융위기 때는 환율을 높게 유지하려고 한 문제, 즉 원화 가치 저평가의 문제가 있었다. 우리는 과거 사례로부

---

56 당시 환율이 하락하고 있었지만 중소기업 등이 추가 환율 하락을 예상하여 키코 KIKO 등의 통화옵션 계약을 대규모로 체결했다는 것은 환율에 대한 기대가 일 방적이었다는 사실을 잘 나타내준다.

57 차익거래 유인은 '내외금리차 - 스왑레이트'로 볼 수 있다. 차익거래 유인은 내외 금리차와 외국인들의 원화조달 비용인 스왑레이트의 수준 변화에 큰 영향을 받는다. 일반적으로 외화자금시장에서 외화유동성이 위축될 경우 스왑레이트가 하락하여 차익거래 유인이 확대된다.

터 교훈을 얻지 못했던 것일까? 아니면 원화 가치 고평가는 문제가

될 수 있지만 저평가는 문제가 될 수 없다고 생각했던 것일까?

그림 11.7 국내 기업의 선물환거래

자료: 한국은행

제 **5** 부

환율전투

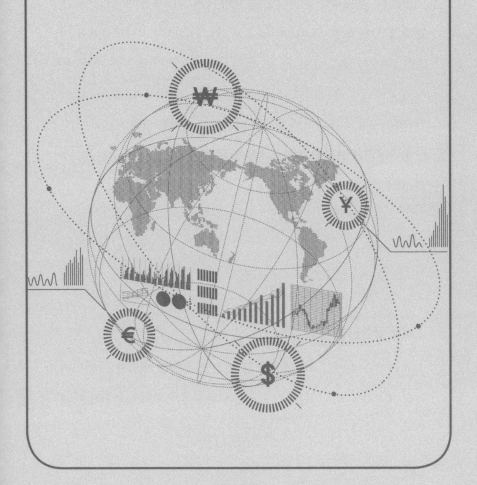

제 12장

전투의 모습
다양한 외환거래

기축통화, 환율체제, 환율 수준을 다투는 통화전쟁과 환율전쟁은 빈번하게 수면 위로 드러나지 않는 반면, 각 나라의 기관투자가와 기업들은 매일 금리, 주가, 물가, 성장, 고용 등 여러 변수를 고려하면서 환율의 손익을 다툰다. 이 같은 경쟁에는 개인도 참여한다. 또 각국 정부도 자국 경제의 안정과 무역거래의 이익을 위해 싸운다.

통화전쟁과 환율전쟁 가운데서 벌어지는 치열한 경쟁을 환율전투라고 하자.

1. 손익을 다투는 전략들

적을 알고 나를 알자

환차익을 겨냥하거나 환차손을 방지하기 위한 외환시장의 여러 자금 흐름에 대해 알아보자. 국내외 기관투자가 등의 투자전략은 대규모 자금을 움직여서 환율 변동에 커다란 영향을 미치므로 이에 대한 충분한 이해가 필요하다. 적을 알고 나를 알아야 백번 싸워도 위태롭지 않다. 환율전투가 벌어지는 외환시장에서 큰손인 기관투자가를 중심으로 돈이 움직이는 모습을 살펴보자.

어떤 전략으로 돈을 움직이는가? 자금 흐름의 모습을 살펴보면 환율 변동의 요인을 이해하고 전망하는 데 도움이 된다. 다른 사람들의 움직임을 알기 위한 노력은 나의 전략을 세우기 위해 꼭 필요하다.

전투의 모습들

환율을 두고 벌이는 전투는 여러 가지 모습으로 움직이는데, 크게 ① 전망에 기초한 보유long 투자 ② 전망에 기초한 마이너스 자산short에 대한 투자 ③ 위험을 상쇄하기 위한 헤지hedge ④ 상품 간의 가격 차이를 이용하여 차익을 획득하기 위한 거래arbitrage ⑤ 여러 가지 조건을 교환하는 거래swaps ⑥ 자금의 가용성을 확보하기 위한 거래 ⑦ 남을 따라가는 군집행동 등으로 나누어볼 수 있다.

위에서 나열한 전투의 여러 모습을 몇 가지 그룹으로 구분해보자. 먼저 ①의 자산을 보유하고 있는 상태를 '롱long'이라고 표현하는 반면 ②의 자산을 빌려 팔아서 마이너스 자산인 상태는 '숏short'이라고 표현하는데, 이들은 환율 전망에 기초하여 거래한다. 전망에 기초한다는 말은 투기의 다른 표현으로, 위험을 감수할 마음의 준비가 되어 있다는 뜻이다. ③의 거래는 위험을 회피하기 위한 거래이며,

④의 거래는 위험을 수반하지 않는 거래다. ⑤와 ⑥의 거래는 위험을 다소 부담하더라도 자신의 다른 필요를 충족하는 거래다. 그리고 ⑦의 거래는 어찌할 다른 방법이 없으니 위험을 부담하더라도 남을 따라서 하겠다는 거래다.

금융상품을 통한 전투

지금까지 환율 투자에 대해 설명해왔지만, 엄밀하게 말하자면 환율 자체에 투자할 수는 없다. '돈'이라는 실체에 투자해야 한다. 즉, 달러라는 현금 또는 달러로 '표시된' 예금, 채권, 주식, 펀드 등 금융상품에 투자해야 한다.[1] 여기서 달러 표시란 미국 달러로 표시되고 계산되는 다른 통화, 즉 유로화, 엔화, 위안화 등의 금융상품을 포함한다.

그런데 일정 기간 투자할 때는 현금을 보유하지 않는다. 이는 이자를 포기하는 행위다. 대신 금융상품에 투자한다. 만약 현찰로 가지고 있다면 금융상품이 주는 수익을 포기하는 바보일 뿐이다.[2] 그러므로 환율에 대한 투자는 원화 또는 달러 그리고 예금, 주식, 채권, 펀드 중에서 어떤 자산을 보유할지 선택하는 의사 결정이다.

---

1 환율지수를 이용하는 금융상품도 돈에 대한 투자다.
2 원화의 경우도 마찬가지다. 이자를 포기한 대규모 현금을 금고에 보관하는 경우 지하경제에서 거래되는 검은돈일 가능성이 크다.

2. 전망에 기초한 투자

전망의 위험을 감수하는 투자

지나간 현상을 해석하기는 상대적으로 쉽지만 전망하기는 어렵다. 예상이 적중해 이익을 볼 수도 있지만 예상이 틀려 손해를 볼 수도 있다. 환율, 금리, 주가 중 환율 전망이 가장 어렵다고 한다. 환율을 전망하기 위해서는 다양한 환율전투의 움직임뿐 아니라 통화전쟁과 환율전쟁을 둘러싼 기조적인 흐름도 이해해야 한다. 국내와 해외를 두루 살펴야 하고, 아울러 단기와 중·장기 시계의 관점을 모두 유지해야 한다.

전망은 위험을 수반한다. 과감한 투자는 동물적 본능에 기초한다. 달러 강세를 확신하면 달러를 매입하면 된다. 즉, 달러 예금, 달러 표시 채권 등을 산다. 그런데 가격 상승이나 하락에 대한 전망은 맞을 수도 있지만 틀릴 수도 있다. 전망에 대한 투자는 언제나 위험에 노출되어 있다. 투자에서 항상 성립하는 원리는 하나뿐이다. '수익과 리스크는 상충trade-off 관계에 있다.' 즉, 수익이 높으면 리스크가 높고, 리스크가 낮으면 수익이 낮다.

우연한 성공과 투자 강의

경제 전망을 잘하는 사람도 환율 전망은 틀릴 수 있다. 반면 경제를 잘 모르는 사람도 환율의 상승과 하락을 여러 번 맞힐 수 있다. 항상 사건이 벌어지고 결과가 나타난 뒤 '나는 알고 있었다'라고 주장하는 사람들이 나타난다. 앞면 또는 뒷면이 나올 확률이 2분의 1인 동전 던지기를 열 번 할 경우 열 번 모두 맞히는 사람이 1000명 중 1명 정도는 나올 수 있다[1000명×$(1/2)^{10}$≒1명]. 이 사람은 자신이 어떻게 모두 맞혔는지 설명하겠지만, 우연의 산물에 대한 사후 해석에 불과할 뿐이다.

그래도 우리는 전망한다

전문가든 아니든 알고 있는 정보의 양과 질에 상관없이 사람들은 자기 판단에 대해 과신하는 경향이 있다.[3] 투자가들은 다른 투자자들보다 자신이 더 현명하다고 믿는다. 효율적시장가설Efficient Market Hypothesis[4]에 따르면 항상 지금 가격이 적정가격이다. 지금 환율이 적정하므로 더 이상 투자할 데가 없다. 반면 투자자들은 남들이 모르는 정보를 자신만 가지고 있다고 자신하거나 남들보다 정보를 잘

---

3 De Long, Shleifer, Summers and Waldmann(1990)은 자신의 능력에 대한 과신 등의 체계적 편견 속에서 투자 의사 결정이 이루어진다는 의견을 제시했다.

4 모든 정보가 금융자산가격에 충분히 반영되는 시장을 말한다. 효율적시장가설은 세 가지로 나눌 수 있는데, 반영되는 정보 범위에 따라 약형, 준강형, 강형으로 구분한다. 약형의 효율적시장가설에 따르면 현재의 시장에서 거래가 가능한 금융 자산가격은 이용 가능한 모든 과거 정보를, 준강형에 따르면 모든 공개된 정보를, 강형에 따르면 비공개 정보를 포함한 모든 정보를 충분히 반영한다고 주장한다. 즉, 자본시장이 이용 가능한 정보를 즉각적으로 반영하고 있다는 가설이다. 효율적 시장에서 시장 평균 이상의 수익을 얻기는 불가능하다.

분석한다고 확신하거나 아니면 금융시장이 올바르게 작동하지 않고 있다는 자신의 믿음에 기초하여 거래한다.

3. 마이너스 자산에 대한 투자

가지고 있지 않은 자산 팔기

달러 가치 상승을 예상하면 달러를 보유long하면 된다. 그러면 이익을 볼 수 있다. 그런데 달러 가치가 하락하리라 예상한다면 어떻게 해야 할까? 우선 달러 자산을 파는 방법이 있다. 즉, 롱을 청산한다. 그러면 달러 포지션은 제로가 된다. 향후 달러 가치가 변동하더라도 이익 또는 손해를 보지 않는다.

그러면 달러 가치가 하락할 경우 이익을 보는 방법은 없을까? 달러 하락 예상에 확신이 있다면 가지고 있지 않은 달러를 빌려서[5] 높은 가격에 판short selling(공매도) 뒤 나중에 낮은 가격으로 사서 빌렸던 달러를 갚으면 이익을 볼 수 있다. 즉, 원·달러 환율이 1000원일 때 1달러를 빌려서 1000원에 판 뒤 환율이 내려가 900원이 되면, 당시 환율인 900원에 사서 처음에 빌린 1달러를 갚으면 100원을 벌 수 있다. 그러므로 롱을 청산하여 포지션을 제로로 만든다는 말은 숏을

---

5 다만 달러를 빌리는 데 일정 수수료를 지불해야 한다.

잡는다는 말과는 다르다.

금융기관들은 외환스왑 등 파생거래를 통해 숏 거래를 한다. 개인들도 숏 구조를 가진 금융상품을 구입할 수 있다. 그러면 달러 가격이 하락하면 이익을 보고 달러 가격이 상승하면 손해를 본다. 즉, 롱 거래와는 반대되는 손익 구조를 갖게 된다.

환투기 세력의 작전

역사적 사건들을 살펴보면 숏 거래를 통한 환투기 세력의 작전이 많았다. 특히 시장에서 이루어지는 환율 수준이 정책의 힘에 의해 적정환율에서 괴리되었다고 시장이 평가했을 때 그러했다. 투기세력은 고평가된 통화를 공매도하는 한편 저평가된 다른 나라의 통화를 매입하는 전략을 사용하여 정책 당국이 유지하고자 하는 환율 수준을 무너뜨리면서 막대한 환차익을 남겼다.

숏의 교훈

달러 가치 하락을 예상한다면 숏 거래를 통해 이익을 남길 수 있지만, 위험한 전략이다. 롱을 잡고 있으면, 즉 달러 금융상품을 보유하고 있으면 혹시 환율 전망이 틀려서 손해가 발생하더라도 이자 수입이 들어와서 손실의 일부 또는 전부를 보전할 수 있다. 그러나 숏을 잡고 있으면 만기가 돌아오는 부담을 안아야 한다. 특히 가격 하락에 승부를 걸었는데 달러 가격이 상승했다면 갚을 원화는 더욱 늘어나게 된다. 엄청난 손실을 볼 수 있다.

그러므로 개인과 기업은 이러한 거래를 가급적 하지 않아야 한다. 금융기관에서 근무하는 전문 딜러들에게도 위험한 거래다. 그러나 우리가 이를 알아야 하는 이유는 대형 금융기관 또는 해외 투기세력들이 이렇게 거래하기 때문이다. 환율 변동에 대응하려면 남들이 어떤 거래를 하는지 알아야 한다. 환율이 출렁이는 이유를 알아야 한다.

4. 위험을 상쇄한다: 헤지

헤지의 의미

일단 어렵게 이야기해보자. 헤지거래는 원래의 외환 포지션은 그대로 두고 추가 포지션을 일으켜 환율 변동 손익을 상쇄시킴으로써 전체 포지션의 손익을 제로로 만드는 거래다. 헤지를 하게 되면 미래 환율이 어떻게 변하든 계약 시점의 환율 수준으로 고정된다. 추가 포지션을 만들기 위해 선물환, 통화옵션, 통화선물, 외환스왑, 통화스왑, 환변동보험 등 다양한 수단이 이용된다.[6]

---

6   금융기관과 기업의 자산 및 부채 구조와 위험 노출 정도, 현금흐름, 재무구조의 건전성 등에 따라 환리스크 헤지 방법이 달라진다.

수출기업의 헤지

이해하기 쉽도록 일반적인 수출기업의 예를 들어보겠다. 수출기업은 계약 당시 시점보다 대금 결제 시점에서 환율이 상승하면 환차익을 보지만, 환율이 하락하면 환차손을 피할 수 없다. 우리나라 A기업은 미국의 B기업에 제품 200만 달러를 수출하고 대금은 6개월 뒤 받기로 계약을 체결했다. 현재의 원·달러 환율 1000원을 적용하면 총매출은 20억 원이다. 그러나 6개월 뒤의 환율 변동은 알 수 없다. 만일 환율이 1200원으로 오르면 매출은 24억 원이 되고, 환율이 800원으로 떨어지면 매출은 16억 원이 된다. 경영 계획 수립과 안정적 경영을 위해서는 매출과 이익이 확정되는 편이 좋다. 환율의 불확실성은 기업의 리스크가 된다.

이럴 때 선물환을 통해 환헤지를 한다. 선물환이란 미리 정해진 환율로 일정 시점 후 달러를 사고팔기로 약속하는 거래다. A기업의 경우 6개월 뒤 현재의 선물환율인 달러당 1000원[7]에 200만 달러를 팔겠다는 계약을 체결해두는 것이다. 그러면 환율이 6개월 뒤에 어떻게 변하든 A기업은 달러당 1000원에 200만 달러를 팔아 20억 원을 받을 수 있다. 6개월 뒤 환율이 1200원이 된다면 A기업은 달러당 200원, 총 4억 원의 환차익을 얻을 기회를 상실하게 된다. 하지만 환

---

7 오늘 현물환율이 1000원일 경우 선물환율은 1000원과 다소 차이가 있을 수 있다. 정확히 설명하면 환헤지는 오늘의 선물환율로 고정하는 거래다.

율이 800원이 된다면 4억 원의 손실을 보게 될 위험을 없앨 수 있다. 이처럼 환율 변동 위험을 미리 없애기 위한 거래를 환헤지라고 한다.

개인과 기업의 헤지

A기업처럼 수출기업만 환헤지에 관심이 있는 것은 아니다. 해외 펀드 투자가 활발해지면서 이른바 개미 투자자들도 환헤지에 관심이 많아졌다.

한편 중소·중견기업의 경우 환변동보험을 이용하여 환율 변동 위험을 관리할 수도 있다. 기업이 보험료를 내고 환변동보험에 가입하면 환율 변동에 따라 발생하는 이익이나 손실은 수출보험공사가 부담한다.

5. 틈새를 노린다: 차익거래

순간을 노린다

전망을 통해 환율을 예측하여 이익을 얻으려 할 때 성공할 수도 있지만 실패할 수도 있다. 그런데 대개 성공에 따른 만족보다 실패에 뒤따르는 고통이 더 크다. 그러므로 전망을 하는 대신 동일한 시점에서 동일한 두 가지 상품이 시장에 따라 다른 가격으로 거래될 경우 싼 상품을 사고 비싼 상품을 팔아 차익을 얻는 편이 낫다.[8]

외환시장에서는 주로 현물시장과 선물시장 간의 일시적인 환율 차이를 노린다. 이는 동일 상품이 거래되는 비슷한 시장이 분할되어 있기 때문에 발생한다. 일물일가의 법칙이 시장 분할에 의해 성립하지 않는 순간을 찾는다. 이러한 차이는 잠시 나타났다가 사라진다. 마치 아프리카 대륙에서 사자가 어슬렁대다가 순식간에 얼룩말을 공격하듯 유능한 투자자는 계속 시장을 주시하다가 순간을 포착한다.

이러한 차익거래는 금융시장이 효율적으로 움직이는 데 기여한다. 동일 상품이 비슷한 시장에서 두 개의 가격을 형성할 때 차익거래가 일어나서 두 시장에서의 가격을 일치시킨다.

개인은 순간을 겨냥할 수 없다

하지만 개인과 기업에는 이러한 차익거래의 기회가 주어지지 않는다. 매 순간 자리에 앉아서 시장의 움직임을 볼 시간도 없을뿐더러 현물가격과 선물가격의 차이를 발견해내기도 힘들다. 그뿐만이 아니다. 이 시장에 참여하려면 엄청난 규모의 자금과 신용이 필요하다. 애당초 아마추어 선수들은 프로 선수들의 리그에 낄 수 없다.

---

8 관리자와 평가자들은 투자 성과 중 전망에 의해 돈을 번 직원보다 차익거래에 의해 이익을 거둔 직원을 더 높게 평가하고 성과급을 더 준다. 전망에 의해 성과를 거둔 직원은 다음에 실패할 수도 있다. 그러나 차익거래 기회를 재빨리 포착하여 성과를 거둔 직원은 다음 기회에도 성과를 낼 확률이 높다.

6. 내게 맞게 바꾼다: 조건의 교환

통화스왑

스왑swaps은 조건을 교환한다. 통화스왑Currency Rate Swaps, CRS은 일정 기간 외화와 원화의 원금을 교환하며 스왑 기간 내 일정 시점마다 서로 이자를 교환한다.[9] 일정 기간 '원화를 담보로 외화를 빌렸다' 또는 '외화를 담보로 원화를 빌렸다'고 할 수 있다. 외화를 빌린 쪽은 빌린 외화를 이용하여 외화 표시 금융상품에 투자하거나 외화 부채를 갚았다고 생각할 수 있다. 물론 만기가 되면 빌렸던 통화를 갚으면서 반대거래가 발생한다.

그림 12.1 통화스왑거래

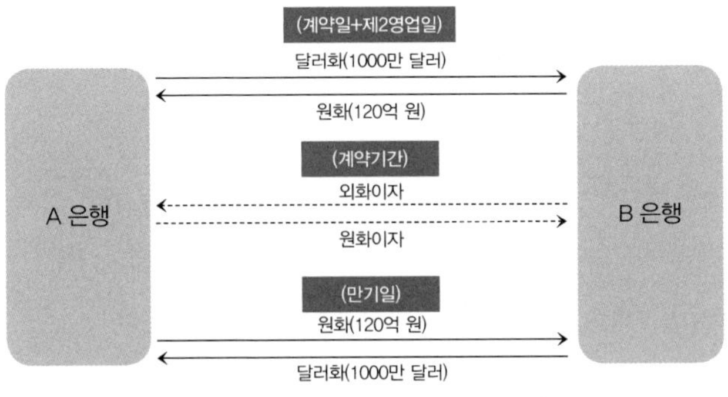

---

9 이자율스왑Interest Rate Swaps, IRS은 원금의 교환 없이 고정금리와 변동금리를 교환한다.

외환스왑

외환스왑Fx Swaps도 통화스왑과 비슷하다. 일정 기간 외화와 원화의 원금을 교환한다. 다만 거래 기간이 1년 이내로 짧으며, 이자를 만기에 한꺼번에 계산한다는 점이 다르다. 통화스왑과 외환스왑에 대해서는 부록의 '전략 보강을 위한 무기체계'를 참고하라.

그림 12.2 외환스왑거래

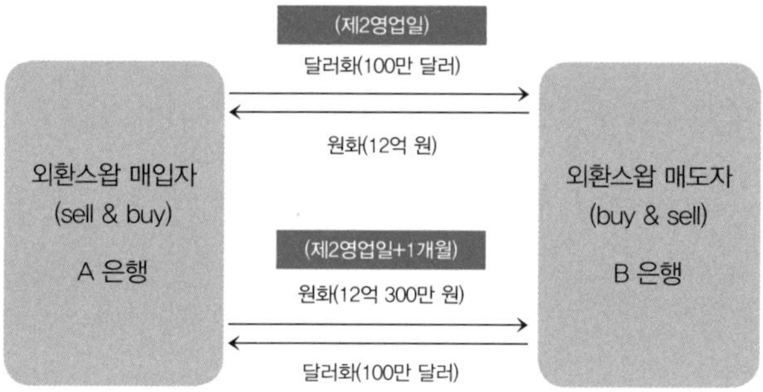

개인과 기업의 스왑

개인과 중소·중견기업들에는 이러한 거래에 참여할 기회가 주어지지 않는다. 대기업들은 거래 대상으로 참여할 수 있다. 스왑을 중개하는 은행들은 세계 유수의 금융기관들이다. 우리나라의 대형 시중은행들도 스왑거래를 중개할 규모가 되지 못해 거래 대상으로만 참여할 수 있다.

7. 일단 챙겨야 한다: 자금 가용성의 확보

쓸 계획이 잡혀 있는 돈

일정 기간 투자하지 않고 잠시 돈을 가지고 있어야 할 때가 있다. 유동성 또는 가용성 자금을 확보할 필요가 있다. 금융기관들은 적정한 유동성을 보유하고 있어야 갑작스러운 인출과 투자 요구에 대응할 수 있다. 기업이나 개인도 일주일 후 반드시 지급해야 할 달러를 길게 투자할 수는 없다. 유동성이란 어떤 자산을 자본 손실 없이 즉시 현금으로 전환하기 용이한 정도를 말한다. 그러므로 장기자산보다 단기자산의 유동성이 더 높다.

기회를 기다리는 돈

시장이 불확실해 방향을 잡기 어려우면 일단 유동성을 가지고 있게 된다. 유동성은 지금은 투자할 시점이 아니라 판단하여 투자 시점을 기다리는 돈이다. 다만 유동성을 보유하면 보유 기간 중 수익이 낮아진다.

한편 원·달러 환율이 갑자기 높은 수준으로 상승하여 당장 달러를 매입하기 곤란하다면 기다려야 한다. 기다리는 작업도 훌륭한 투자 대안 중 하나다. 투자하기로 결정하고 나면 가만히 있지 못하는 사람들이 많다. 자금을 낮은 수익으로 놀리고 있는 것은 게으르기 때문이라며 자꾸 무언가를 하려고 한다. 지나치게 부지런하다. 하지만 쉬는 작업도 투자의 일종이다.

8. 친구 따라 강남 간다: 군집행동

부화뇌동의 본능

남들이 움직이면 부화뇌동하며 따라가는 돈들이 있다. 주관도 없이 움직이는 돈들이 쏠림 현상을 이루어 금융시장을 불안정하게 한다고 비난의 대상이 된다. 군집행동은 시장의 가격을 과도하게 상승시키거나 과도하게 하락시킨다. 이를 방지하기 위해 정책 당국은 군집행동을 비판해왔다.

그러나 돈은 항상 합리적으로 움직이지만은 않는다. 군집행동에는 100만 년 전 시작된 인간의 본능에서 비롯한 진화론적 이유가 있다. 다른 사람들을 따라 부화뇌동하는 행태는 멈출 수 없는 인간의 본능이다.

군집행동은 왜 일어나는가?

소수가 어떤 미세한 변화를 감지하고 민감하게 반응하여 행동하기 시작하면 다른 이들이 소수의 행동을 감지하여 따르게 된다. 이러한 행동들이 점점 늘어나면서 추세에 영향을 주고, 결국 가격이 움직이는 방향이 바뀌게 된다.

군집행동은 산업사회를 거치면서 이제 더는 그럴 필요가 없는데도 아직 남아 있는 인류의 본능에서 비롯한다. 태풍이 불거나 벼락이 칠 때 인간의 조상들은 아프리카 초원에서 극심한 공포를 느끼면서 무리 지어 행동했다. 또 먹이를 사냥할 때도 몰려다니는 행태가 더 유리했다. 떼 지어 달려들어야 동물들을 붙잡아 배고픔을 달랠 수 있었다. 무리에서 벗어나면 생존을 위협받았다. 맹수에게 잡아먹힐 위험을 걱정하며 몰려다니는 본능이 형성되지 않았다면 인류는 진화의 생존경쟁에서 살아남지 못했을지 모른다. 호모 사피엔스의 군집행동은 자연스러운 현상이다.

금융시장에서 일어나는 군집행동을 정보의 차이로 설명하기도 한다.[10] 연구 결과에 따르면 사람은 자신을 과신하는 경향이 있지만, 정보가 부족하다고 느끼면 다른 사람들에게 물어갈 수밖에 없다고 한다. 또한 여러 가지 보상체계[11] 또는 투자 성과 평가제도에 따라 군집행동이 나타나기도 한다. 다른 시장참가자들의 성과와 비교되

---

10 강종구, 〈금융시장에서의 쏠림현상에 대한 분석〉《경제분석》 제15권 제4호, 한국은행, 2009)은 다음과 같이 설명한다. 첫째, 상대방이 훨씬 더 많이 안다고 생각할수록 따라갈 확률이 높다. 둘째, 상대방이 자기보다 많이 알고 있다고 할지라도 전체의 정보에 비해 그리 많이 알고 있지 못하다고 생각하면 군집행동이 일어날 가능성이 작다. 셋째, 기본적으로 위험을 싫어하는 사람일수록 남을 따라 하지 않는다. 넷째, 전체 정보 중에서 자기가 알고 있는 바가 많다고 생각하면 다른 사람이 좀 더 안다고 하더라도 따라가지 않는다.

11 Scharfstein and Stein(1990)은 주인-대리인 문제principal-agency problem와 관련하여 특정 보상체계가 어떻게 쏠림 현상을 발생시키는지 분석했다.

는 투자 담당자는 시장 평균으로 가고자 하는 유혹에 휩쓸리는 경우가 많다.[12]

대세에 편승하다

군집행동을 부화뇌동이라고 표현했지만, 긍정적으로 보면 일시적 대세라고 할 수도 있다. 군집행동도 수요와 공급의 일종이다. 자기 주관으로 하는 행동과 남을 따라 하는 행동을 남들은 구분할 수 없다. 심지어 따라서 행동하면서도 자기 생각이라고 착각하기도 한다.

우리는 항상 '케인스의 미인대회' 가운데 서 있다는 생각이 틀리지 않다면 남들의 생각을 존중해야 한다. 대세에 저항해서는 이길 수 없다. 비록 나중에 승리한다고 할지라도 환율전투의 과정에서 만신창이가 되거나 사망할 수 있다. 다만 현재의 움직임이 대세인지 아닌지 그리고 이제 대세가 끝났는지 아닌지 판단하는 작업이 중요

---

12 이러한 투자자 심리가 자산가격에 미치는 영향에 대해서는 많은 연구가 있었다. Kumar and Lee(2006)와 Barber 등(2009b)은 미국 주식시장에서 개인 투자자들이 매수 혹은 매도의 집단거래 경향이 있다는 실증분석 결과를 보고했다. Barber 등은 이러한 경향을 체계적 잡음systematic noise이라고 규정하고 개인 투자자들의 심리적 편향psychological bias에 기인한다고 주장했다. 한편 많은 연구 결과에 따르면 이성적 투자자들이 교란 투자자의 비이성적 투자 행위에 적극적으로 대응하기 전까지는 자산가격이 적정가치로부터 상당폭 벗어나게 되는 모습을 보이며, 이때에는 이성적 투자자들이 교란 투자자의 행동을 오히려 예측하는 결과를 가져오게 된다고 한다. Shleifer(2000), Kumar and Lee(2006), Baker et al.(2009b), Hvidkjaer(2008), Dorn, Huberman, and Sengmueller(2008) 등을 참고했다.

할 뿐이다. 지금까지 환율에 대해 많이 공부한 이유는, 그리고 앞으로도 환율에 대해 많이 공부해야 하는 이유는 대세 여부를 판단하기 위해서다. 대세에는 많은 요인이 숨어 있다. 그리고 나중에 그 요인들이 옳지 않았다는 사실이 드러나더라도 당시 환율의 흐름은 대세를 따른다.

제13장

지휘부의 대응
환율정책과 외환정책

세계는 자유무역, 자유로운 환율 변동, 자유로운 자본이동을 지향하
게 되었다. 이러한 방향으로 나아가면 세계가 더 잘살 수 있다는 믿
음에서 출발했으나 현실은 그렇지 않았다. 무역수지는 국가 간 균형
을 이루지 못했으며, 자유롭게 변동하는 환율은 수시로 급변동했다.
자본은 지속적인 유입과 대규모 유출을 반복하면서 경제를 흔들었
다. 시장은 언제나 급변동하려는 속성을 나타냈다.

　각국 정부는 환율 움직임과 자본이동 등을 조절할 필요를 느끼게
되었다. 고정과 안정에서 벗어나 자유와 변화를 추구했으나 안정의
중요성이 새롭게 대두되었다. 적당한 규제가 필요했다. 구속당하면
자유로워지고 싶고, 자유가 혼란을 낳으면 다시 안정을 찾고 싶은
것이 사람 마음이다.

　이번 장에서는 환율정책 중 환율을 안정적으로 다루는 정책을 주
로 다루면서 환율정책과 밀접한 관련이 있는 자본 유출입 규제와 외
환보유액 관리에 대해 알아본다. 각개전투도 중요하지만 지휘부의

전략은 판세를 바꾼다.

1. 다양하고 복잡한 정책들

사전 예방과 사후 개입

정책 당국은 언제나 시장을 면밀히 관찰하고 이상 신호가 있을 때 개입하려고 한다. 그러나 더욱 중요한 것은 여러 문제가 생기지 않도록 예방하는 시스템을 갖추는 작업이다. 경제 환경이 변하므로 제도는 조금씩 수정된다. 위기 발생 후에는 제도에 대한 전면적 수술이 이루어진다.

평소 시장은 정책에 순응한다. 그러나 시장은 정책에 의해 관리만 당하기에는 힘이 세다. 움직임이 거세지면 정책 당국은 시장의 움직임에 힘을 쓰기 어렵다. 더욱이 당국은 늦장 대응을 하는 경향이 있다.

복잡한 정책들

외환정책은 〈표 13.1〉과 같이 크게 환율에 대한 정책과 외환제도에 대한 정책으로 구분된다. 정책은 부드럽게 말하자면 '조절'을 목적으로 하고, 거칠게 말하자면 '규제'를 목적으로 한다. 그런데 변동환율제와 자본이동 자유화의 근본 취지에 반하여 제약을 가할 수는 없다. 그러면 기본체제가 바뀌어 고정환율제와 자본이동 규제가 된다.

환율정책은 앞에서 살펴본 대로 고정환율제와 자유변동환율제 그리고 그 사이에 있는 많은 환율체제 중 어떤 환율제도를 선택할지에 대한 결정을 다룬다. 또한 환율을 어떻게 안정적으로 운용할지 고민하면서 외환시장 개입을 다룬다.

외환제도에 관한 정책은 외화유출입 관리, 외환보유액 관리, 외화유동성 관리, 외채 관리, 외화건전성 규제 등을 포괄한다. 대부분 외화자금의 유출입을 어떻게 관리할지에 대해 다루지만, 모두 직간접적으로 환율 변동과 관련된다.

표 13.1 외환정책의 목적과 범위

	목적		주요 범위
환율정책	환율제도의 선택		고정환율제와 변동환율제 등
	환율의 안정		외환시장 개입
외환제도정책	외화유출입 관리		자본거래 허가제, 대외지급 일시정지
	외환보유액 관리		적정 규모, 안정성과 수익성, 통화별 구성
	외화유동성 관리		스왑거래방식, 외화대출방식
	외채 관리		외채 규모 및 구조의 적정 여부 은행 부문의 통화 불일치 및 만기 불일치 관리
	외화건전성 규제	거시	외화예금에 대한 지급준비금 최저한도 설정, 금융기관의 외화대출 용도 제한, 금융기관에 대한 거시건전성 부담금 도입
		미시	외화자산 및 외화부채의 비율 설정, 역외금융 관리, 위험관리기준 설정 및 운용

2. 외환시장에 개입하다

외환시장 개입이란 무엇인가?

외환시장 개입은 외환 당국이 외환시장에서 자국 통화를 대가로 미국 달러 등 다른 나라 통화를 사고파는 거래를 말한다. 중앙은행이 어떤 이유로 외환시장에 개입하는지 안다면 환율 변동을 이해하고 예측하는 데 큰 도움이 된다. 그런데 정책 당국은 자신의 신분을 시장에 공개하지 않은 채 시장원리에 따라 다른 시중은행 등에 위탁하여 거래한다. 따라서 외환시장 참가자들은 정책 당국의 시장 개입 여부를 알 수 없다. 다만 갑자기 팔자 또는 사자 물량이 집중적으로 많이 나오면 정책 당국이 외환시장에 개입했음을 짐작하게 된다. 만일 원·달러 환율이 1200원이 넘었을 때 시장 개입이 이루어졌다면 '아! 당국이 1200원이 넘으면 불편해하는구나'라고 짐작할 수 있다. 외환시장 개입은 환율 수준에 직접적 영향을 미칠 수 있다.

환율 수준 조정

대외 충격으로 환율이 단기간에 큰 폭으로 상승할 경우 중앙은행은 달러를 매도하고 원화유동성을 흡수함으로써 원·달러 환율의 급격한 상승을 방지할 수 있다.[13] 반대로 환율이 단기간에 큰 폭으로 하락할 경우 달러를 매입하고 원화를 공급함으로써 환율의 급격한 하락을 방지할 수 있다.

물론 고정환율제를 운용하는 국가에서는 일정한 수준의 환율을 유지하기 위해 정책 당국이 시장에 개입한다. 그러나 변동환율제 국가라도 환율을 일정 수준으로 유지하려는 은밀한 목표가 있을 수 있다. 외환시장에서 환율이 급변동할 경우 초과 수요와 공급을 일부 충족시켜 시장의 압력을 완화한다. 이때 외환 당국은 개입할 때의 목표환율 수준을 언급하지 않는다. 목표 수준은 시장 상황에 따라 수시로 변동된다. 자신의 패를 다른 게임 참가자에게 보여주지 않는다. 환율 수준은 경제 여건에 따라 계속 변동하므로 특정 시점의 목표환율이 시장에 알려지면 잘못된 신호가 될 수 있다. 만일 시장이 그 환율 수준이 무리라고 판단하면 투기세력이 등장해 공격에 나선다. 아울러 다른 나라들로부터 환율을 조작한다고 비난받게 된다.

환율 변동성 축소와 외환보유액 확충

시장환율은 균형환율로부터 수시로 이탈하는 변동성을 가진다. 시장참가자들의 일시적인 심리적 요인이나 외부 충격에 따라 큰 폭으로 변하는 '환율의 변동성'을 줄이기 위해 정책 당국은 외환시장에 개입한다. 목적은 환율의 추세적인 흐름을 바꾸는 데 있지 않다. 단

---

13 우리나라는 원칙적으로 환율이 외환시장에서 자율적으로 결정되도록 하고 있으나 〈한국은행법〉 제82조 및 제83조, 〈외국환거래규정〉 제2-27조에 의거하여 외환시장 안정을 위해 필요하다고 인정될 때는 중앙은행이 외환시장에 개입할 수 있다.

기적인 변동성을 줄인다는 의미에서 미세조정smoothing operation이라고 불린다.

외환위기에 대비하여 외환보유액을 충분히 확보하기 위해 외환시장에 개입해 달러를 매입하기도 한다. 한편 외환보유액을 충분히 확보하고 있어야 달러를 파는 시장 개입을 할 수 있는데, 외환보유액 관리에 대해서는 조금 뒤에 알아보자.

서로 도와주기

주요 선진국 중앙은행들은 외환시장 개입 효과를 극대화하기 위하여 다른 나라의 외환시장 개입을 지원하기 위한 공조개입concerted intervention을 실시하기도 한다. 달러화, 유로화, 엔화 등 주요 선진국의 국제통화는 전 세계 외환시장에서 동시에 거래되기 때문이다. 통화가 국제화되지 않은 우리나라 원화의 시장 개입을 위한 국제 공조는 없다.

예를 들어 엔화 약세를 위하여 일본은행과 다른 중앙은행이 국제금융시장에서 거의 동시에 엔화를 매각한다. 이를 위해 주요국 중앙은행 정책담당자들은 수시로 각 외환시장의 정보를 전화를 통해 교환한다. 글로벌 금융위기 직후 금융시장 동향을 논의하기 위한 국제결제은행BIS의 시장위원회Market Committee에 참석했을 때의 경험에 따르면, 자기들끼리 '어제 통화한 바와 같이'라는 표현을 사용한다. 그 네트워크에서 배제된 국가에서 온 회의 참석자들은 '아, 무슨 일이 있었구나'라고밖에는 알 수 없다. 돌아가는 회의 내용을 통해 유추할 뿐이다. 엔화는 세계 어디서나 거래되는 통화이므로 서로 다른 시장에서 개입이 이루어질 수 있다. 시장참가자들은 환율 변동과 거래량 추이 등을 통해 이를 간파해낸다. 그러나 다소 늦을 수밖에 없다.

언제 어떻게 개입할 것인가?

외환시장 개입을 언제 할지 결정하기는 어렵다. 원론적으로는 일시적으로 외환의 수요와 공급에 불일치가 발생하거나 불확실성이 확대되어 환율이 큰 폭으로 변동할 경우 또는 균형환율로부터 장기간 상당폭 괴리될 경우 외환시장에 개입한다고 말할 수 있다.

균형환율로부터 괴리된 정도는 다양한 추정방법을 통해 알 수 있다고 하지만, 실시간 변하는 환율의 괴리 정도를 즉시 계산해내기는 어렵다. 그러므로 교란 요인의 영향이 단기에 그칠 것으로 예상되거나 시장이 이를 감내할 수 있을 정도로 크지 않으면 가급적 개입을 자제한다. 외환시장에 개입한다고 해서 반드시 성공한다고 볼 수도 없다.

지금까지 시장 개입에 대해 이야기하긴 했지만, 외환시장은 가장 시장다운 시장이다. 정부가 통제하기에는 시장 규모와 거래 규모가 매우 크며 참가기관도 다양하다. 정부가 마음대로 통제하지 못한다. 특히 우리나라처럼 기축통화국이 아닌 경우 해외에서 대규모 투기 세력이 들이닥칠 때는 더욱 그러하다. 중앙은행이 집중적으로 대량 매매를 하면 시장을 잠시 움직일 수도 있지만, 다른 참가자들이 이러한 움직임을 따라오지 않으면 개입 효과는 짧은 시간에 소멸한다. 매도 개입의 경우 아까운 외환보유액만 소진된다. 더욱이 위기에 대응하여 외환보유액을 사용할 경우, 외환보유액이 상당 부분 소진되었다는 뉴스는 위기 상황을 초래하거나 가속화하는 신호가 될 수도 있다.

외환시장 개입은 예상하지 못한 순간에 대규모로 이루어지면 성공할 확률이 높다. 그러나 그 효과도 얼마 가지 못한다. 그래도 예상하지 못한 방향으로 개입하여 투기에 참여한 세력이 손해를 보도록 운영하는 편이 좋다. 시장참가자들이 '이 정도면 개입이 있겠지'라고 생각했을 때 개입한다면 아무 효과가 없다.

일반적으로는 그리 크지 않은 규모로 개입하면서 시중은행들에 자금을 분산하여 배분한 후 은행들을 통해 시장에 개입한다. 언제 얼마나 개입했는지 모르게 하기 위해서다. 개입 시점이 중요하다. 그러나 담당자들로서는 과감한 결단을 내리기가 쉽지 않다. 때로는 무엇을 해도 효과를 보지 못하는 때가 있다. 그럴 때면 시장을 지켜보는 자세도 하나의 방법이 될 수 있다.

통화관리비용

환율 하락 시 달러를 사야 할 때는 원화를 찍어내어 달러를 산다. 이 경우 원화가 시중에 많이 풀리게 되므로 통화안정증권을 매도하

여 풀린 원화를 거두어들인다. 이때 원화를 흡수한 반면 통화안정증
권을 발행했으므로 이자를 지급해야 한다.

3. 외환보유액의 운용

얼마나 보유해야 하나?

아시아 외환위기 이후 신흥시장국들은 위기 재발에 대처하기 위
해 외환보유액을 확충하려고 노력했다. 위기에 대처하기 위해서는
많이 가지고 있을수록 좋지만, 우선 외화가 들어와야 보유할 수 있
다. 보유에 따른 비용도 발생한다. 보통 외환보유액 적정 규모로 통
상 3개월분의 수입 규모와 만기 1년 이내 단기외채 규모를 제시한
다. 그런데 나라마다 경제 여건과 금융시장의 발전 단계 등이 다르
다. 국제자본시장에 대한 접근성이 높은 경우에는 외환보유액에 의
지하는 정도를 줄일 수 있다. 또 자국 통화가 국제화되어 있을 경우
에도 외환보유액을 적게 보유하는 경향이 있다.[14] 아울러 건전한 기
초 경제 여건을 유지하고 있다면 외환보유액 규모를 줄일 수 있다.

---

14 다만 일본과 스위스는 국제통화를 발행함에도 불구하고 상당 규모의 외환보유
    액을 유지하고 있다.

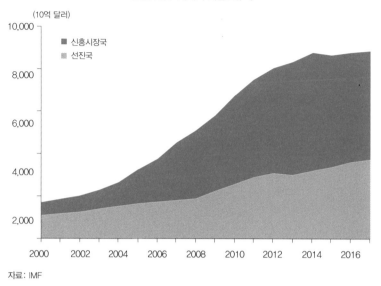

그림 13.1 세계의 외환보유액

(10억 달러)

■ 신흥시장국
■ 선진국

자료: IMF

위기 대응의 한계

글로벌 금융위기가 닥쳤을 때 외화 수요가 급격히 확대되어 외환
보유액을 사용할 수밖에 없었다. 당시 위기 대응을 위한 정부 합동
대책반의 일원으로 활동했던 경험에 따르면, 급등하는 외화 수요에
대응하여 외환보유액을 사용하기 힘들었다. 위기 상황 속에서 외환
보유액이 줄어들면, 향후 위기 상황에 대한 정책 당국의 대응이 어
려워진다고 인식될 우려가 있었기 때문이다. 더 어려운 상황이 올
때를 대비하여 가지고 있던 외환보유액을 아끼지 않을 수 없었다.
더욱이 시중은행 등은 단기 외화차입금의 만기가 지속적으로 다가
옴에 따라 외화 조달에 어려움을 호소하면서 보유한 외화를 사용하

표 13.2 우리나라의 외환보유액

(억 달러)

1997년	2010년	2011년	2012년	2013년	2014년	2015년	2016년	2017년	2018년	2019년 9월
204	2,916	3,064	3,270	3,465	3,636	3,680	3,711	3,893	4,037	4,033

자료: 한국은행

려 들지 않았다. 대신 외환보유액 지원을 요청했다. 각 은행은 위기가 더욱 심해질 때에 대비하기 위해 외화를 비상금으로 가지고 있어야 한다고 주장했다. 그런데 한국은행이 보유하고 있는 외환보유액이야말로 정말 마지막 보루인 국가 비상금이 아닌가? 당시 한국은행과 기획재정부 대 금융감독위원회와 금융감독원의 의견이 대립되었던 기억이 새롭다.

외환보유액을 충분히 확충했다고 해서 위기로부터 자유롭다고 말할 수는 없다. '충분히'라는 말 자체도 분명하지 않을 뿐 아니라 위기 상황 속에서는 외환보유액이 줄어들면 위기가 심화된다고 받아들여질 수 있기 때문이다.

4. 외화자금 유출입 조절

유입이 문제인가? 유출이 문제인가?

우리나라 자본시장은 선진국에 가까운 개방도와 발전 정도를 갖추고 있어 평소 자본 유입이 활발하다. 그러나 국제금융시장의 위험이 높을 때는 자본이 급격히 유출되는 모습을 보인다.[15] 과거 금융위기 사례를 보면 갑작스러운 자본 유출Sudden Stop이 유사한 특성을 가진 국가 간 전염에 의해 파급되는 경향이 있었다. 자본의 유출입은 무역거래보다 그 이동 규모가 클 뿐 아니라 속도가 빠르며 변동성도 높다. 따라서 자본 유출입이 국내 경제에 미치는 영향을 최소화해야 한다.

자본 유입 시의 문제보다는 유출 시의 부작용이 더 크다는 것이 일반적인 의견이다. 대규모 유입을 억제해야 대규모로 급속하게 유출되는 부작용을 예방할 수 있다. 만일 외국자본 유출을 억제할 경우 현재 들어와 있는 외국자본의 불안이 야기된다. 또한 외국자본이 필요한 순간에 외국자본의 유입이 어렵게 된다. 자본 유출 억제 방안은 우리나라 〈외환거래법〉상 긴급한 상황이 발생할 경우로 제한되어 있으며, 〈OECD 자본이동 자유화 규약〉의 심사를 받아야 하는 등의 어려움이 있다.

자본 유출입에 대한 규제는 환율 절상 용인, 외환보유액 축적, 통화정책과 재정정책 등에 의한 대응과 같은 전통적 방법이 여의치 않을 경우 유용한 정책 대안이 될 수 있다. 그러나 자본 유출입을 규제하면 규제를 회피하려는 거래가 늘어나고 효율적 자본 배분이 왜곡

---

15 서영경·성광진·김동수, 〈원·달러 환율 변동성이 큰 배경과 시사점〉(2011)을 참조했다.

표 13.3 경제 자유도 지수[1]

	한국	홍콩	싱가포르	대만	태국	필리핀	말레이시아	인도네시아	인도	브라질
투자 자유도	70	90	85	60	55	60	60	45	40	50
금융 자유도	70	90	80	60	60	60	50	60	40	50

주: 1) 2019년 기준
자료: 헤리티지 재단

되는 등의 부작용이 나타날 수 있다. 또한 규제를 도입하여 이득을
보게 되면 주변 국가들도 연이어 규제를 도입할 수 있어 전 세계적
으로 규제가 만연해지는 문제가 생긴다.

직접 규제할 것인가? 간접 규제할 것인가?

자본 유출입에 대한 규제 방법은 크게 직접administrative, direct 규제와
간접market-based, indirect 규제로 나누어볼 수 있다.

직접 규제 방법으로는 거주자의 해외차입 제한, 외국인의 국내증
권투자에 대한 사전 승인, 국내 금융기관의 비거주자에 대한 대출
제한 등이 있으나 여러 부작용이 우려되므로 바람직하지 못하다.

간접 규제 방법은 자본 유출입에 대해 세금이나 예치 의무 등
을 부과하여 내외금리차 등에 따른 이익을 축소함으로써 자본 유
출입을 억제하는 방식이다. 직접 규제에 비해 투명성과 예측 가능
성이 높다는 장점이 있다. 대표적인 간접 규제 방법으로는 가변예
치의무제도variable deposit requirement,[16] 한계지준제도marginal reserve

requirement,[17] 금융거래세 financial transaction tax[18] 등이 있다.

5. 외화유동성 공급

유동성 공급하기

금융기관이 외화 부족 상태에 놓였을 때 정책 당국이 외화유동성을 공급하는 제도를 말한다. 금융기관들이 외화를 빌리기 어렵거나 비싸게 빌릴 수밖에 없을 때 정부 또는 중앙은행이 가지고 있는 외화를 빌려주면 금융기관들의 자금 조달에 큰 도움이 되리라 생각하기 쉽다. 그러나 선진국들뿐 아니라 우리나라도 평소에는 이러한 제도를 운용하지 않는다.

16 거주자의 해외차입이나 외화증권 발행에 대해서 일정 비율을 중앙은행에 무이자로 예치토록 하는 방법이다. 예치대상이나 예치비율의 조정 등을 통해 자본이동 규모를 신축적으로 조절할 수 있다.
17 한계지준제도는 일정 한도를 초과하는 비거주자의 예금에 대해 중앙은행이 지급준비의무를 부과하는 제도다. 일반적으로 동 예금에 대한 금리 인하를 병행해서 실시한다.
18 거주자가 해외로부터 자금을 차입할 경우 또는 비거주자가 국내증권에 투자하거나 투자원리금을 회수할 경우 일정률의 세금을 부과하는 제도다. 토빈James Tobin이 제안한 토빈세Tobin tax, 1963~1974년 미국에서 시행된 이자평형세 interest equalization tax 등이 금융거래세의 일종으로 분류된다.

유동성 공급하지 않기

일반적으로 선진국들은 자국 통화가 국제통화이므로 외화를 공급하는 제도를 운용하지 않는다. 국제금융시장에서 자국 통화를 언제든 다른 나라 통화로 교환할 수 있고 외환시장의 유동성도 풍부하여 자국 통화 공급을 통해서도 외화유동성 지원 효과를 충분히 거둘 수 있기 때문이다. 다만 글로벌 금융위기 전후로 유로지역, 영국, 일본 등의 중앙은행들은 미 연준과 통화스왑으로 조달한 달러를 금융기관에 대출해준 바 있다.[19]

우리나라도 리먼 사태 이후 경쟁입찰 방식의 스왑거래와 외화대출을 통해 외화유동성을 신속하게 공급한 바 있지만, 그 이후로는 이 제도를 운용하지 않고 있다. 외화유동성 지원은 외환보유액을 재원으로 해야 하는데, 평소 이 제도를 운용하면 위기 발생 시 외화자금을 회수하기 어려워 외환보유액이 비상금으로서의 역할을 하기 어렵게 된다. 또한 금융기관들이 수익성 등을 고려하여 자기 책임으로 국제금융시장에서 외화자금을 조달하고 운용하는 능력을 꾸준히 키워나가야 할 필요가 있기 때문이다. 하지만 또 다른 외환위기가 발생했을 때 금융기관들이 외화 사정이 어렵다고 아우성을 치면, 한국은행이 외환스왑 등을 통해 조달한 자금으로 긴급 외화유동성 지원을 재개할 가능성은 크다.

19 안병찬, 《글로벌 금융위기 이후 외환정책》(2011)에서 인용했다.

표 13.4 리먼 사태 이후 정부와 한국은행의 외화유동성 공급·회수 현황

	방식	외화유동성 공급		최종 회수
		최대	기간	
정부[1] (300.3)	스왑거래	100.0	2008.10~12	2009.11
	경쟁입찰 방식 대출	92.0	2008.11~2009.1	2009.6
	수출입금융 지원	108.3	2008.11~2009.2	2009.12
한국은행 (267.7)	경쟁입찰 방식 스왑거래	102.7	2008.10~12	2009.8
	미 연준 통화스왑자금 외화대출	163.5	2008.11~2009.1	2009.12
	수출환어음 담보대출	1.5	2008.11~2009.2	2009.7
합계		568.0		

주: 1) 정부 추정치
자료: 기획재정부, 한국은행, 안병찬, 《글로벌 금융위기 이후 외환정책》(2011)에서 인용

6. 외화 건전성 정책

외환 부문의 건전성 정책

자본 자유화와 시장 개방의 기본 틀을 유지하는 외화 건전성 정책은 글로벌 기준에 적합하다. 경제와 금융이 발전하여 막대한 자본을 축적한 선진국들은 언제나 평소에는 자유로운 거래를 옹호한다. 외환 부문의 건전성 정책은 대표적인 간접 규제다.

건전성 정책은 외화와 원화의 불일치는 언제나 불안정하다는 점에 주목한다. 건전성 정책이란 통화 불일치currency mismatch[20]와 만기 불일치maturity mismatch가 문제를 일으키지 않도록 하는 데 초점을 맞춘다. 건전성 규제 정책은 미시건전성 규제micro-prudential regulation와

거시건전성 규제macro-prudential regulation로 나뉜다.

거시건전성 정책

우리의 관심은 우선 금융시스템 전체의 안정을 위한 거시건전성 정책에 있다. 우리나라는 국제정합성[21]과 우리나라의 특수성 등을

표 13.5 우리나라의 외환 부문 거시건전성 정책 변화

	발표시기 /시행시기	조치 내용
① 선물환 포지션 한도	2010년 6월 /2010년 10월	국내은행은 전월 말 자기자본의 50%, 외은지점은 전월 말 자기자본의 250%로 설정
(한도 변경)	2011년 5월 /2011년 7월 /2013년 1월 /2016년 7월	국내은행: 50% → 40% →30% → 40%, 외은지점: 250% → 200% → 150% → 200%
② 외국인채권 투자 과세환원	2010년 12월 /2011년 1월	2009년 5월부터 면제했던 외국인 채권투자의 이자소득(14%) 및 양도차익(20%)에 대한 원천징수 부활 필요 시 탄력세율 허용(0%까지 인하 가능)
③ 외환건전성 부담금[1) 부과[2)	2010년 12월 /2011년 8월	금융기관의 비예금성 외화부채에 대하여 부담금 부과 (요율) 1년 이하: 20bp, 1년 초과~3년 미만: 10bp, 3년 초과~5년 미만: 5bp, 5년 초과: 2bp(긴급 시 최대 100bp)
(대상/요율 변경)	2015년 7월	증권사, 여전사, 보험사 등 비은행 금융기관을 부과대상에 포함 (요율) 1년 이하: 10bp, 장기 외화부채에 대해서는 할인요율(만기 2년 초과 0.02%p, 3년 초과 0.03%p, 4년 초과 0.04%p 할인) 적용

주: 1) 외환 건전성 부담금은 거주자로부터 차입한 외화부채를 포함한 비예금성 외화부채 잔액(stock)에 부과하는 조치로 외국인의 채권, 주식 투자자금(flow)에 과세하는 거래세(토빈세)와는 다름
　2) 유럽 국가들은 부과 재원을 재정 확충(영국, 프랑스) 또는 정리기금(독일, 스웨덴) 등의 목적으로 활용하는 반면, 한국의 경우 위기 시 금융기관 등에 대한 예치 예탁 또는 스왑 방식을 통하여 외화유동성을 지원한다는 점에서 차이가 있음
자료: 한국은행, 기획재정부

감안하여 선물환 포지션 한도제도, 거시건전성 부담금제도Macro-prudential Stability Levy, 외국인 채권투자 과세환원제도 등을 신규 도입한 바 있다.

미시건전성 정책

외화의 유입을 규제하기보다 금융기관의 외화 포지션 등을 규제하여 필요한 외화를 꼭 가지고 있도록 하는 방안이다. 외화부채의 만기 도래 일정을 고려하여 그 규모에 해당하는 대부분의 외화현금을 자산으로 보유해야 한다는 취지에서 규제하고 있다. 개별 금융기관의 외화유동성 비율, 만기 불일치 비율, 중장기 외화대출 재원조달 비율 등을 관리한다.

20 Allen(2002), Cavallo(2001) 등은 통화 불일치 확대가 신흥시장국 금융위기를 초래한 주요인이었다고 주장한다. Goldstein and Turner(2004)는 금융기관, 특히 은행 부문에 대한 건전성 규제의 중요성을 강조한다.

21 2011년 10월 프랑스 파리 G20 재무장관 및 중앙은행 총재 회의에서는 자본의 변동성 완화를 위해 다음과 같은 자본이동 관리원칙에 합의한 바 있다. 즉, 거시건전성 정책은 운용의 자율성을 대폭 인정하되 자본 통제는 한시적으로만 운용하며, 신흥시장국의 자본이동 관리정책과 기축통화국의 국내 통화정책에 대해 IMF가 감시 활동을 수행한다. 신흥시장국의 자본이동 관리정책의 자율성을 인정함과 동시에 점진적 자본 자유화를 촉구한다.

제 14장

전장 점검
글로벌 경제위기 이후 경제 상황과 전망

미래를 예측하려면 어제와 오늘의 상황을 알아야 한다. 글로벌 경제위기 이후 어려움을 겪은 많은 나라가 위기 극복을 위해 안간힘을 다했다. 그러나 큰 위기 이후 작은 위기들이 세계 도처에서 발생했다. 세계 경제의 모습을 주요국을 중심으로 살펴보고 우리나라 경제를 전망해보자. 큰 방향을 중심으로 전장戰場의 현재와 미래를 점검해보자. 지금 이 순간에도 세계 경제는 움직이고 있다.

1. 글로벌 금융위기 이후의 위기[22]

큰 위기 뒤의 작은 위기들

2008년 글로벌 금융위기 이후 침체와 회복 과정에서 여러 차례

---

22 박병걸·차준열, 〈과거 사례와 비교한 신흥국 금융불안의 특징〉(《국제경제리뷰》, 한국은행, 2018)을 참고했다.

작은 위기들이 있었다. 유럽에서는 금융위기의 영향으로 그리스를 비롯한 취약한 국가들이 비틀거렸으며 오늘날까지 어려운 상황이 지속되고 있다.

또한 미국이 양적완화를 축소하려고 하자 그 영향이 신흥시장국에 미쳤으며, 유가 하락 등은 자원보유국 경제에 타격을 주었다. 아울러 세계 경제 성장의 견인차 노릇을 했던 중국 경제의 둔화도 불안감을 드리웠다.

유럽 재정위기: 2011년 5~10월

유로존에서는 그리스의 국가부도 위기가 고조된 데 이어 이탈리아와 스페인의 경기 침체가 지속되고 재정 상황이 악화되면서 유로존 자체가 존폐 위기에 처했다는 우려가 나타났다. 유로존이 앞으로도 과연 지속될 수 있는지 등에 대한 근본적인 의구심으로 국제금융시장의 안전자산 선호 경향fly to quality이 강화되면서 유로화는 약세를 보였다.

양적완화 축소: 2013년 5~9월

돈을 너무 많이 풀어서 문제가 생겼던 글로벌 금융위기 이후 미국 등 선진국은 다시 돈을 풀어서 위기를 극복하고자 했다. 2013년 5월 22일 버냉키Ben Shalom Bernanke 미 연준 의장이 이러한 양적완화의 축소를 시사한 이후 글로벌 금리가 큰 폭 상승했다. 국제금융시장에서는 그동안 저금리에 익숙해진 신흥시장국들이 미국의 통화정책 정상화를 감내할 수 있을지 우려가 고조되었다.

국제유가 하락: 2014년 7월~2015년 1월

글로벌 경기 둔화가 지속되면서 원유 수요가 위축되었다. 이에 따라 국제유가가 100달러대에서 50달러대로 급락하고, 전 세계적인 디플레이션이 도래할지도 모른다는 우려가 확산되었다. 원유 수출에 수출의 상당 부분을 의존하고 있는 러시아, 베네수엘라 등의 디폴트 가능성이 제기되었으며, 원유 관련 금융상품의 손실 가능성이 증대했다.

중국 경기 둔화 우려: 2015년 5월~2016년 2월

중국의 수출, 산업생산, 제조업 PMI[23] 등 실물지표 부진으로 경기 둔화에 대한 우려가 커졌다. 또한 위안화의 SDR 편입 등으로 중국 외환제도 변화에 따른 위안화의 추가 절하 우려 등으로 중국으로부터의 자본 유출이 확대되었다. 세계의 공장인 중국의 고도성장이 막을 내렸다는 인식이 확산되었다.

---

23 공급관리자협회ISM가 만든 구매관리자지수(Purchasing Manager Index, PMI)를 말한다. 제조업 구매관리자를 대상으로 신규 주문, 생산, 고용, 재고, 원자재 가격, 원자재 배송 속도, 수주잔량, 수출, 수입 등에 대한 여러 가지 설문을 통하여 만든 지수로, 50이 넘으면 경기 확장을 나타내고, 50에 미달하면 경기 위축을 뜻한다.

2. 세계 경제 전망[24]

세계 경제의 전체 모습을 살펴보면, 성장세는 완만하게 개선될 것으로 전망된다. 미국과 중국의 성장세는 다소 둔화되겠지만, 대다수 신흥국은 경기 부양 정책 등에 힘입어 성장세가 확대될 것이다. 한편 세계 교역도 점차 회복세를 보일 전망이다. 다만 회복 속도는 미중 무역갈등, 브렉시트, 홍콩 시위 향방 등 통상 관련 불확실성이 계속 남아 있으며, 글로벌 가치사슬global value chain[25] 약화 등의 영향으로 완만할 것으로 예상된다.

표 14.1 세계 경제 성장률 전망

(%)

전망 기관	전망 시점	2018	2019[e]	2020[e]
IMF	2019년 10월	3.6	3.0	3.4
(선진국)		2.3	1.7	1.7
(신흥국)		4.5	3.9	4.6
OECD	2019년 11월	3.5	2.9	2.9
Global Insight	2019년 11월	3.7	3.0	3.0
6개 IB 평균	2019년 11월	3.8	3.1	3.3

자료: 각 기관. 한국은행 〈경제전망보고서〉

---

24 한국은행 〈경제전망보고서〉(2019년 11월)를 인용했다.
25 제품 설계, 부품과 원재료 조달, 생산, 유통, 판매에 이르기까지 각 과정이 다수의 국가와 지역에 걸쳐 형성된 글로벌 분업체계를 말한다.

표 14.2 세계 교역 신장률 전망

(%)

전망 기관(전망월)	2018	2019[e]	2020[e]
IMF[1] (2019년 10월)	3.7	1.1	3.2
OECD[1] (2019년 11월)	3.7	1.2	1.6
WTO[2] (2019년 10월)	3.0	1.2	3.0

주: 1) 상품 및 서비스 기준   2) 상품 기준
자료: 각 기관, 한국은행 〈경제전망보고서〉

다음으로 경제 전망을 위한 전제를 살펴보자. 세계 경제 성장률
은 주요국의 경기 상황을 반영하여 2019년, 2020년, 2021년 각각
3.0%, 3.2%, 3.3%로 점차 높아질 것으로 예상된다. 그러면 우리나
라는 어떨까? 미국, 유럽, 중국 등을 살펴본 뒤 우리나라 경제 전망
에 대해 이야기해보겠다.

표 14.3 주요 전망의 전제치

(%)

	2018	2019[e]	2020[e] 상반	2020[e] 하반	2020[e] 연간	2021[e]
세계 경제 성장률[1]	3.6	3.0	3.2	3.2	3.2	3.3
미국	2.9	2.3	2.1	2.0	2.0	2.0
유로	1.9	1.1	1.1	1.2	1.2	1.3
일본	0.8	0.8	−0.1	1.2	0.6	0.7
중국	6.6	6.1	5.9	5.8	5.9	5.8
세계 교역 신장률[1]	3.6	1.3	2.1	2.6	2.4	3.1
원유도입단가(달러/배럴)[2]	71	65	60	59	59	60

주: 1) 전년 동기 대비 기준
2) 기간 평균, CIF 기준, 원유 도입 비중: 중동산 80%, 기타 20%
자료: 한국은행 〈경제전망보고서〉

3. 미국의 경제 현황과 전망[26]

견조한 성장세와 물가 안정

미국은 견조堅調한 성장세와 물가 안정 추세를 지속하고 있다. 최근 발표된 베이지북Beige Book[27]은 경제활동이 다소 완만한 속도로 증가하고 있는 가운데 무역분쟁에 대한 우려가 지속됨에도 불구하고 대부분 산업에서 단기적으로도 긍정적 전망을 유지했다고 보고했다. 미 연준과 주요 예측기관들은 근본적으로 잠재성장률이 상승하여 나타난 현상이라고 평가한다. 잠재성장률이 상승했다는 의미는 긴 시계에서 성장을 지속할 힘을 축적했다는 뜻이다.

먼저 물가의 경우 잠재 생산능력이 확대되어 총공급이 늘어남에 따라 경기가 호조를 나타냈으나 이러한 총수요 증가에도 불구하고 물가 상승 압력은 제한적이라고 말한다. 평균적으로 물가는 다소 완만하게 상승했다. 또한 장기간 이어지고 있는 확장 국면은 성장잠재

---

26 최기산·이서현, 〈최근 미국 잠재성장률 상승 배경〉《국제경제리뷰》, 한국은행, 2019), 〈최근의 미국 경제 상황과 평가〉(한국은행 뉴욕사무소, 2019), 〈미 연준 Beige Book의 주요 내용〉(한국은행 워싱턴주재원 현지정보, 2019)을 참고하여 정리했다.

27 미 연준의 12개 지역 연준이 관할 지역별로 일반은행들의 보고서 및 주요 기업, 경제학자, 시장전문가와의 전화 인터뷰 등을 통해 수집한 최근 경제 동향 관련 보고서를 말한다. 다만 연준의 공식 견해는 아니다. 일반적으로 공개시장위원회 FOMC 회의 개최 2주 전 수요일에 발표한다. 인용된 보고서는 2019년 9월 17~18일 개최된 FOMC 회의를 앞두고 발표된 보고서다.

력 확대가 실제 성장을 뒷받침한 결과로 해석된다. 확장 국면은 당분간 지속될 것으로 전망된다. 제조업 활동은 직전 보고서 기간보다 소폭 하락했으나 비금융 서비스업은 긍정적으로 나타났으며, 고용이 다소 완만하게 증가하고 노동시장의 인력 부족 현상은 지속되는 것으로 발표되었다.

미국 경제의 성장세는 언제까지 이어질까? 요소 투입와 생산성 측면에서 상승 배경을 간략하게 점검해보자.

그림 14.1 미국 경기 확장 지속기간

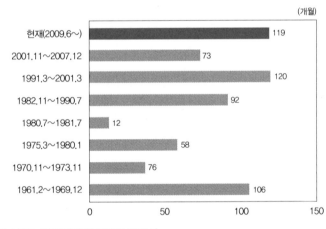

자료: NBER, 《국제경제리뷰》(한국은행, 2019. 5)

성장을 뒷받침한 투입요소 증가

2000년 이후 하락세를 지속하던 미국의 잠재성장률은 2010년대 들어 상승세로 전환했다.[28] 여기에는 생산성 향상[29]도 기여했지만,

자본을 중심으로 투입요소가 증가한 영향이 컸던 것으로 분석된다. 잠재성장률의 상승과 생산성 향상 등은 향후 지속적인 성장 가능성을 시사한다.

최근의 성장세 둔화

최근 미국의 실물경제는 개인소비의 지속적 증가, 산업생산 확대와 양호한 고용 사정 등으로 완만한 성장을 이어가고 있으나 성장세는 다소 둔화되는 모습을 나타내고 있다.[30]

28 글로벌 금융위기를 전후하여 급감했던 기업의 투자 역량이 빠르게 회복되면서 투자 잠재력이 확충되었다. 이는 우선 재정과 통화 측면에서의 우호적 투자 여건이 조성된 데 기인한다. 즉, 정부에서 예산을 많이 풀고 중앙은행이 낮은 금리를 지원한 덕분이다. 또한 기업의 수익이 증대하는 등 기업의 재무 상황이 호전되어 투자 여력이 확충된 덕분이다. 노동 투입 측면에서는 베이비붐 세대가 고령화되어 생산 면에서 성장에 기조적인 감소 요인으로 작용했음에도 장기간의 경기 확장 국면이 노동시장의 공급과 수요 양 측면에서 개선 요인으로 작용한 것으로 평가된다.

29 생산성의 경우에는 노동 및 자본 투입과 달리 증가율이 최근까지도 위기 이전의 3분의 1 수준에 머물렀으나 지난해부터 증가세가 확대되기 시작했다. 연구개발 등 무형자산에 대한 투자가 증가하고 정보통신 등 고부가가치 산업의 비중이 확대되는 등 구조적 요인에서 비롯되었다고 평가된다. 따라서 그 영향은 중장기적으로 파급될 가능성이 크다.

30 경제 성장을 살펴보면, 개인소비가 계속 증가하는 등 완만하게 성장을 지속하고 있으나 소비자신뢰지수, ISM 지수 등은 2019년 9월 들어 상당폭 하락했다. 고용 사정은 취업자 수 증가세가 다소 둔화되었으나 전반적으로는 양호한 상황을 지속하고 있다. 주택시장은 주택담보대출 금리가 계속 하락하는 가운데 거래량, 가격, 주택 건설 등 주요 지표가 모두 개선되었으며, 물가상승률이 연준 목표(2.0%)를 지속적으로 하회하는 가운데 기대인플레이션은 안정적 수준을 유지하고 있다.

한편 금융시장을 살펴보면, 2019년 9월 중 금리는 미국 경기지표

그림 14.2 미국 달러 환율

자료: 블룸버그, 한국은행 뉴욕사무소(2019년 10월)

그림 14.3 미국 달러 인덱스

자료: 블룸버그, 한국은행 뉴욕사무소(2019년 10월)

가 대체로 양호하다는 인식 등으로 상승하다가 경기 둔화 우려와 트럼프 대통령 탄핵 절차 개시 등으로 하락세로 전환되었다. 달러화는 미중 무역갈등 완화 기대, 유로존 경기 둔화 우려에 따른 유로화 약세, 안전자산 선호 감소에 따른 엔화 약세 등으로 강세를 나타냈다.

중장기 지속 성장, 단기 불확실 전망

미국 경제는 중장기적 시계에서 대외 부문의 부정적 충격이 발생하지 않을 시 성장잠재력이 뒷받침되면서 양호한 성장세를 이어갈 가능성이 크다.[31]

다만 단기 시계에서는 경제 성장 등이 다소 불확실할 것으로 예상된다. 미 연준은 현 경제 상황에 대해 기업투자가 둔화되고 수출이 약화되었다고 지적하면서도 향후 통화정책 방향과 관련해서는 경제 상황에 따라 성장을 뒷받침하기 위한 적절한 조치를 취하겠다는 기존 입장을 반복하고 있다. 개인소비의 계속된 증가 등으로 완만한 성장을 지속하고 있으나 미중 무역분쟁 관련 불확실성 등이 산업생산에 영향을 미치고 있어 향후의 성장세 둔화 가능성에 대한 경계심이 확산될 것으로 전망된다.[32]

---

31 미국 국회예산실Congressional Budget Office, CBO은 2020~2029년 미국의 잠재성장률을 1.9%로 전망(2019년 2.1%)하면서 이 중 절반 정도에 총요소생산성이 기여하는 것으로 추정한 바 있다. 이와 같이 미국의 잠재성장률은 인구구조 변화의 부정적 영향에도 불구하고 생산성 증가를 바탕으로 상당 기간 2% 내외 수준을 이어갈 것으로 예상된다.

4. 유럽의 경제 현황과 전망[33]

낮아지는 성장률 전망

유로지역 경제는 보호무역주의가 강화되는 국제적 흐름과 신흥시장국 경제의 취약성 부각 등으로 글로벌 불확실성이 지속되면서 성장의 하방 리스크가 증대된 것으로 나타났다. 다만 우호적 금융환경이 지속되는 가운데 고용 증가와 임금 상승이 나타나고, 다소 확장적인 재정정책이 시행되고 있으며, 완만하나마 글로벌 경제활동 확대가 여전히 이어지고 있는 데 힘입어 성장을 지속할 전망이다.[34]

완화적 통화정책 유지

유럽중앙은행의 경제 상황에 대한 평가에 따르면, 중기 시계에서 물가 수준 목표치(2.0% 근접 하회)를 달성하기 위해 앞으로도 충분한 정도의 완화적 통화정책을 유지할 전망이다.[35]

---

32 주요 투자은행들은 미중 간 관세 부과의 규모와 대상 품목 등에 따라 미국 성장률이 0.4~0.8%포인트 하락할 것으로 추정하고 있다.

33 〈ECB 통화정책회의 결정내용 및 금융시장 반응〉(한국은행 프랑크푸르트사무소, 런던사무소 현지정보, 2019), 〈최근 독일의 재정정책 관련 쟁점 및 향후 전망〉(한국은행 프랑크푸르트사무소, 런던사무소 현지정보, 2019)을 참고했다.

34 현재 서비스업과 건설업이 양호한 모습을 보이며 견고한 고용 증가세를 나타내고, 지속적 임금 인상도 경기 회복을 견인하고 있다.

35 2019년 7월 유럽중앙은행의 정책위원회 회의 이후 분석자료들에 따르면, 유로지역 경제는 약세를 지속하는 가운데 경기 하방 리스크가 계속되고 인플레이션 압력은 여전히 약하다는 사실을 보여준다.

재정정책이 필요하나 실행되기는 어려울지도

유럽중앙은행은 성장세의 약화와 경기 하방 리스크의 증대에 대응하여 재정 여력이 있는 국가들이 효과적이고 시의적절한 확장적 재정정책을 실행할 것을 촉구했다. 그러나 단기적인 시계에서 볼 때 실행되기는 어려울 듯하다. [36]

유로화 환율 조정 가능성은 낮아

최근 미국의 트럼프 대통령은 유럽중앙은행의 금리 인하에 대해 유로화의 평가절하를 의도한 것이라고 언급했으나 유럽중앙은행은 환율을 통화정책의 목표로 삼지 않는다는 점을 천명했다. [37]

그림 14.4 미국 달러화에 대한 유로화 환율

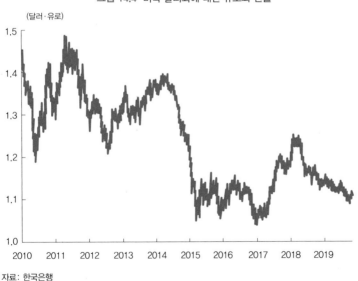

자료: 한국은행

유럽중앙은행의 양적완화 가능성 지속

향후 물가상승률이 목표 수준을 하회할 가능성이 높아 유럽중앙은행의 완화적 정책은 지속될 것으로 예상된다. 양적완화의 경우 현재 주요국의 매입 한도가 거의 소진된 상황이므로 조만간 한도가 상향 조정될 것으로 보인다. 성장세 회복이 상당 기간 지연될 경우 재정적자 용인과 경기 부양을 위한 신규 국채 발행 가능성도 배제할 수 없다. 유럽의 어려움은 계속될 전망이다.

5. 중국의 경제 현황과 전망[38]

무역갈등으로 인한 불확실성의 증대와 성장 둔화

2018년 이후 본격화된 미중 무역분쟁으로 불확실성이 증대됨에 따라 중국의 수출뿐만 아니라 소비, 투자 등도 부진한 모습을 보이

---

36 최근 경제의 어려움이 부각된 독일에서는 경기 부양을 위한 적자재정 운용 필요성이 대두하고 있으나 독일 연방정부는 현재 독일 경제가 경기 부양을 위해 적자재정을 운용할 만큼 급박한 상황은 아니라는 입장이다. 또한 향후에도 재정정책의 기본 방향인 실질적 균형재정black zero의 원칙을 유지한다는 입장을 고수했다.

37 유럽중앙은행은 환율의 경쟁적인 평가절하를 도모하지 않는다는 G20 컨센서스를 지지하며, 다른 G20 국가들도 이를 준수하리라 기대한다는 뜻을 밝혔다.

38 김대운·박정하, 〈미중 무역갈등 이후 중국의 경제 상황 및 리스크 요인 평가〉(《국제경제리뷰》, 한국은행, 2019), 〈최근 중국경제의 동향과 전망〉(한국은행 북경사무소 동향분석자료, 2019)을 참조했다.

면서 성장률이 둔화되고 있다.[39] 이에 따라 경제 주체들의 심리도 위

축되었다.[40] 최근 양국 간 무역갈등은 완화될 조짐을 보이고 있으나

완전한 협상 타결은 쉽지 않을 것으로 예상된다. 합의사항을 이행하

는 데 시간이 소요된다는 점 등을 감안하면 미중 갈등은 당분간 중

그림 14.5 중국의 성장률

자료: 중국국가통계국, 《국제경제리뷰》(한국은행, 2019. 3)

39 GDP 성장률(전년 동기 대비)은 2019년 1/4분기 6.4%, 2/4분기 6.2%, 3/4분기 6.0%로 계속 낮아지고 있다.

40 수출 부문의 증가세가 2018년 4/4분기 중 뚜렷하게 둔화되었으며, 제조업 PMI 가 2018년 12월 이후 3개월 연속 기준치 이하를 기록한 것이 대표적인 징후로 여겨진다. 2019년 8월 현재 중국 경제는 정부의 경기 부양책에도 불구하고 생 산, 소비와 투자 증가세가 모두 둔화되는 등 경기 하강 압력이 더욱 높아졌으며, 금융시장은 주가 하락과 위안화 가치 절하 추세가 지속되는 등 불안한 모습을 이어갔다.

국 경제의 대외 리스크 요인으로 작용할 전망이다.[41] 앞으로도 대외 여건에 불확실성이 잔존하는 가운데 중국 정부가 성장구조의 전환 기조를 유지하는 등 완만한 성장 둔화의 흐름이 이어질 전망이다.

부채와 부동산 관련 리스크에 대한 우려는 제한적

다만 미중 무역갈등과 성장세 감속 등으로 그동안 우려가 지속되었던 부채와 부동산 관련 리스크는 다소 감소했다. 단기간 내 대규모로 부실화되면서 경착륙할 위험이 확대될 가능성은 제한적인 것으로 판단된다. 2018년 중 회사채 디폴트 금액이 급증했으나 중국 채권시장의 규모를 감안할 때 아직은 미미한 수준으로 볼 수 있다.[42]

내수 중심의 성장 전략과 지역 내 무역체제 구축 전망

향후에도 중국의 대외 무역환경과 관련한 불확실성[43]이 높은 가운데 중국 정부는 대내적으로는 내수 중심의 성장 전략을 유지하면서 대외적으로는 지역 내 무역체제 구축을 위한 정책적 노력을 강화할 것으로 예상된다. 따라서 중국 경제의 성장세가 줄어드는 데 대

---

41 예를 들어 중국이 향후 6년간 1조 달러 이상의 대미 수입을 통해 2024년 대미 무역수지를 0으로 한다는 제안의 경우 다양한 제약 요인이 존재한다.

42 중국인민은행에 따르면 중국 채권시장의 디폴트율은 2018년 11월 말 현재 0.74%로 국제채권시장의 통상적인 디폴트율(1.2~2.1%)보다 낮은 수준이다.

43 2019년 3월 5일 전국인민대회에서 중국 정부는 높은 불확실성 등을 감안하여 2019년 성장률 목표치를 6.0~6.5%로 제시한 바 있다.

한 과도한 우려보다는 앞으로 전개될 중국의 성장구조 전환과 대외 협력 방식 변화 등에 유의할 필요가 있다.

6. 우리나라의 경제 전망[44]

경제 전망으로 환율을 예측할 수 있을까?

많은 연구기관이 경제 전망을 발표하며, 한국은행도 대략 분기에 한 번씩 경제 전망을 발표한다. 그러나 환율 전망은 전혀 발표하지 않는다. 정부와 함께 외환 당국의 책무를 담당하고 있어 전망치를 발표하면 곧 환율 목표로 해석되기 때문이다. 변화무쌍한 국제금융 시장의 움직임을 전망하기 어렵기 때문이기도 하다.

경제 성장의 부진

최근 우리나라의 국내외 여건 등을 고려할 때 경제 성장률은 2019년 2.0%에서 2020년과 2021년 각각 2.3%, 2.4%로 점차 높아질 전망이다. 그러나 이는 한국은행이 지난 2019년 7월 발표한 전망에 비해 2019년과 2020년 모두 0.2%포인트 낮아진 수치다. 경제가 더 어려워진다는 의견이다. 이후의 전망도 정부가 돈을 푸는 재정정책의 확

44 한국은행 〈경제전망보고서〉(2019년 11월)를 주로 인용했다.

장적 운용에 의지하고 있다. 다만 설비투자와 수출은 개선되고 민간소비도 2020년 하반기 이후 점차 회복될 것으로 예상된다.

주요 부문별로 살펴보면, 우선 민간소비 부문에서는 향후 대내외 불확실성이 크게 확대되지 않는 한, 소비심리 개선 등으로 2020년 하반기 이후 점차 회복될 전망이다. 그러나 2019년 중 제조업을 중심으로 한 기업실적 부진이 임금 상승세 둔화를 통해 소비 증가를 제약할 수 있겠다. 설비투자 부문에서는 2019년 중 반도체 경기 회복 지연 등으로 부진한 모습을 보이고 있으나 향후 반도체와 디스플레이 투자가 개선되면서 IT 부문을 중심으로 2020년 중 증가로 전환될 것으로 예상된다. 건설투자 부문에서는 주거용 건물은 최근 선행지표 부진을 감안할 때 2021년까지 공사물량 축소 흐름이 지속되는 등 감소세를 이어갈 전망이다. 한편 대외거래 부문을 살펴보면, 상품수출은 2020년 중 증가로 전환될 전망이다. 통관수출의 경우 IT 부문은 반도체 경기 회복에 힘입어 증가로 전환되겠으나 비IT 부문은 석유류 제품의 단가 하락 지속 등으로 소폭 감소할 전망이다.

그림 14.6 민간소비[1)]

주: 1) 계절 조정 실질계열 기준
자료: 한국은행

그림 14.7 소비심리와 불확실성

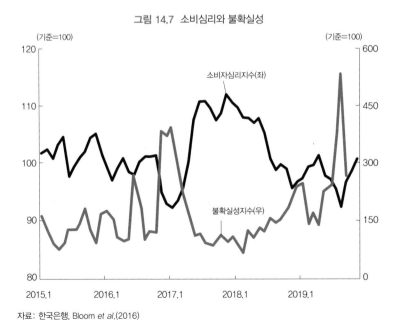

자료: 한국은행, Bloom et al.(2016)

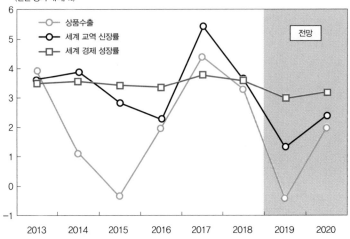

그림 14.8 글로벌 교역·성장과 우리 상품수출[1]

(전년 동기 대비, %)

주: 1) GDP 중 실질 재화수출
자료: 한국은행

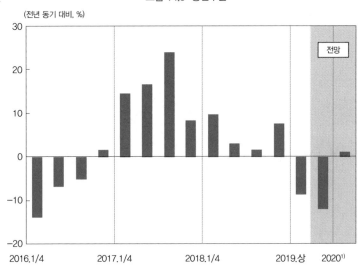

그림 14.9 통관수출

(전년 동기 대비, %)

주: 1) 연간 기준
자료: 한국은행, 관세청

276

그런데 향후 경제 성장의 경로는 불확실성이 높다. 정부가 재정 정책을 확대하여 경기 부진에 대응하는 가운데 미중 무역협상 타결 등에 따라 글로벌 보호무역 기조가 완화될 수 있으며, 주요국을 중심으로 각국이 금리를 낮추고 양적완화 정책을 지속하는 등 통화정책의 완화 기조가 확산되면 경제 성장률이 예상보다 높아질 수도 있다. 반면에 주요 수출품목인 반도체 산업의 경기 회복이 지연될 우려가 있는데, 글로벌 교역의 부진이 지속되면서 홍콩 시위 격화 등 지정학적 리스크가 증대되고 중국의 내수 부진이 심화되어 우리나라에 영향을 미치는 등 경제 성장률이 예상보다 더욱 낮아질 우려도 상존한다.

표 14.4 경제 성장 전망

(전년 동기 대비, %)

	2018	2019			2020[e]			2021[e]
		상반	하반[e]	연간[e]	상반	하반	연간	연간
GDP	2.7	1.9	2.1	2.0	2.2	2.3	2.3	2.4
민간소비	2.8	2.0	1.8	1.9	1.9	2.2	2.1	2.3
설비투자	-2.4	-12.3	-2.9	-7.8	5.7	4.2	4.9	5.2
지식재산생산물투자	2.2	2.8	2.5	2.7	3.3	3.6	3.4	3.3
건설투자	-4.3	-5.1	-3.6	-4.3	-3.6	-1.2	-2.3	-0.9
상품수출	3.3	-0.8	0.1	-0.4	2.3	2.1	2.2	2.4
상품수입	1.6	-3.2	0.0	-1.6	2.4	2.3	2.4	2.9

자료: 한국은행 〈경제전망보고서〉(2019년 11월)

지속되는 취업 부진

2020년, 2021년 취업자 수는 각각 24만 명, 20만 명 증가할 전망이나 2019년의 28만 명에는 미치지 못할 것으로 예상된다. 부문별로 보면, 서비스업 고용은 정부의 일자리 정책과 소득 지원 정책이 지속되는 가운데 정부와 기업의 연구개발 투자 확대 등에 힘입어 꾸준히 증가할 것으로 예상된다. 제조업 고용도 부진이 다소 완화되겠으나, 건설업 고용은 공사물량 축소 등의 영향으로 소폭 감소할 것으로 예상된다.

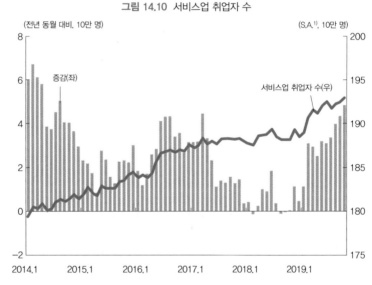

그림 14.10 서비스업 취업자 수

주: 1) 계절 조정, Seasonally Adjwsted
자료: 통계청

그림 14.11 제조업 취업자 수

(전년 동월 대비, 10만 명)　　　　　　　　　　　(S.A., 10만 명)

제조업 취업자 수(우)

증감(좌)

자료: 통계청

다소 상승하는 물가

소비자물가 상승률은 2019년 0.4%에서 2020년과 2021년 각각 1.0%, 1.3%로 점차 높아질 전망이다. 2020년 중 소비자물가 상승률은 수요 측 물가 압력이 약하고 복지정책 기조도 이어지겠으나 공급 측 물가 하방 압력이 완화되면서 2019년보다 높아질 것으로 예상된다. 정부 정책 측면에서는 고교 무상교육 시행 등으로 물가 하방 압력이 이어질 것으로 예상되나 일부 공공요금 인상, 개인소비세 인하 종료 등이 상승 요인으로 작용할 전망이다. 2021년 중 소비자물가 상승률은 경기 개선, 정부 정책의 영향 축소 등으로 2020년보다 다

표 14.5 물가 전망

(전년 동기 대비, %)

	2018	2019			2020^{e)}			2021^{e)}
		상반	하반^{e)}	연간^{e)}	상반	하반	연간	연간
소비자물가	1.5	0.6	0.2	0.4	1.1	0.9	1.0	1.3
식료품·에너지 제외	1.2	0.8	0.7	0.7	0.7	0.8	0.7	1.1
농산물·석유류 제외	1.2	1.0	0.8	0.9	0.8	0.9	0.8	1.2

자료: 한국은행 〈경제전망보고서〉(2019년 11월)

소 높아질 것으로 예상된다.

경상수지 흑자의 지속과 소폭 축소

경상수지 흑자 규모는 2019년, 2020년, 2021년 각각 570억, 560억, 520억 달러로 흑자 기조는 지속되나 규모는 소폭 축소될 것으로 예상된다. 상품수지는 반도체 경기 회복 등으로 수출이 증가하고 유가 하락으로 원자재 수입액이 감소하면서 흑자폭이 확대될 전망이다.

표 14.6 경상수지 전망

(억 달러)

	2018	2019			2020^{e)}			2021^{e)}
		상반	하반^{e)}	연간^{e)}	상반	하반	연간	연간
경상수지	764	218	352	570	180	380	560	520
상품수지	1,119	371	404	775	330	470	800	790
서비스·본원·이전소득	−355	−153	−52	−205	−150	−90	−240	−270

자료: 한국은행 〈경제전망보고서〉(2019년 11월)

반면 서비스수지는 여행·운송수지를 중심으로 적자가 이어지고, 본원소득수지의 경우 2019년 일시적으로 크게 늘어난 배당소득수지 흑자폭이 축소될 전망이다.

제 15장

바람과 물결의 방향
경제 여건과 환율 변동

기댓값을 알 수 없더라도 사람마다 나름대로 패턴을 읽는 방법이 있다. 패턴을 읽는 방식은 정리되어야 하지만, 또 끊임없이 수정되어야 한다. 신문과 방송은 오늘의 환율 변동 요인을 전문가 의견을 인용해 설명한다. 다만 무슨 요인을 선택하는지는 주관에 달려 있다. 기사는 대체로 오늘의 일에 집중한다. 오늘의 이야기는 오늘의 요인일 뿐 내일 나타날 요인에 대한 예측이 아니라는 점에 유의하자.

환율 변동 패턴은 국내 요인을 반영하는 환율 변동 패턴과 해외 요인을 반영하는 환율 변동 패턴으로 구분해야 한다. 다음의 참고 기사들을 읽어보자. 상대방의 의견을 잘 들어주면 주위에서 좋은 정보가 들어온다.

1. 국내 요인의 환율 패턴

외화예금

개인 외화예금 150억 달러 돌파 '1년 4개월 최고'…
환율 급등에 투기수요 가세

개인 거주자외화예금이 150억 달러를 돌파해 1년 4개월 만에 최고치를 경신했다. 이 중 달러화투자 규모도 130억 달러를 넘어섰다. 이에 따라 거주자외화예금과 달러화예금에서 차지하는 개인 비중은 각각 역대 최대치를 경신했다. … 한은 관계자는 "거주자외화예금이 달러화를 중심으로 늘었다. 통상 원·달러가 오를 때 외화예금이 감소하기 마련이나 이번에는 달랐다. 기업은 해외채권 발행자금 예치 등 일시적 요인이 작용했다. 다만 환율 변동성이 커지다 보니 기업들도 예비적 자금을 남겨 놓는 게 아닌가 싶다. 결제일을 의도적으로 미루는 래깅lagging은 없었다. 반면, 개인은 원·달러 환율 추가 상승 기대와 안전자산에 대한 분산투자, 일부 은행의 외화정기예금 금리가 원화예금보다 높았던 점 등이 영향을 미쳤다"고 설명했다.

《이투데이》 2019. 9. 18

달러예금이 늘어나는 초기에는 원·달러 환율이 상승할 확률이 높다. 그러나 엄격히 이야기하면 환율이 상승하리라 예상하기 때문에 달러예금이 증가한다. 환율이 너무 상승했다고 생각하면 달러예금은 감소한다. 더 오를 것이라는 세력과 너무 올랐다는 세력이 부딪힌다. 환율이 상승세를 지속하여 일정 수준에 이르면 다른 요인이 없더라도 하락세로 반전한다. 떨어질 것이라고 생각하기 때문에 떨

어진다는 동어반복이 된다. 그만큼 많이 올랐다는 뜻이다. 환율이
급등한 새로운 수준에서는 수요와 공급 규모가 바뀌기 때문이다.

그래도 달러예금이 증가하고 있다면 환율이 추가 상승하리라는
기대 때문이다. 환율이 상승세를 지속하면 언젠가는 하락세로 반전
한다. 문제는 그 '언젠가'가 언제인지를 잘 판단해야 한다는 점이다.
대부분 기사가 그러하듯 시계에 대한 언급은 없다.

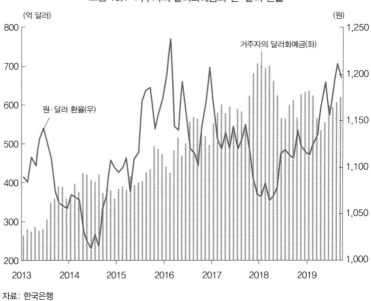

그림 15.1 거주자의 달러화예금과 원·달러 환율

자료: 한국은행

금융시장의 변동성 확대

> 환율 오르고 금리 내려도… "사! 달러"
>
> 하반기 금융시장이 한 치 앞을 내다보기 어려운 시계 제로 상황에 놓였다. 글로벌 경기 침체와 미중 무역갈등에 한일 무역전쟁까지 국내외 변수들로 주식시장 변동성이 확대되고 있다. 주식시장의 변동성이 커지며 투자처를 찾지 못한 투자자들은 빠르게 안전자산인 달러와 금으로 이동 중이다. 이미 미국 달러와 금값이 크게 올랐지만 마땅한 투자처를 찾지 못하는 상황에서 선택의 여지가 없다는 분석이다. 특히 환율이 오르는데도 투자 통화와 지역 분산을 목적으로 달러를 사들이는 경향이 뚜렷해지고 있다.
>
> 《서울경제》 2019. 9. 23

글로벌 경제가 불안해지면 원·달러 환율이 상승할 확률이 높다. 위기 속에서 돈은 미국 달러 등 안전자산을 찾아간다. 시장 불안이 일어나기 전, 살펴보면 작은 방아쇠가 있다. 미세한 움직임을 미리 감지하면 좋지만 찾아내기 어렵다. 글로벌 경기 침체는 계기가 있을 때마다 새로 부각된다. 그런데 9월 23일은 환율이 꾸준한 상승세를 보인 후 잠시 하락했다가 다시 반등하는 시기였다. 사후적으로 살펴보면, 10월 초부터 한 달 동안 환율은 지속적으로 하락하는 모습을 보였다. 단기 고점이 다가오고 있는 시기였다.

불황과 호황

우리나라 실물경제가 호황이면 원·달러 환율이 하락하고, 불황이면 원·달러 환율이 상승할 확률이 높다. 이제 시간의 흐름을 지켜보자. 이러한 변화는 중장기 변동 요인이다. 더욱이 4월 말에서 보면 1분기 성장은 이미 지난 일이다. 시장은 석 달 후 2분기 성장률 발표를 기다릴 것이다. 그러나 뉴스 발표를 통해 알려지면서 지난 일들은 환율 움직임에 즉시 영향을 미쳤다.

우리나라의 경제 성장

> 1200원 아래로 내려온 환율… "안정 기대는 일러"
>
> 국내총생산GDP 성장률 등 한국 경제의 기초체력을 보여주는 각종 거시경제
> 지표가 여전히 부진한 상태이기 때문에 원화가 강세로 돌아설 수 있는 상황
> 이 아니라는 분석도 나온다. 이 때문에 전문가들은 원·달러 환율이 당분간
> 현재의 1190원대에서 1200원 초반을 오르락내리락할 것으로 전망한다.
>
> 《조선비즈》 2019. 9. 13

우리 경제의 기초체력이 약해지면 원화도 약세를 보일 확률이 높다. 그러나 단기 환율 변동을 기초체력으로 설명하기는 어렵다. 뉴스에는 종종 전문가들이 등장하여 시장의 전망을 전한다. 기사 내용에도 대부분 시장의 컨센서스가 반영되어 있다. 그러나 전망이라기보다 당시의 상황에 대한 당시의 근거에 불과하다. 전문가들도 과감하게 전망하기 조심스럽다. 대체로 현 수준에서의 등락을 말하는 경향이 있다.

시장의 움직임과 구두개입

> 커지는 금리 인하 전망에 1200원 돌파 넘보는 환율
>
> 지난달 22일 원·달러 환율이 장중 1196.5원까지 치솟으며 연고점을 경신
> 하자 외환 당국은 환율 급등세를 우려하는 발언을 내놨다. 29일에도 환율이
> 더 오른다고 보는 심리가 강해지며 1196.2원까지 고점을 높이자 구두개입

발언이 나왔다. 당국의 구두개입에도 이주열 한국은행 총재는 지난 31일 환율은 금리 하나에 의해서 결정되지 않는다면서 "1200원을 염두에 두고 (환율을) 관리하는 게 아니다"라고 말했다. 이는 환율 1200원 돌파를 용인한 것이라기보다는 원론적인 발언으로 보인다. 과거 이명박 정부 시절 강만수 당시 기획재정부 장관이 적극적인 고환율 정책을 폈던 것과 달리 이 총재나 홍남기 부총리 겸 기획재정부 장관은 환율에 대해 조심스러운 발언을 내놓고 있다. 홍 부총리는 지난 20일 환율이 1200원을 돌파할 수 있다는 지적에 "환율 수준에 대해 말하는 것 자체가 시장에 영향을 주기 때문에 말하지 않겠다"면서도 "정부는 과도한 쏠림 현상이 있을 경우 대응할 계획"이라고 밝혔다. 다만 앞으로 환율이 1200원을 넘어설 가능성은 커졌다는 게 시장의 인식이다.   《한국경제》 2019. 6. 2

말로 신호signal를 보내도 외환시장 개입이다. 구두개입은 실탄, 즉 돈이 들어가지 않는다는 이점이 있다. 그러나 정책 당국에 대한 신뢰가 있어야 외환시장이 구두개입을 받아들인다. 구두개입 시에는 거의 대부분 환율의 수준에 대해 말하지 않는다. 움직이는 속도에 대해 말할 뿐이다. 그러나 환율이 어느 정도 수준에 이르렀을 때 외환 당국이 구두개입을 하는지 시장은 보고 있다. 속도를 말하지만 수준을 말하고 있다는 점을 알아차린다.

국제수지

> 2년 3개월 만에 1160원 돌파, 환율도 심상찮다
>
> 우리나라의 경우 4개월 연속 수출 둔화로 경상수지 흑자폭이 줄어들면서 원화 약세(달러 강세) 요인으로 작용하고 있다. 특히 4월은 국내 주식에 투자한 외국인들이 받은 배당금을 달러로 바꿔 해외로 송금하기 때문에 82개월간 이어져 온 경상수지 흑자마저 적자로 돌아설 가능성도 제기되고 있다. … 정부는 환율 변동에 촉각을 곤두세우고 있다. 환율이 급격히 오를 경우 국내에 투자된 외국인 자금이 빠져나갈 수 있기 때문이다. 전문가들은 "큰 폭은 아니더라도 당분간 환율 상승 현상이 지속될 가능성이 크다"고 전망하고 있다. 《조선일보》 2019. 4. 26

> 커지는 금리 인하 전망에 1200원 돌파 넘보는 환율
>
> 당장은 오는 5일 한은이 발표하는 4월 국제수지 잠정치가 환율 상승을 부추기는 요인으로 작용할 수 있다. 4월 경상수지가 적자가 날 수 있어서다. 배당금 입금 시기를 맞아 외국인들의 송금 수요가 발생한 데 따른 일시적인 현상이지만 지난 3월까지 83개월간 이어진 경상수지 흑자 행진이 멈춰 서는 것이기에 심리적인 영향을 미칠 수 있다. 중기적으로는 2분기 경제 성장률이 크게 반등하지 못할 경우 한국 경제의 기초 여건(펀더멘털)에 대한 우려가 제기될 수도 있다. 《한국경제》 2019. 6. 2

3월에 이어 4월에도 국제수지에 대한 관심이 이어지고 있다. 경상수지 적자만으로 원·달러 환율 상승을 말하기 어렵다. 앞서 설명했듯이 장단기 자본 유출입이 환율 수준에 더 영향을 미칠 수 있기 때

문이다. 한편 경상수지 적자는 외환 수급을 통해 이미 시장환율에 지속적으로 반영되었을 것이다. 그러나 시장참가자들이 모르고 있었다는 점이 중요하다. 지난 일들은 알아차리는 시점에서 다시 환율 변동에 영향을 미친다. 환율이 상승하는 시기였다.

수출대금

커지는 금리 인하 전망에 1200원 돌파 넘보는 환율

5월 하순부터 환율이 1180~1190원대에서 등락을 거듭함에 따라 수출업체들이 달러화 매도(네고) 물량을 쏟아내지 않고 추가적인 상승을 기다리고 있는 점은 향후 1200원 돌파 가능성을 키우는 요인이다.

《한국경제》 2019. 6. 2

수출하고 받은 달러를 팔지 않고 대기하는 이유는 달러예금이 증가하는 요인과 비슷하다. 원·달러 환율이 상승하리라 예상하기 때문에 대기물량이 증가한다. 원·달러 환율이 너무 상승했다고 생각하면 대기하던 달러 물량이 감소할 것이다. 그래도 아직 증가하고 있다면 환율이 추가 상승하리라는 기대 때문이다.

그러나 수출하고 받은 달러는 조만간 다시 수출할 제품의 원자재를 사거나 종업원들의 임금 또는 회사 경비로 사용해야 할 돈이다. 마냥 기다리지는 못한다. 네고 물량은 곧 원화로 바뀌어야 하므로 향후 1200원에 도달하면 달러를 매도함으로써 환율을 떨어뜨릴 요인이라고 볼 수 있다. 원·달러 환율이 1200원을 뚫고 올라가기 어려울 수 있다는 시사점을 던져준다.

우리나라의 기준금리

[이번 주 환율] 10월 기준금리 인하 전망 영향…
미·중 관세 부과로 달러 선호 유지

이 가운데 한국은행 금융통화위원회에서 금리 인하를 지지하는 소수의견이 원화 가치 약세를 부추길 수 있다는 의견이 나온다. 앞서 한국은행은 지난 30일 금융통화위원회 회의를 열고 기준금리를 연 1.50%로 동결했다. 금융통화위원회원 사이에선 금리 인하 효과를 지켜보자는 의견이 우세했던 것으로 전해진다. 지난달에 이어 두 차례 연속 금리를 내리기는 부담스럽다는 시장의 예상에서도 벗어나지 않았다. 다만 금융통화위원회 이후 다음 달 금리 인하 전망이 우세해지면서 원·달러 환율 상승 요인이 될 것으로 보인다.

《오피니언뉴스》 2019. 9. 1

기준금리 인하는 원화 약세를 가져올 확률이 높은가? 즉, 원·달러 환율 상승 요인인가? 우리나라 기준금리가 인하되면 채권금리가 하락하면서 외국인 채권투자자금이 우리나라로 유입할 가능성이 적어지거나 유출될 가능성이 커진다. 그러나 시장금리가 미리 기준금리 인하를 반영했을 수도 있다. 즉, 기준금리를 인하하기 전에 시장이 이를 예상하고 금리가 미리 하락해 있을 수 있다. 또한 다른 측면에서 시장금리 하락이 기업의 자금 조달 비용을 줄여주어 주가 상승

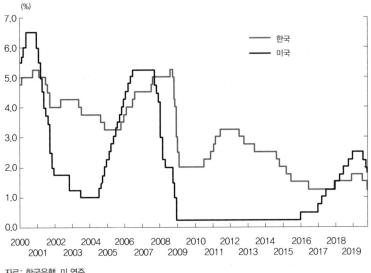

그림 15.2 한국과 미국의 기준금리

자료: 한국은행, 미 연준

요인으로 작용할 확률도 있다. 달러가 유입될 수도 있을까? 경기가 가라앉는 상황에서는 가능성이 적어 보인다.

지금에 와서 돌이켜보면, 10월 26일 금융통화위원회는 기준금리를 25bp 인하했다. 10월 들어 원·달러 환율이 하락세를 지속하던 중이었다. 금융통화위원회의 의사 결정은 원화 약세를 가져다주지 못했다. 중국과의 무역협상 갈등 등이 더 큰 영향을 미치는 요인이었다. 종종 영향이 작은 요인들은 큰 요인에 제압당한다. 물론 기준금리 인하 결정이 없었더라면 더 하락했을 것이라고 주장할 수는 있다.

2. 해외 요인의 환율 패턴

미국의 통화정책

> 연준 실망감… 위안화 환율, 원화 환율 '상승' vs 엔화 환율 '하락'
>
> 미국 연방준비제도(연준) 이사회의 부양 조치가 기대에 못 미치자 국제 외환시장에서 안전통화 선호심리가 커졌다. 원화 환율은 상승하고 엔화 환율은 내려갔다. 미국 달러 대비 원화 환율은 19일 서울 외환시장에서 1달러당 1193.6원에 마감됐다. 전날보다 2.3원(0.19%) 올랐다. 연준은 18일(미국 시간) 연방공개시장위원회FOMC 회의를 열고 연방기금 금리를 1.75~2.00%로 0.25%포인트 인하했다. 연준은 FOMC 성명서에서 "기업고정투자와 수출이 약화됐다"며 금리를 내렸지만 "고용시장이 호황을 유지했고 경제활동이 탄탄하게 성장하고 있다"고 밝혔다. 이는 연준이 향후 금리를 추가로 내릴 판단은 하지 않고 있는 것으로 해석됐다. 이날 회의 결과도 0.5%포인트 인하도 주장한 위원이 한 명 있는 반면, 금리 인하에 반대한 위원이 두 명으로 의견이 크게 엇갈렸다. 연준의 이 같은 모습은 금융시장에서 향후 추가 금리 인하 불투명에 따른 실망으로 이어져 외환시장에서는 엔화와 같은 안전통화의 선호도를 높였다. 《초이스경제》 2019. 9. 19

> 원·달러 환율 상승 마감… 미 '매파적 금리 인하' 영향 제한적
>
> 미국 연방준비제도(연준)의 향후 통화정책 입장이 매파적(통화긴축 선호)으로 해석되면서 19일 원·달러 환율이 상승(원화 가치 하락) 마감했다. 이날 서울 외환시장에서 원·달러 환율은 전일보다 2.3원 오른 달러당 1193.6원에 거래를 마쳤다. 환율은 달러당 1.2원 오른 달러당 1192.5원에 거래가 시작된 뒤 상승 흐름을 이어갔다. 전날 연준이 정책금리를 0.25%포인트 인하했지

> 만 제롬 파월 연준 의장은 이번 금리 인하 결정이 '보험성'이라는 점을 재확
> 인하며 기조적인 금리 인하가 이어질 것이란 시장 기대를 차단했다. 시장이
> 파월 의장의 발언을 매파적으로 받아들이면서 달러화 강세 요인으로 작용
> 했지만, 연준의 이런 입장이 어느 정도 예상됐던 만큼 외환시장에 미친 영
> 향은 제한적이었다. … 다만 코스피가 이날 10거래일 연속 상승세를 지속하
> 고 유가증권시장에서 외국인이 2191억 원어치를 순매수한 것은 원·달러 환
> 율 상승폭을 제한하는 요인으로 작용했다.　　　《연합뉴스》 2019. 9. 19

미 연준이 기준금리를 인하하리라는 기대가 형성되면, 달러는 약
세를 보일 확률이 높다. 미국에서 돈이 나갈 가능성이 크기 때문이
다. 즉, 원·달러 환율은 하락할 확률이 높다.

그러나 반드시 그렇지는 않다. 그 배경을 살펴봐야 한다. 미국의
기준금리 인하를 글로벌 경기 침체의 시작으로 받아들이면, 안전자
산 선호 경향으로 달러가 강세를 보일 확률이 높아진다. 즉, 원·달
러 환율이 상승할 확률이 높아진다.

한편 기대가 시장에 반영되어 있다가 기대에 미치지 못하는 조치
가 발표되면, 발표 당일 환율은 오히려 반대로 움직인다. 기준금리
인하를 주장하면 비둘기파, 기준금리 인상을 주장하면 매파로 불린
다. 그렇다면 기사의 '매파적 금리 인하'란 뭘까? 기준금리 인하에 찬
성하면서도 추가적인 인하 가능성은 부인하기 때문에 이러한 용어
를 사용했다.

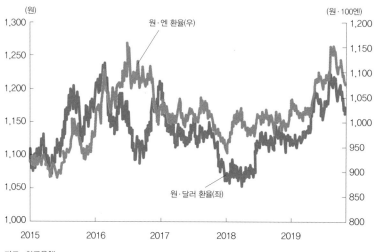

그림 15.3 원·달러 환율 및 원·엔 환율

원·엔 환율(우)

원·달러 환율(좌)

자료: 한국은행

미국의 경기

1130원대 안착한 원·달러 환율… 수출에 단비 될까

원·달러 환율이 연일 연고점을 넘어서면서 1130원대로 자리를 잡았다. 가파른 상승 속도를 고려하면 1140원대로 올라설 가능성도 배제할 수 없는 상황이다. 글로벌 경기 둔화에 미 경기지표까지 부진하자 글로벌 위험회피 심리가 발동했고 원화를 비롯한 신흥국 통화의 약세로 이어지는 분위기다. 당장 수출업체는 가격경쟁력, 환차익을 얻을 수 있어 '가뭄에 단비'를 맞을 수 있다. 하지만 물가와 증시에는 부정적 영향이 예상된다.

《조선비즈》 2019. 3. 11

미국 경제지표 호조에 원·달러 환율 소폭 상승

원·달러 환율이 30일 소폭 상승 출발했다. 서울 외환시장에서 이날 원·달러 환율은 오전 9시 13분 현재 전일 종가보다 1.5원 오른 달러당 1160.0원을 나타냈다. 이날 원·달러 환율은 0.5원 오른 1159.0원에 거래를 시작해 소폭 상승세를 유지하고 있다. 미국 소비지표가 양호하게 나타나 글로벌 강달러 현상이 커진 것으로 풀이된다. 미 상무부는 29일(현지 시간) 3월 개인소비지출PCE이 한 달 전보다 0.9%(계절 조정치) 증가했다고 밝혔다. 이는 시장 예상치(0.7%)보다 높다. 소비는 미국 국내총생산GDP의 3분의 2 이상을 차지하는 만큼 미국 경기에 대한 낙관적인 전망이 확산한 것으로 보인다.

《매일경제》 2019. 4. 30

미국 곧 금리 인하 나서면서 환율전쟁 다시 시작된다

지난 10년간 세계 경제를 뜨겁게 달구었던 미국 경제가 둔화 조짐을 보인다. … 미국 경기가 수축 국면에 접어들면 정책 당국이 대응할 수 있는 수단이 많지 않다. … 현재 정책금리의 목표 수준은 2.5%에 머물러 있다. 이를 더 낮춘다 해도 절대 수준이 낮아 소비와 투자를 크게 자극할 여지는 크지 않다. 그렇다면 트럼프 행정부는 대외 부문에서 수요를 부양할 수 있는 방법을 찾게 된다. '전가의 보도'이자 '신의 한 수'는 달러화 약세. … 올 하반기 이후 미국 경제지표의 둔화 조짐이 가시화하면 환율전쟁이 다시 격화할 가능성이 높다. 트럼프 행정부는 직간접적으로 달러 가치 하락을 유도할 전망이다. … 미국 경제가 침체에 빠지면 중국 등 일부 국가를 환율조작국으로 지정할 가능성이 크다.

《중앙일보》 2019. 6. 11

미국 경기가 좋으면 달러는 강세를 나타내고 미국 경기가 나쁘면 달러는 약세를 보인다. 그러나 미국 경제뿐 아니라 전 세계 경제가 부진하면 달러는 강세를 나타낼 확률이 높다. 역시 믿을 곳은 미국뿐이라는 인식으로 다른 나라의 돈이 안전자산으로 몰리기 때문이다. 그러므로 경기와 관련하여 미국 달러화가 약세를 나타낼 때란 미국 경기는 불황으로 접어드는 신호를 보내는데 우리나라 등 다른 나라의 경기는 호황을 보이는 경우다.

그런데 위의 뉴스를 보면 미국 경기는 3월에는 부진, 4월에는 호조, 6월에는 다시 부진이었다. 경기가 일관된 신호를 보내지 않았다는 점에 유의하자. 더욱이 6월 기사에서는 "미국 경제가 침체에 빠지면 중국 등 일부 국가를 환율조작국으로 지정할 가능성이 크다"라고 전하고 있다. 그런데 이후의 상황을 보면, 무역전쟁이 환율조작국 지정과 더 관련이 있는 것으로 보인다.

환율조작국 지정

미, 중국을 환율조작국 지정한 노림수는…
'제2 플라자 합의'로 미래 라이벌 견제

무역전쟁이 본격화되기 시작한 1년 전에도 미국은 '환율' 이슈를 가지고 중국을 압박했다. 시장의 이목을 끌고 있는 대목은 중국의 달라진 태도다. 지난해 7월 20일(현지 시간) 도널드 트럼프 미 대통령은 트위터에 "중국이 통화 가치를 조작하고 미국은 금리를 올리면서 달러화가 갈수록 강세를 띠고 있다"며 "그동안 불법적인 환율 조작과 나쁜 무역협정 탓에 (미국이) 잃었던 것을 되찾아야 한다"고 중국을 겨냥해 비난의 목소리를 높였다. … 그러자 중국 인민은행은 작년 7월 23일 달러당 위안화 기준환율을 내리면서 위안화

가치를 절상시켰다. 달러 대비 위안화 환율이 떨어졌다는 것은 그만큼 위안화 가치가 올랐다는 것을 의미한다. 당시 중국은 무역갈등이 환율전쟁까지 격화되는 것을 원치 않았던 탓에 위안화 약세에 다소 제동을 거는 모습을 보였던 것이다. 하지만 올 8월 미국이 실제 중국을 환율조작국으로 지정하자 중국은 위안화 가치가 '달러당 7.0위안' 아래로 떨어지는 것을 용인하는 '포치破七 전략'[45]을 꺼내들며 1년 전과 사뭇 다른 행보를 걷고 있다. 지난 8월 8일 인민은행은 글로벌 금융위기 당시인 2008년 5월 이후 11년 4개월 만에 위안화 기준환율을 심리적 마지노선인 '달러당 7.0위안' 위로 고시한 이래 4거래일 연속 위안화 가치를 내렸다. 시장에서는 중국 당국이 미국을 겨냥한 반격 차원에서 위안화 약세를 용인하겠다는 신호로 받아들였다. … 중국은 위안화 환율 조작 가능성을 거듭 부인하는 동시에 위안화 약세 기류의 원인을 '미중 무역전쟁'으로 돌리는 데 열을 올리고 있다.

《매경LUXMEN》 제108호, 2019. 9. 2

[이번 주 환율] 원·달러 환율 다시 1180선… 향후 전망은

미국이 지난달 중국을 환율조작국으로 결정하자 중국 인민은행은 강력 반발했다. 지난 6월 열린 주요 20개국G20 재무장관·중앙은행 총재 회의에서도 회원국들은 경쟁적 통화 가치 절하를 자제하겠다는 합의를 도출해냈다. … 그러나 미국 경제매체 CNBC 방송은 전문가들의 분석을 인용해 "주요국 중앙은행이 환율전쟁에 물밑으로 깊숙이 개입하고 있다"고 전했다. 전 세계 각국에 자국 이기주의가 확산되고 있는 상황에서 환율전쟁은 한층 격화될 것이라는 분석이 제기된다. 환율전쟁은 타협에 이르지 못하면 누군가가 피해를 볼 수밖에 없는 '제로섬' 게임인데, 각국이 첨예하게 대립하면서 글로벌 경제가 위기에 빠질 것이라는 게 전문가들의 공통적인 분석이다. 영국

---

45 달러당 7위안을 용인하는 중국 정부의 환율전략을 말한다.

미국의 중국에 대한 '환율 수준'의 압박이다. 미국은 경상수지 적자를 거론하며 위안화의 절상을 요구한다. 중국은 대외 수출 확대를 위해 미국의 압박을 거부하고 싶다. 그러나 국력 차이가 존재하는 가운데 무역협상을 고려하여 중국은 미국의 요구를 수용하는 모습을 보이기도 하고 거부하는 모습을 보이기도 한다. 환율조작국으로 지정한다고 해서 바로 효력이 발휘되지는 않는다. 상당한 시일이 소요된다. 한편 이는 그만큼 중국 정부가 위안화 환율을 마음대로 조절할 수 있다는 반증이기도 하다. 중국은 변동환율제를 택하고 있지 않다.

이에 주목하는 이유는 최근 우리나라 환율의 움직임이 위안화에 동조하고 있기 때문이다. 그만큼 우리 경제와 중국 경제는 밀접하게 연결되어 있다.

미중 무역협상

1200원 아래로 내려온 환율… "안정 기대는 일러"

지난 8월 초부터 한 달가량 달러당 1200원을 웃돌던 원·달러 환율이 지난 주말을 기점으로 1190원대로 내려오면서 환율 안정 기대감이 커지고 있다. 원·달러 환율이 1200원대 중반으로 튀어 오를 경우 외국인 투자 자본의 유출이 일어날 수 있다는 우려가 제기됐지만, 원화 약세에 제동이 걸린 것 아니냐는 관측이 나온다. 원화 약세 요인이었던 미중 무역분쟁을 해결하기 위한 협상이 시작되면서 환율 불안을 다소나마 완화시킬 것이라는 기대감이다. 외환시장 전문가들은 현재 원·달러 환율 흐름을 '소강기'라고 표현한다. 미중 무역협상의 전개 양상에 따라 언제라도 원·달러 환율이 1200원대로 올라설 수 있다는 게 전문가들의 진단이다. 《조선비즈》 2019. 9. 13

[이번 주 환율] 원·달러 환율 다시 1180선… 향후 전망은

이 가운데 미중 무역협상이 다시 시장에 충격을 가할 수 있는 변수로 떠오르고 있다. 양국은 다음 달 초 고위급 회담을 앞두고 지난 19일부터 미국 워싱턴DC 소재 무역대표부USTR에서 실무협상에 돌입했다. 현재 시장은 완전한 합의 대신 부분적으로 합의를 의미하는 '스몰 딜small deal' 가능성에 무게를 두고 있다. 그러나 실무협상이 시작된 뒤 '비관론'이 부각되면서 시장을 불안케 하고 있다는 게 전문가들의 시각이다. 실제 중국 무역협상단의 미국 농가 방문 계획이 취소되기도 했다. 이후 양국 협상에 차질이 있는 것 아니냐는 우려가 나오고 있다. 그간 미중 무역협상 기대감은 원·달러 환율 상승세를 누그러뜨렸다. 만약 양국의 마찰이 가시화할 경우 안전자산 선호현상이 확산하면서 원·달러 환율이 다시 오를 수 있다. 《오피니언뉴스》 2019. 9. 22

미중 무역협상이 타결되지 못하면 국제금융시장은 불안정해진다. 시장이 불안해지면 위안화·달러 환율에 동반하여 원·달러 환율이 상승할 확률이 높다. 반면 무역협상이 원만히 진행될 경우 위안화·달러 환율이 하락하면 원·달러 환율이 동조하여 하락할 확률이 높다. 우리 경제가 중국과의 무역 의존도가 높고 부품과 중간재 교류 등으로 긴밀히 연결되어 있어서 중국의 경제 상황에 영향을 받을

것이라는 점도 고려해야 한다.

돌이켜보면 미중 무역협상은 협상 단계별로 희비가 엇갈리면서 오랜 기간에 걸쳐 때로는 다른 요인들을 압도하면서 최종 타결까지 환율에 영향을 주고 있다. 섣불리 합의했다가 국민에게 비난받느니 협상을 지연시키면서 갈등을 유발하고 상대를 비난하는 편이 트럼프 정부와 시진핑 정부에 더 유리할 수 있다. 경제 현상 뒤에는 종종 정치적 이해관계가 숨어 있다. 그렇다면 무역협상은 상당히 오래 진행되면서 환율의 상승과 하락 폭을 키울 확률이 높다.

일본의 수출 규제

1200원 아래로 내려온 환율… "안정 기대는 일러"

일본의 수출 규제로 인한 갈등 상황이 지속되는 점도 원·달러 환율 안정을 위협하는 요인으로 지목됐다. 한일 갈등이 한미일 동맹 기조를 흔들리게 하는 요인으로 작용하는 것이 원화 약세를 조장하는 지정학적 리스크로 부각되고 있다는 분석도 나온다. 《조선비즈》 2019. 9. 13

무역갈등이 생기거나 국제금융시장이 불안정해지면 원·달러 환율이 상승할 확률이 높다. 무역마찰에 더하여 한일 군사정보보호협정GSOMIA 종료 여부도 환율 움직임의 안정을 해친다. 지소미아 종료는 한일 무역갈등 우려를 고조시키며 환율 상승 압력으로 작용할 가능성이 컸다. 최소한 환율이 하락하는 데 제약 요인이 되었을 것이다.

군사안보 분야에서의 협정 종료는 미중 무역전쟁 등으로 커진 불확실성이 우리나라의 지정학적 리스크로 확산되는 계기가 되었다. 2019년 11월 22일 우리나라 정부는 지소미아 종료 연기를 발표했다.

원유 가격과 물가

유가 리스크 완화 소식에 원·달러 환율 보합세

피폭된 사우디아라비아의 석유시설이 이달 말까지 복구될 것이라는 소식에 유가가 진정되면서 원·달러 환율도 보합세를 보였다. 18일 서울 외환시장에서 원·달러 환율은 전일 대비 0.6원 오른 1191.3원에 마감했다. 미국 연방공개시장위원회FOMC의 금리 인하 경계감에 2.7원 하락한 1188.0원에 거래를 시작한 원·달러 환율은 장중 낙폭을 줄이다가 다시 1190원대를 넘어섰다. 하락할 것으로 예상됐던 원·달러 환율이 보합세로 돌아선 것은 사우디 석유시설 복구 소식으로 인한 원유 가격 안정세 때문이다. 사우디 정부는 이날 드론 공격을 받은 석유시설의 완전 복구를 이달 말까지 완료하겠다고 공식 발표했다. 또 미국의 전략 비축유 방출 방침의 영향을 받아 17일(현지 시간) 10월 인도분 서부 텍사스산 원유WTI 가격은 뉴욕상업거래소에서 5.7%(3.56달러) 하락한 59.34달러에 거래를 마치면서 안정세에 접어들었다. … 시장에서는 사우디 사태에 연준이 연내 두 차례 금리를 인하할 것으로 내다봤으나 유가가 안정되면서 한 번 인하에 그칠 가능성이 높아졌다고 관측했다. 《아주경제》 2019. 9. 18

원유 가격 변동은 경기에 영향을 미치며 이는 다시 환율에 영향을 준다. 수입물가[46]를 통해 우리나라 환율에 영향을 미칠 수 있다. 그

러나 시장에서는 이러한 물가 경로에 주목하지 않았다. 물가에 미친 영향이 다시 환율에 영향을 미치는 경로는 멀고도 장기적이다.

반면 시장은 유가 상승 가능성이 경기 침체 우려를 일으켜 미 연준이 기준금리를 큰 폭으로 인하할 가능성을 내다보았다. 그러나 사우디 사태가 원만히 해결되는 방향으로 나아감에 따라 미 연준이 기준금리를 한 번만 인하하리라고 예상했다. 그러면 우리나라와 미국 간 기준금리 격차가 좁혀지지 않으므로 외국인 투자자의 자금 유출 요인은 줄어들지 않는다. 하락하던 원·달러 환율이 상승으로 전환될 이유가 된다.

중동의 원유 가격 변동이 글로벌 경제에 미치는 영향은 최근 크게 줄어들었다. 매장량이 풍부한 미국이 셰일오일과 셰일가스 생산[47]을 크게 늘려가고 있기 때문이다.

한편 지난 1년간의 뉴스에서 물가 변동이 환율에 미치는 영향을 다룬 기사는 많이 찾지 못했다. 다만 최근의 마이너스 물가[48]가 디플

---

46 2018년 우리나라가 수입한 원유는 총 799.6억 달러였다. 같은 기간 국가 전체 수입액인 5350억 달러 중 14.9%에 해당하는 달러가 원유를 들여오는 데 사용되었다. 무역수지에 부정적 영향을 줄 만하다. 2018년 도입된 원유 중 58.4%(금액 기준)는 석유제품으로 다시 수출되어 외화 획득에 기여했다. 우리나라 소비분보다 두 배 이상 많은 원유를 도입해 휘발유, 경유, 항공유 등 부가가치가 높은 석유제품으로 가공하고 수출한다.

47 미국의 셰일가스 생산량(단위 세제곱피트)은 2010년 6160억, 2015년 1조 3640억, 2017년 1조 6540억이며, 2020년 2조 2810억으로 전망된다.

48 통계청에 따르면 2019년 9월 소비자물가지수(전년 동월 대비)는 105.2로 2018년 9월(105.65) 대비 0.4% 하락했다. 물가상승률이 −0.4%를 기록한 것은 1965년

레이션으로 이어질 것인지에 대한 많은 논쟁이 있었다. 디플레이션이 경기 침체로 이어져 환율에 영향을 줄 것이라고 예상할 수 있다. 우리나라 물가가 낮아지면 장기 관점에서 원화 강세 요인이 된다. 반면 디플레이션이 경기 침체로 이어지면 우리 경제 신뢰가 하락하면서 환율 상승 요인이 된다. 그러나 디플레이션을 환율로 연결한 뉴스는 없었다. 잃어버린 20년을 경험한 일본 경제와의 비교가 주를 이루었다. 당장의 경기 문제에 관심이 집중되었다.

양적완화와 마이너스 기준금리

미·EU·중·일 또 '돈 풀기'… 환율전쟁 불붙는다

세계에 다시 통화전쟁이 벌어질 조짐이다. 미국, 유로존(유로화를 쓰는 19개국), 중국, 일본 등 주요국 중앙은행들이 경기 부양을 위해 대거 '돈 풀기'에 나설 채비를 하고 있기 때문이다. 금융위기 직후인 2009년부터 나타났던 '글로벌 환율전쟁'이 10년 만에 재연되는 모습이다. … 이번 통화전쟁의 방아쇠는 유로존 중앙은행인 유럽중앙은행ECB이 가장 먼저 당길 전망이다. ECB는 12일 통화정책회의를 열어 현재 제로인 기준금리를 연 -0.1%로 낮출 예정이다. 1998년 ECB가 출범한 이후 첫 마이너스 기준금리다. ECB는 이와 함께 지난해 말 중단한 자산매입 프로그램을 재개할 방침이다. 금리를 내리는 것 외에 시중에 돈을 직접 풀겠다는 얘기다. 차기 ECB 총재로 내정된 크리스틴 라가르드 국제통화기금IMF 총재는 완화적 통화정책 지지를 이미 선언했다. 《한국경제》 2019. 9. 11

관련 통계 작성 이후 54년 만에 최저치다. 물가는 2019년 1월부터 7월까지 0%대를 기록했다가 8월 -0.038%, 9월 -0.4%로 하락폭이 커졌다.

[이번주 환율] 원·달러 환율 다시 1180선… 향후 전망은

주요국은 자국 통화 가치 절하를 통한 경기 부양 의도를 부인하고 있다. 트럼프 대통령은 이를 놓고 지난 6월 드라기 총재와 설전을 벌이기도 했다. 당시 트럼프 대통령은 드라기 총재가 양적완화를 시사하자 "환율 조작"이라고 비난했다. 드라기 총재는 "아니다"라고 맞받아쳤다. 《오피니언뉴스》 2019. 9. 22

양적완화를 시행하는 국가의 통화는 약세가 된다. 상대적으로 다른 나라의 통화는 강세가 된다. 유럽중앙은행이 양적완화를 발표하면서 유로화 약세가 지속될 확률이 높아졌다. 앞에서 설명했듯이 양적완화는 국내 경기 부양을 위한 정책이지만 간접적으로는 근린 궁핍화 정책이 될 수 있다.

유로화 약세란 유로화가 달러 등 주요 통화에 대해 약세가 된다는 뜻이다.[49] 다시 말해 달러가 강세가 된다는 뜻이다. 달러가 강세가 되면 원화는 약세가 될 확률이 높다. 아니면 원화가 유로화에 대해 강세가 될 확률이 높아질 수도 있다.

---

49 원·유로 환율은 달러·유로 환율 변동과 원·달러 환율 변동을 통해 산정된다. 그러므로 원·유로 환율을 살피려면 두 가지 종류의 환율 변동을 다 보아야 한다.

지정학적 리스크

북핵 실험에 금융시장 출렁

25일 오전 북한이 2차 핵 실험을 했다는 소식이 전해지자 원·달러 환율이 급등하고 주가가 급락했다가 오후 들어 다소 안정을 되찾고 있다. 전문가들은 돌발 악재로 투자심리가 위축돼 환율과 주가가 불안한 모습을 보이고 있지만 과거 북핵 실험에 대한 학습 효과로 금융시장에 미치는 영향은 제한적일 것으로 분석했다. 이날 원·달러 환율은 4.40원 하락한 1243.00원으로 거래를 시작해 횡보하다가 북한이 핵 실험을 한 것으로 알려지면서 달러화 매수세가 폭주해 1269.40원까지 급등하기도 했다.   《연합뉴스》 2009. 5. 25

KB증권 "북 발사체 발사로 시장 변동성 확대 예상"

KB증권은 지난 4일 북한의 단거리 발사체 발사로 한반도 지정학적 리스크가 재개돼 시장 변동성이 커질 수 있다고 7일 전망했다. 문정희 연구원은 "북한은 2017년 11월 대륙간탄도미사일ICBM급 발사 이후 1년 6개월여 만에 동해상으로 발사체를 발사해 한반도의 지정학적 리스크가 부각될 소지가 다분하다"고 설명했다. 이어 "과거에도 북한 미사일 발사 시 지정학적 이슈 부각으로 환율 등 시장 변동성이 확대했다는 점에서 이번 사건도 시장 변동성 확대 요인으로 작용할 가능성이 크다"고 덧붙였다.

《매일경제》 2019. 5. 7

지정학적 리스크의 증가는 원·달러 환율의 상승 요인이 된다. 대체로 그렇다. 정치, 안보 이슈는 종종 경제 문제와 연결된다. 2019년 홍콩 송환법 시위는 중국의 금융창구라는 경제 문제와 직결되어 있다. 남미의 정치적 문제는 국가 채무불이행default 위기와 연결되기도 했다.

그러나 북한의 미사일 발사 등이 경제에 불안심리를 자극하지 않는다면 원·달러 환율은 크게 움직이지 않거나 상승 후 곧 반락한다. 지금까지의 사례에 따르면 정치적 요인은 시장을 불안하게 만들 수 있으나 경제적 요인이 가세하지 않는다면 불안정한 상황은 오래 가지 않았다. 정치적 사건으로만 해석된다면 해프닝에 그칠 수 있다. 하지만 경제적 사건으로까지 연결되는 경우가 많았다. 세상은 복잡하게 얽혀 있다.

위안화 환율 vs 미국의 재정적자와 경상수지 적자

환율 급등 주범은… 중국서 뺨 맞은 글로벌 큰손들, 원화 내다 팔아

최근 원화 약세, 달러 강세의 배경에는 미국 금리 인상 등의 요인도 있지만, 다른 나라보다 개방적인 외환시장을 가진 우리나라만의 특성이 크게 작용한 것으로 분석된다. 27일 서울 외환시장에서 달러 대비 원화 환율은 전날보다 2.8원 상승한(원화 가치 하락) 1117.6원에 거래를 마쳤다. … 환율은 최근 11거래일간 42원 이상 급등하며 1120원대를 넘보고 있다. 그만큼 투자자들이 원화를 팔아치우고 달러를 샀다는 말이다. 금융계에선 외국 기업과 외국인 투자자들이 선물시장에서 원화 약세에 베팅을 하면서 원화 가치 하락을 부추긴 것으로 보고 있다. 선물시장의 원화 약세 베팅이 현물시장으로 바로 연결돼 원화 가치가 떨어지는 것이다. 투자자들이 원화 약세에 베팅한 배경엔 위안화 등 지역통화local currency 표시 자산 가치 하락을 상쇄하기 위한 헤지(위험 회피) 수단으로 손쉽게 거래할 수 있는 원화를 선택한 게 꼽

힌다. …

글로벌 투자은행IB들은 외국인 투자자들이 국내외 외환 선물시장에서 위안화 등 지역통화 대신 원화 약세에 베팅하고 있다고 말한다. 이는 한국의 외환시장이 다른 신흥국보다 개방돼 있고 유동성이 풍부해 쉽게 거래할 수 있기 때문이다. 또한 원화는 위안화를 대체할 만큼 비슷하게 움직이는 '프록시proxy(대리)' 통화다. 한국은행에 따르면 원화와 위안화의 연동 정도를 보여주는 원·위안 상관계수는 최근 1년간 0.8을 기록했다. 상관계수가 1에 가까울수록 연동이 강하게 돼 있다는 뜻이다. 중국이 한국 수출의 25%를 차지하는 최대 수출 대상국인 것을 포함, 양국 간 경제가 긴밀하게 연관돼 있어 통화의 상관관계도 높은 것이다. 이와 같은 이유로 위안화 표시 자산을 보유 중인 외국인 투자자들은 위안화 가치 하락으로 자신들의 자산 가치가 떨어지는 것을 상쇄하기 위해 위안화 대신 원화로 위험 회피(헤지)를 하고 있는 것으로 알려졌다. 미래 원화 가치 하락을 예상하고 현재 가격으로 미리 판 뒤 얻은 이익으로 위안화 가치 하락에 따른 손실을 만회하고 있다는 뜻이다. … 그러나 미국의 재정 및 경상수지 적자 확대, 유로지역 경기 회복에 따른 유로화 강세 등은 달러 약세, 원화 강세를 유도하는 방향으로 작용할 것으로 전문가들은 내다봤다. 《조선일보》 2018. 6. 28

중국이 경제가 좋지 않을 가능성이 있으면 위안화는 약세를 보일 확률이 높다. 물론 중국이 경제가 좋아질 가능성이 있으면 위안화는 강세를 보일 확률이 높다. 경제 전망은 수시로 바뀌기 때문에 다른 나라들은 위안화 보유 규모를 줄이거나 늘려서 포트폴리오를 조정한다. 각국 기관투자가 등은 통화 포지션을 주로 선물거래를 통해 조절한다. 그런데 중국은 금융시장이 완전히 개방되어 있지 않을 뿐 아니라 외국인의 선물거래가 활발하지 않아 통화 포지션을 원활하게

그림 15.4 원·달러 환율 및 원·위안 환율

원·위안 환율(우)

원·달러 환율(좌)

자료: 한국은행

조절하기 어렵다. 그런데 중국 위안화는 우리나라 원화와 밀접하게 움직이는 경향이 있으므로 해외 기관투자가 등은 위안화를 조절하는 대신에 원화 포지션을 조정하기도 한다. 위안화 때문에 원화 환율의 변동성이 커져서 우리나라 외환시장이 불안정해지기도 한다. 우리나라 원화의 환율 변동 요인을 위안화에서 찾아야 할 때가 있다.

한편 뉴스가 미국의 쌍둥이 적자[50]를 주목하면 달러는 약세를 나타낸다. 미국 경제의 기본적인 취약성을 알리는 신호다. 미국으로의 자금 유입은 제한되는 반면 유출은 확대된다. 즉, 원·달러 환율은 하락할 확률이 높다.

50 미국의 무역수지 적자와 재정수지 적자를 동시에 일컫는 말이다.

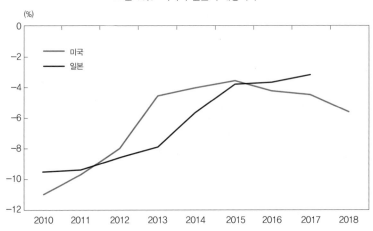

그림 15.5 미국과 일본의 재정적자[1]

주: 1) GDP 대비
자료: IMF

신흥시장국 환율

원화 값 하락세, 주요 신흥 10개국 중 터키·아르헨 이어 3위

최근 한 달여 사이 원화가 주요 신흥국 가운데 정국 불안에 휩싸인 터키 리라화와 아르헨티나 페소화에 이어 세 번째로 큰 낙폭으로 하락한 것으로 나타났다. 12일 서울 외환시장과 한국은행에 따르면 지난달 1일부터 이달 8일까지 한 달 남짓 기간 달러화에 견준 원화 가치는 2.9%(달러당 1135.1원 →1169.4원) 하락했다. 경제 규모가 큰 주요 신흥국 10개 통화 가운데 같은 기간 달러화에 견준 화폐 가치 하락이 원화보다 컸던 통화는 터키 리라화 (-9.0%)와 아르헨티나 페소화(-3.7%) 정도였다. 미국과의 무역분쟁 당사국인 중국의 위안화도 약세를 보이긴 했지만, 달러화 대비 하락률이 1.0% 수준에 머물렀다. 인도 루피화(-0.6%), 인도네시아 루피아화(-0.6%), 브라질 헤알화(-0.2%)는 하락률이 위안화보다 적었고, 멕시코 페소화(+1.8%), 러시아 루블화(+1.1%), 남아프리카공화국 랜드화(+0.2%)는 오히려 달러 대비 강

세를 보였다. 미국의 금리 인하 기대감 약화로 달러화가 강세로 돌아서면서 신흥국 통화가 대체로 약세를 보인 점을 고려하더라도 최근 들어 원화의 가치 하락이 유독 두드러졌음을 보여주는 대목이다. 한국보다 통화 가치 하락이 큰 터키와 아르헨티나는 미국과의 외교갈등이나 국내 정치 불안 등을 이유로 경제에 위기감이 고조되는 국가들이어서 한국 경제 상황과 직접 비교하기에는 무리가 따른다. 실제로 터키와 아르헨티나는 지난 3월 물가상승률이 전년 동기 대비 각각 19.7%, 54.7%를 나타낼 정도로 고물가를 보이면서 통화 약세를 부추기는 상황이었다. 반면 한국은 2월 이후 석 달째 0%대 물가상승률을 보여 오히려 저물가를 걱정해야 할 상황인데도 통화 가치는 급격한 하락을 면치 못했다.

최근 원화 약세는 글로벌 강달러 기조와 더불어 외국인 투자자의 배당금 본국 송금에 따른 달러 환전 수요, 1분기 경제 성장률 악화, 미중 무역분쟁 불확실성 재부각 이슈가 복합적으로 작용했다는 게 전문가들의 판단이다. 그러나 주요 신흥국 가운데 원화 가치가 상대적으로 더 크게 하락한 것은 그만큼 한국 경제의 기초 여건(펀더멘털) 악화를 우려하는 시각이 많아졌음을 반영한 것이란 지적이 나온다. 반도체 호황에 기대어 버텨오던 한국 경제가 반도체 경기가 식자 약한 기초체력의 실체를 드러낸 것이라는 분석이다.

《연합뉴스》 2019. 5. 19

신흥시장국 통화가 미국 달러에 대해 약세를 보이면 원화 가치도 동조하여 약세를 보일 확률이 높다. 즉, 원·달러 환율이 상승한다. 그러나 나라마다 변동폭은 다르다.

뉴스에서 이야기하듯 최근 원화 약세에는 글로벌 강달러 기조와 더불어 외국인 투자자의 배당금 본국 송금에 따른 달러 환전 수요, 1분기 경제 성장률 악화, 미중 무역분쟁 불확실성 재부각 이슈가 작용했다고 볼 수 있다. 한 달 남짓 기간의 환율 변동을 설명하면서 다른 나라와의 물가상승률 차이와 우리나라의 기초체력 문제를 요인으로 거론한 점을 생각해보자. 장기적으로 작용하는 요인의 영향이 한 달이라는 기간에 나타났다고 보기는 어렵다. 그러나 특정 사안이 불거지면서 기본 요인이 다시 부각될 수 있다.

한편 우리나라가 아직도 신흥시장국 환율과 동조한다는 점은 슬픈 일이다. 경제가 급속히 발전했다고는 하지만 원화가 국제화되어 안전자산이 되기에는 아직도 가야 할 길이 멀다. 환율도 결국 믿음에 달려 있다.

제 16장

바람과 물결의 세기
패턴의 정리

지난 장에서 정리한 변동 요인들로 말미암아 정말 환율이 움직였을까? 환율이 움직이게 된 요인을 사후적으로 찾아내 해석한 것은 아닐까? 환율은 움직이면서 무슨 요인 때문이라고 스스로 말하지 않는다. 거론되는 요인들은 대체로 이론과 부합한다. 당시의 경제 여건상 이러한 요인들을 제시해도 이론상 문제가 없기에 제시되었다고도 볼 수 있다. 뉴스에 나타난 변동 요인들은 환율 움직임을 설명하기에 부족하지는 않으나 정말 그러한지 비판적 시각으로 바라볼 필요가 있다. 나아가 환율 변동에 얼마나 강하고 길게 영향을 미쳤는지에 관심을 가져야 한다.

지나간 기사를 사후 점검하면서 과거 요인들의 실현 여부 등을 현재 시점에서 확인하는 작업에 돌입해보자. 해답을 아는 현시점에서 과거를 해석하기는 쉽다. 백 투 더 퓨처Back to the Future! 과거로 날아간 타임머신이다.

1. 환율 변동 요인

실물 부문의 패턴 정리

뉴스를 통해 살펴본 실물경제가 환율에 미치는 요인을 정리해보았다.

① 우리나라 경제의 기초체력이 강해지면 원·달러 환율은 하락할 확률이 높다.

② 우리나라 실물경기가 호황이면 원·달러 환율이 하락하고 불황이면 원·달러 환율이 상승할 확률이 높다.

③ 미국 경기가 좋으면 원·달러 환율은 상승할 확률이 높다.

④ 미국 경제뿐 아니라 전 세계 경제가 부진할 가능성이 커지면 원·달러 환율은 상승할 확률이 높다.

⑤ 중국 경제가 좋지 않을 가능성이 있으면 원·달러 환율은 상승할 확률이 높다.

⑥ 미국의 쌍둥이 적자가 부각되면 원·달러 환율은 하락할 확률이 높다.

⑦ 우리나라의 물가 수준이 낮아지면 장기 관점에서 원·달러 환율은 하락할 확률이 높다.

⑧ 국제수지 흑자 또는 적자만으로 단기적인 원·달러 환율의 하락 또는 상승을 예상하기 어렵다.

이 중 단기 요인을 요약해보면, '우리나라 경제가 좋아지면 원·달러 환율은 하락할 확률이 높다'와 '미국 경제가 나빠지면 원·달러 환율은 하락할 확률이 높다'로 정리할 수 있다. 다만 '미국 경제가 아주 나빠져 글로벌 경제 상황이 나빠질 가능성이 있으면 원·달러 환율은 오히려 상승할 확률이 높다'고 할 수 있다.

금융 부문의 패턴 정리

각국의 통화정책과 금리, 글로벌 금융시장과 금융자산 동향이 환율에 미치는 요인을 정리해보았다.

① 미 연준이 기준금리를 인상할 가능성이 커지면 원·달러 환율은 상승할 확률이 높다.

② 우리나라 기준금리가 인상할 가능성이 커지면 외국인 채권 투자자금이 증가하여 원·달러 환율이 하락할 확률이 높다.

③ 미국이 양적완화를 시행하면 원·달러 환율은 하락할 확률이 높다.

④ 국제금융시장이 불안정해지면 원·달러 환율이 상승할 확률이 높다.

⑤ 글로벌 금융시장의 변동성이 커지면 원·달러 환율이 상승할 확률이 높다.

⑥ 달러예금이 늘어난다는 신호가 나타나면 원·달러 환율이 상

승할 확률이 높다.

⑦ 미국이 중국에 대해 환율 수준을 압박하면 원·달러 환율은 상승할 확률이 높다.

⑧ 신흥시장국 통화가 미국 달러에 대해 약세를 보이면 원·달러 확률도 상승할 확률이 높다.

이를 요약해보면, '우리나라 금리가 높아지면 원·달러 환율은 하락할 확률이 높다'와 '중국 등 신흥시장국 환율이 높아지면 원·달러 환율도 상승할 확률이 높다'로 정리할 수 있다.

그러나 조금만 생각해보면, 이들 뉴스에는 외국인 투자자의 단기 자본이동 등에 대한 정보가 누락되어 있음을 알 수 있다. 이들 자본 거래는 시장에 큰 영향을 미치지만 즉각적으로 시장에 알려지기 쉽지 않다. 대규모 거래가 사후적으로 알려지면, 그제야 환율에 영향을 미친다. 현물거래와 연계되어 이루어지는 외환파생거래도 그러하다.

기타 부문의 패턴 정리

그 밖의 요인들이 환율에 미치는 요인을 정리해보았다.

① 미중 무역협상이 타결되지 못할 가능성이 커지면 원·달러 환율이 상승할 확률이 높다.

② 지정학적 리스크가 증가하면 원·달러 환율이 상승할 확률이 높다.

이를 요약해보면, '무슨 일이든 벌어져 혼란스러우면 원·달러 환율이 상승할 확률이 높다'라고 정리할 수 있다.

참고로, 환율이 엉뚱한 요인으로 잠시 변동하는 수도 있다. 예컨대 사고파는 주문을 입력하는 과정에서의 실수fat finger[51]가 있을 수 있다. 전산으로 이루어지는 매수매도 과정에서 전문 외환딜러 등이 자판을 잘못 눌러 원하지 않는 거래가 이루어지기도 한다. 작은 실수는 바다에 던지는 작은 조약돌에 불과하지만, 큰 실수는 금융위기의 기폭제가 되기도 한다. 특히 외환선물거래의 경우 레버리지leverage[52]가 크므로 실수의 영향도 크다. 외환선물거래에 대해서는 부록의 '기초체력단련'을 확인하자.

---

51 손가락에 살이 쪄서 다른 키가 눌렸다는 비유에서 비롯한 말로, 컴퓨터 자판 조작 실수로 인한 매매주문 실수를 말한다.

52 지렛대 효과라고도 한다. 레버리지를 통해 큰 이익을 얻거나 큰 손해를 볼 수 있다. 10:1의 레버리지라면 1000만 원을 가지고 1억 원의 거래를 하는 셈이다. 외환선물투자로 5% 수익을 얻었다면 500만 원(1억 원×5%)을 번 것이다. 그런데 10:1의 레버리지 조건에서 원금은 1000만 원뿐이었으므로 실제로는 50%(500만 원/1000만 원)만큼의 이익을 본 셈이다.

2. 변동 요인의 혼재

혼재되는 뉴스들의 강도

어느 하루 또는 어느 순간에 하나의 뉴스만 등장하지는 않는다. 예를 들면, 미중 무역협상이 진행되는 가운데 미국의 산업생산성 지표가 발표되고 우리나라의 물가상승률이 보도된다. 이러한 와중에 홍콩의 시위 소식이 들려온다. 당일 원·달러 환율은 상승했다. 어떤 요인이 영향을 미쳤을까?

A 뉴스는 상승 요인, B 뉴스는 하락 요인, C 뉴스는 하락 요인, D 뉴스는 상승 요인으로 작용한 결과 당일 원·달러 환율이 상승했다고 하자. 각 변동 요인의 방향성을 찾기는 쉽다. 이러한 뉴스들이 당일의 화제였다면 모두 크든 작든 환율에 영향을 미쳤을 것이다. 그런데 당일 원·달러 환율이 결과적으로 상승했으므로 상승 요인 합의 세기가 하락 요인 합의 세기보다 컸다고 해석할 수 있다. 방향을 생각하기는 쉽다. 이론의 뒷받침도 주어진다. 다만 어떤 개별 요인이 더 큰 영향을 미쳤는지는 사후에도 알기 어렵다. 사전에는 더욱 알기 어렵다.

지켜보며 연결하기

중첩되는 요인들과 상쇄되는 요인들 가운데서 개별 요인의 힘을 알려면, 계속 이들을 지켜보면서 환율의 움직임과 연결하는 훈련을 해야 한다. 그러면 설명할 수 없는 직감이 생긴다. 그러나 전문 외환 딜러가 아니라면 종일 시장에 매달려 있을 수는 없다. 물론 직업상 쉬지 않고 환율을 주시하는 딜러들도 엄청난 손해를 보고 물러나는 일이 종종 생기는 세상에서 밀착한다고 승리가 보장되지는 않는다. 환율전투는 냉정하다.

환율에 관심이 많다면 적어도 하루에 한 번은 뉴스와 환율의 움직임을 연결해보려고 노력하자. 오늘 무슨 사건이 벌어졌는지를 알아야 내일의 사건을 오늘에 이어갈 수 있다. 내일이 되어 여러 사건 중 일부는 처음 등장했다는 사실을 알아차릴 수도 있다.

단기적으로는 결국 직감

매일 사건을 읽으면서 환율의 움직임과 변동 요인에 대한 직감을 기른다. 잠재해 있던 통화전쟁과 환율전쟁의 뉴스들이 새삼스럽게 화제가 된다. 중장기 시계의 문제들이 불쑥 튀어나온다. 물론 직감의 바탕에는 이론이 있지만, 단기적으로는 직감에 의존할 수밖에 없다. 길게 또는 짧게 시계의 관점을 바꾸면서 예측해봐야 한다.

3. 시간차 공격

반응의 속도

환율의 변동 요인에 대한 연구가 활발히 진행되면서 거시경제 변수들을 이용한 다양한 환율결정 이론들이 제시되었지만, 발표되는 논문들은 주로 중장기적 환율 변동 요인을 설명하는 데 초점이 있다. 이론의 발전에도 불구하고 단기 변동을 거시경제 변수들로 설명하기는 어렵다. 특히 외국인 투자자의 단기 자본이동 등에 유의해야 한다. 또한 복잡한 파생금융상품의 거래는 시장참가자들도 거래구조를 알기 힘들다. 시차를 두고 사후에 알려지기 쉽다. 더욱이 영향력의 세기를 측정하기도 어렵다. 변동 요인들이 언제 환율에 영향을 미치는지를 알기는 더 어렵다.

빨리 또는 느리게

환율 변동 요인들이 환율에 반영되는 데는 일정 시차가 있다. 어떤 변동 요인들은 확실하지 않은 정보로 확산되면서 대체로 빨리 반영된다. 다른 변동 요인들은 뒤늦게 부각되기도 한다. 환율에 미리 반영된 요인들을 나중에 확인해보면 잘못된 정보였을 수도 있다. 나중에 알려진 요인들은 이미 환율에 반영되었을 수도 있지만 새삼스레 뒷북을 치면서 환율에 영향을 미치기도 한다.

어떤 요인들은 단번에 환율에 반영되지만, 일정 시차를 가지는 요인들은 진행 상황에 따라 서서히 반영되면서 환율 하락과 상승에 엇갈리게 영향을 미치기도 한다. 예를 들어 미중 무역협상은 부분 타결과 난항 소식이 교차하는 가운데 상승과 하락에 번갈아 영향을 미치고 있다. 또 미 연준 연방공개시장위원회의 기준금리 인하 뉴스는 실제 기준금리를 인하했음에도 불구하고 추가 인하 가능성을 부인하는 듯한 발표로 반대 방향으로 영향을 미쳤다. 기준금리 인하 결정 자체는 이미 환율에 반영되어 있었다고 해석되었다.

4. 과거로 날아간 타임머신

해답을 본 후의 점검

우리는 현재까지의 주가, 금리, 환율 추이를 알고서 과거로 돌아갈 수 있다면 엄청난 돈을 벌 수 있을 것이라고 상상한다. 타임머신을 타고 과거로 날아간다면 정답을 알고 문제를 푸는 학생의 입장이 된다. 어려운 수학 문제를 풀지 못할 때 잠시 책 뒤편의 해답을 보면 '아! 그렇구나' 하고 감탄하게 된다. 내가 막혔던 부분을 어떻게 풀어 놓았는지 호기심을 가지게 되고, 문제 푸는 방법을 하나씩 알게 된다. 비슷한 문제에 대처할 수 있게 된다.

현재에서 과거 읽기

'패턴 정리'를 생각하면서 시간을 돌이켜 인터넷에서 지난 환율 기사들을 읽어보자. 1년 전 또는 6개월 전에도 환율은 여러 가지 이유로 열심히 움직이고 있다. 매일의 현황 분석은 치열하고, 전문가들은 나름의 신중한 견해를 밝힌다. 전투가 벌어지고 있다. 가끔은 신문 기사들이 분석을 넘어서 환율을 전망했음을 다시 발견한다.

이제 실제 환율 변동 추이 자료를 가지고 현상에 대한 설명과 미래를 전망한 기사들을 읽어보자. 과거와 현재를 연결해보자. 우선 과거의 현황 분석이 얼마나 정확한지 알 수 있다. 또 과거의 예측이 얼마나 틀렸는지도 알 수 있다.

그러나 막연한 비교는 의미가 없다. 문제를 어떻게 풀 것인지 고민하지 않고 해답만 계속 봐서는 수학 실력이 늘지 않는다. 환율 움직임을 지속적으로 관찰하면서 치열하게 생각했던 시점부터 시작하면 좋다. 현재 시점에서 돌아보는 과거와 그에 대한 해설 기사가 더욱 생생하게 다가올 것이다. 한 달 전으로 돌아가도 좋다. 미래에서 과거로 돌아가서 과거를 평가하는 작업처럼 쉬운 일이 또 있을까?

다양한 요인의 영향 읽기

그러나 과거 요인의 영향을 분석하는 작업은 생각보다 쉽지 않다. '당시 거론된 변동 요인이 얼마나 큰 영향을 미쳤는가' 하는 영향의 세기와 '미래 어느 시점까지 영향을 미쳤는가' 하는 영향의 거리와 속도를 짐작해보자. 오늘의 해답을 알고 있더라도 당시의 요인들은 중첩되고 상쇄되므로 환율에 어떤 영향을 어떻게 미쳤는지 평가하기란 쉽지 않다.

매일의 기사와 환율 추이를 연결하는 작업을 여러 번 하다 보면 '독서백편의자현讀書百遍義自現'이란 말처럼 의미가 저절로 드러나는 경험을 할 수도 있다. 전쟁과 전투의 개념을 가지고 단기, 중기, 장기의 시계로 그리고 이론 이해와 패턴 정리의 시각으로 여러 요인과 환율 변동 추이를 연결해보자.

어느 날 A 요인이 사라졌다. 그리고 환율이 변동했다. B 요인과 C 요인은 아직 힘을 발휘하고 있다. 그렇다면 전날과의 환율 차이는 A 요인 때문이었던 걸까? 자기의 손익이 걸려 있지 않다면, 이렇게 비교해보는 작업은 재미있다. 미래를 알고 과거를 보는 작업을 하다 보면, 마치 운명의 평가자 또는 경기의 심판이 된 느낌이 든다.

요인들을 이어나가는 시계열을 만들다 보면 매일매일 일희일비했던 순간들이 덧없었다는 기분이 든다. '아, 이렇게 연결되는 과정이었구나!' 하는 느낌이 든다. 예를 들어 미중 무역협상은 결국 타결을 지연하려는 양국 정부의 숨은 의도가 있어서 지루하게 계속되었다는 사실을 알 수도 있다. 물론 아닐 수도 있다. 그러나 환율은 그때그때의 상황을 반영하여 움직이니 그 또한 소홀히 할 수는 없다. 다만 긴 맥락을 느끼면 순간에 사로잡혀 기뻐하고 슬퍼할 필요가 없다는 사실을 알게 된다. 무리해서 매매할 필요도 없다.

지속적 경험을 통해 얻는 직감

현재에서 과거로 갔다가 다시 현재로 돌아왔다. 우리는 시간여행을 통해 무엇을 알 수 있었을까?

첫째, 환율 예측이 얼마나 어려운 일인지 새삼 확인했다. 신문 기사는 기자의 개인 의견이 아닌 시장의 공통된 인식consensus을 전달한다. 그런데 시장은 왜 그리 변덕스럽던지, 또 요인들은 얼마나 빨리 등장하고 사라지던지, 그리고 어떤 요인들은 왜 그리 힘이 세어 1년 내내 영향을 미쳤는지를 알게 되었다. 예측의 어려움에 대한 절망감으로 환율 예측을 포기할 수도 있다. 실제로 정말 그러하므로 패턴 정리를 확인하는 연습이 어렵다면 일찌감치 포기해도 좋다.

둘째, 많은 연습을 통해 어렴풋이 환율 변동에 대한 감을 느낄 수도 있다. 감탄과 후회를 생생하게 느꼈다면, 이어지는 훈련을 통해 직감을 갖게 될 수 있다. 감은 명확하게 표현되지 않는다. 지금으로부터 10년 전으로 돌아간다면, 학교생활 또는 회사생활, 주식투자 또는 부동산투자에 대한 혜안을 갖게 될 것이다. 물론 우리는 과거로 돌아갈 수 없고, 시간은 동일한 모습으로 다가오지 않는다. 타임머신을 타고 가는 도상 연습일 뿐이다. 다만 그냥 수치만 비교하고 분석해서는 의미가 없다. 금방 잊어버리고 만다. 내가 엄청난 돈을 투자했다고 가정하고 바보처럼 기뻐하거나 슬퍼해보자. 비록 나중에 덧없는 희로애락임을 깨닫게 되더라도 말이다. 시간이 이어지면 깨달음이 생긴다. 아는 것과 깨닫는 것은 다르다.

셋째, 미래에서 과거를 돌이켜보면, 당시의 외환시장 참가자들이 알았어야 할 요인들을 잘못 판단하고, 주요 요인들을 고려하지 않았을 뿐 아니라 전혀 몰랐던 경우도 있었다는 사실을 알게 된다. 알 수 있는 것을 아는 일도 어렵지만 무엇을 모르는지를 아는 일은 불가능하다. 무엇을 알아야 할지 모르는데, 모르는 것이 무엇인지 어떻게 알겠는가? 과거로 돌아가 뉴스를 봐도 기사에서 이야기한 요인들 외에 다른 요인이 있었는지는 당시로써는 알 수 없었다. 세상은 복잡하다. 누구도 세상일을 다 알 수는 없다. 심지어 타임머신을 타고 과거로 돌아가더라도.

제 6부

모르거나
불확실하거나

제 17장

안개 속 시야
복잡과 불안정

지난 장에서 환율을 둘러싸고 일어나는 움직임의 패턴을 정리해봤지만, 쉬운 작업은 아니었다. 금융시장을 보는 관점은 다양하며 예전부터 알던 이야기도 새로 해석될 수 있다.

이번 장에서는 먼저 시장의 균형과 효율적 시장에 대해 다시 생각해본다. 둘째, 모두 알고 있으나 깊이 생각해보지 않은 애덤 스미스의 보이지 않는 손에 대해 알아본다. 셋째, 케인스의 미인대회를 다시 살펴본다. 케인스의 혜안이 신고전파 종합 경제학에 충분히 반영되었는가에 대한 논쟁이 있었다. 넷째, 민스키 모멘트를 통해 평온하던 들판에 왜 갑자기 포탄이 날아오게 되었는지 알아본다. 다섯째, 이론을 떠나 현실에서 투자의 귀재로 불리는 조지 소로스의 견해를 알아본다. 역시 예측을 잘해서 돈을 많이 번 사람의 이야기를 들어보는 것이 좋지 않을까? 마지막으로, 복잡계complex system 패러다임이 제시하는 의견을 들어본다. 복잡계에 대한 해석은 다양하지만 '현실은 너무 복잡해서 간단한 논리체계로 환원할 수 없다'라고 요약할 수 있다.

1. 시장의 균형과 효율적 시장

균형을 이루는 사회

균형에 대한 사고는 대부분 경제학자들에게 뿌리 깊이 박혀 있다. "경제학은 평화로운 시대를 위한 학문이다. 경제전문가들은 폭풍우를 이해하지 못하는 기상예보관과 같다."[1] 금융시장은 균형 상태를 향해 자연스럽게 움직이는 경향이 있다고 본다. 시장이라는 시스템은 어떤 충격에도 균형을 잡는 힘이 있어서 초기에 물방울을 떨어뜨리거나 찻잔을 휘저어 고요한 균형을 깨뜨려도 다시 잔잔함을 찾게 된다고 설명한다. 균형 상태에 대한 믿음은 안정감과 예측 가능성을 준다. 우리의 삶을 일관된 이야기로 풀어내면 마음이 평온해진다.

오랜 기간 우리는 균형이라는 개념에 의지하여 불안정을 예외로 간주해왔다. 균형을 유지한다는 전제는 금융시장의 자기규제 또는 시장규율market principle 능력을 과신하도록 조장해왔다. 잠재적 위험이 위기로 증폭되는 현상에 대해 현실 감각을 가지지 못하도록 만들

---

1 《옵저버》의 편집장을 지낸 윌리엄 니콜라스 허턴William Nicolas Hutton의 말이다. 마크 뷰캐넌,《내일의 경제》(2014)에서 재인용했다.

었다. 시장이 불균형에서 헤매다가 언젠가 균형으로 회귀한다고 할지라도 케인스가 말했듯이 "시장은 여러분의 지불 능력이 버틸 수 있는 한계보다 훨씬 더 오랫동안 비이성적일 수 있다."

효율적시장가설

효율적시장가설은 모든 정보가 금융자산가격에 충분히 반영되는 시장을 전제한다. 원래 주식시장에 대한 내용이었으나 채권, 외환 등 비슷한 시장에 대해서도 분석이 이루어졌다. '얻을 수 있는 모든 정보'의 기준에 따라 약형, 준강형, 강형의 세 가지 형태를 제시한다.

약형weak form 시장가설에 따르면 시장에서 거래되는 정보만으로는 장기적으로 시장수익률을 초과할 수 없으며, 준강형semi-strong form 시장가설에 따르면 시장 정보 외에 해당 기업의 전망과 관련된 공개 정보까지 이용해도 장기적으로 시장수익률을 초과할 수 없다. 한편 강형strong form 시장가설은 주가는 해당 기업의 전망과 관련된 모든 정보를 반영하므로 비공개 정보까지 알고 거래해도 장기적으로 시장수익률을 초과할 수 없다고 주장한다.

효율적시장가설은 논리적으로는 깔끔하지만, 실증연구 결과들을 살펴보면 이를 지지하는 결과와 반대하는 결과가 혼재되어 있다. 주식시장을 보면 모멘텀 효과 등 효율적시장가설에서 설명하기 어려운 현상이 다수 존재한다. 하지만 이런 효과들이 자산의 위험을 반영한다는 반론이 있다. 반면 이런 효과들이 내부자거래로 인한 결과라는 의견도 만만치 않게 제기된다. 또한 사람들이 합리적이지만은 않으며, 현실적으로 차익거래의 기회가 제한적일 수도 있다는 점도 효율적시장가설에 대한 비판으로 대두된다.

효율적시장가설을 지지하는 결과도 다수 존재한다. 장기적으로 보면, 투자전문가들 대다수는 인덱스펀드index fund보다 못한 수익률을 기록했다. 인덱스펀드보다 높은 수익률을 기록한 전문가들의 숫자 또한 통계적으로 볼 때 효율적시장가설을 유의미하게 반박하지 못한다는 결과도 있다.

한편 효율적시장가설은 2008년 글로벌 금융위기 등을 설명하지 못한다고 비판받기도 했다. 더욱 심각한 비난은 효율적시장가설이 위기에 대한 해이한 인식으로 위기를 조장했다는 지적이다. 그러나 이 가설이 등장하기 전에도 이미 세상에는 수많은 금융위기가 있어왔기에 이는 과도한 비판이다. 현재의 주가는 모든 공개 정보를 완벽하게 반영한 결과물인데 비공개 정보로 거품을 예측할 수 있느냐는 또 다른 문제라는 반론도 제기되었다.

2. 보이지 않는 손

애덤 스미스의 뜻

'보이지 않는 손'보다 더 유명한 경제학 용어가 있을까?

"사람들은 보이지 않는 손에 이끌려 자신이 의도치 않았던 목표를 달성하게 된다. 의도치 않았다고 해서 사회에 나쁜 영향을 끼치는 것만은 아니다. 사회의 이익을 의도적으로 증진시키려 할 때보다 자신의 이익만을 추구함으로써 개인은 더 자주, 더 효율적으로 사회의 이익을 증진시킬 수 있다. 나는 공공 이익을 위해 거래한다고 말하는 사람들이 진짜로 크게 이익이 되는 경우를 들어보지 못했다."[2]

애덤 스미스가 은유로 사용한 '보이지 않는 손'의 본래 뜻은 그렇지 않다는 논쟁도 있지만, 어쨌든 오늘날에는 '정부의 통제보다 시장 우위', '자유방임'의 의미로 널리 쓰이고 있다. 시간이 흐르면서 수학이 스미스를 뒷받침했다.

신의 손길에 대한 반론

'어떤 조건에서는 자신의 이익을 위한 경제 행위자가 거래를 통해 균형가격을 찾고 이 거래가 사회의 이익을 극대화한다'는 명제를 생각해본다. 시장의 혼돈 속에서 누구도 의도하지는 않았으나 우연히 모든 것이 균형을 잡으며, 심지어 더 나아질 수 없는 상황을 만든다는 뜻이다. 보이지 않는 손은 과학이론이라기보다 신의 손길을 의미

---

2   애덤 스미스, 《국부의 형성과 그 본질에 관한 연구》에 수록된 내용이다.

한다. '그다음에는 기적이 일어난다'와 다를 바 없다.

가정 또는 전제는 언제나 가장 쉬운 비판의 대상이다. 현실에 존재하는 시장이 이용할 수 있는 모든 정보를 모으는 데 효율적이며, 최선의 방법으로 수요와 공급을 조정하여 투자를 안내하는 놀라운 힘이 있을까? 부분적인 지식만 가지고 있는 사람들 사이에서 일어나는 상호작용이 어떻게 해법을 만드는 것일까? 언제나 경쟁적 균형 상태로 우리를 이끈다는 손길이 보이지 않을 때 '주목할 만하게 드문 경우'라고 말하면 편하다. 보이지 않는 손은 환율을 어디로 안내하는가?

3. 미인을 선발하다

케인스의 미인대회

경제학자들은 돈 버는 데 재주가 없다고 알려져 있지만, 케인스는 주식시장에 투자하여 부를 많이 축적했을 뿐만 아니라 재무담당 교수로 있던 케임브리지 대학 킹스 칼리지King's College의 재산을 엄청나게 불려주었다.[3] 케인스는 "주식시장에 투자하는 것은 미인대회

---

3 국제무역론의 비교우위론 등으로 유명한 리카도David Ricardo(1772~1823)도 증권중개업 등으로 재산을 모았다.

에서 누가 우승할 것인가를 알아맞히는 것과 같다"라는 의견을 제시했다.[4]

"비유를 조금 바꾼다면, 전문적인 투자는 100장의 얼굴 사진을 제시하고 참여자들로 하여금 그 가운데 얼굴이 예쁜 순서로 6장씩을 골라내게 한 다음에 참여자들 전체의 평균적인 선호에 가장 가깝게 부합하는 선택을 한 참여자에게 상금을 주는 신문 지상의 시합과 같다고 할 수 있다. 이런 시합에서는 참여자가 자기가 볼 때 가장 예쁜 얼굴을 골라내기보다 자기가 생각하기에 다른 참여자들의 마음에 들 가능성이 가장 높은 얼굴을 골라내야 한다. 참여자들은 모두 다 똑같은 관점에서 주어진 문제를 바라본다. 그것은 최선의 판단을 해서 정말로 가장 예쁜 얼굴을 골라내는 상황도 아니고, 평균적인 견해를 가진 사람이 진심으로 가장 예쁘다고 생각하는 얼굴을 골라내는 상황도 아니다. 우리는 평균적인 견해가 어떻게 되리라고 평균적인 견해가 예상할지를 예측하는 데 우리의 지능을 집중해야 하는 세 번째 단계에 도달해 있다. 네 번째 단계, 다섯 번째 단계, 또는 이보다 더 높은 단계의 예측을 하기 위해 머리를 굴리는 사람들도 일부 있다고 나는 믿는다."

4 케인스, 《고용, 이자, 화폐의 일반이론》(1936)에서 인용했다.

케인스는 상금을 타고 싶다면 본인 판단으로 사진을 고르기보다 참가자 대다수가 어떤 사진을 선호할지 생각해야 한다고 말한다. 이것이 첫 단계다. 그런데 생각은 여기서 그치지 않는다. 두 번째 단계로 넘어가면, 다른 참가자들은 '남들이 어떤 사진을 선호할 거라고 생각할까?'라고 생각하고 있을 것이다. 케인스의 표현에 따르면, 우리는 "우리의 정보력을 평균적 견해에 대한 평균적 견해를 예측하는 데 바쳐야 한다." 여기서 끝이 아니다. 다른 참가자들도 같은 추측 과정을 밟으면서 게임은 3단계, 4단계 또는 더 여러 단계로 끝없이 옮겨간다.

물론 케인스는 주식시장의 투기 심리를 미인대회 투표의 심리에 비유한 것이지만, 환율의 경우도 마찬가지다. 달러 가치가 상승하는 이유는 달러가 유망해서가 아니라 많은 사람이 달러를 유망하게 생각하기 때문이다. 또 많은 사람이 달러를 유망하게 보는 사람이 많을 것이라고 생각하기 때문이다.

군집행동에 대한 비난

미인대회의 비유는 유명하지만, 그러한 시행이 한 번에 그치지 않고 여러 차례에 걸쳐 일어나는 연속 사건이라면 어떻게 될까? 남들이 어떻게 생각하는지 쉽게 알 수는 없지만, 시간이 흐르면서 시장의 움직임을 보면 이번에는 어렵지 않게 남들의 의견을 알 수 있다. 대체로 남들이 '남들의 의견'을 어떻게 생각하는지를 전체 흐름을 보면 알 수 있다.

그런데 이러한 의견을 잘 읽으면서 경제 현상을 살펴보면, 앞에서 이야기한 군집행동과 비슷하다. 군집행동은 집단 전체가 동일한 방향으로 움직이려는 성향을 말한다. 식당 골목에서도 손님이 많은 가게에 손님이 더 몰린다. 기부함이나 거리 연주자의 모자에 지폐나 동전을 잘 보이게 몇 개 넣어두면 돈이 더 잘 모인다. 은행예금 인출 뉴스가 방송되면 너도나도 인출하려는 사태가 벌어진다. 갑자기 주가가 떨어지면 매도가 증가하면서 패닉 현상이 일어난다.

이러한 군집행동은 공통된 자극에 군중이 집단으로 반응하는 감정적 움직임으로 치부되고 '부화뇌동'이라며 비난의 대상이 된다. 열심히 알아보고 연구하기보다 전문가의 의견에 맹목적으로 의존하거나 남들이 좋다고 하면 분석 없이 쫓아다니며 심리적 안정을 찾는다고 비판받는다. 결국 고점에 투자해서 손실을 떠안게 된다.

자연스러운 군집행동

일반적으로 사람들은 제한된 합리성을 가지면서 사회적 기호에 따르는 동안 자기통제가 결여된다. 이러한 특징은 개인적 결정뿐 아니라 금융시장의 움직임에도 커다란 영향을 미친다. 주류 경제학은 인간이 장기적인 비용과 편익을 합리적으로 분석해 최적의 선택을 한다고 가정해왔지만, 행동경제학에서는 주먹구구식으로 결정한다고 가정한다.[5] 군집행동도 행동경제학에서 가정하는 인간의 비이성

적 의사 결정에 따른 현상이다. 자신이 남들보다 잘 모른다는 인식
을 가지는 가운데 금융시장의 보상체계에 영향을 받는다.

4. 민스키 모멘트

금융불안정성가설

금융시장은 불안정하다. 기업의 자금 조달 형태가 금융시장
에 미치는 영향에 대한 이론인 금융불안정성가설Financial Instability
Hypothesis은 환율이 움직이는 외환시장에도 적용할 수 있다. 미국의
경제학자 하이먼 민스키[6]는 금융시장이 내재적으로 불안정성을 내
포하고 있다는 금융불안정성가설을 주장했다. 금융시장에서 활동
하는 경제 주체들은 비합리적인 심리와 기대에 크게 좌우되므로 자
산가격의 거품과 붕괴를 주기적으로 겪게 된다는 내용이다.

민스키의 시나리오에 따르면, 시장 성장기에 경제적 안정에 도취

---

5   리처드 세일러Richard H. Thaler 시카고대 교수는 이와 같은 행동경제학 연구로
2017년 노벨경제학상을 받았다.

6   하이먼 민스키Hyman Minsky(1919~1996)는 조지프 슘페터Joseph Alois Schumpeter의
제자이자 세인트루이스 워싱턴대학의 교수로 경제학계에서는 무명의 인물이었
다. 그의 이론은 미국의 경제학자이자 투자회사 PIMCO의 전무이사인 폴 맥컬리
Paul Allen McCulley가 1998년 러시아 금융위기를 설명하기 위해 '민스키 모멘트'라는
말을 만들어 사용하면서 알려졌다. 민스키 모멘트란 용어는 2007년 서브프라임
모기지 사태, 2008년 글로벌 금융위기 때 다시 등장하며 대중에게 널리 알려졌다.

한 경제 주체들은 투자 리스크를 저평가해 위험자산으로 자금을 이동시킨다. 무리한 투자로 부채가 급증하며 이는 금융시장의 규모 확대와 자산가격 상승을 동반하게 된다. 그러나 실물경제와의 괴리가 커지면서 투자 주체들이 기대했던 수익을 얻지 못하면 시장에는 불안 심리가 급속히 퍼지며 부채상환 우려도 증가한다. 투기적 차입을 늘려가다 금융시장이 긴축으로 돌아서면서 이를 감당할 수 없게 되는 순간, 시장금리는 급등하고 자산가격은 급락하기 시작한다.[7]

민스키 모멘트

민스키 모멘트Minsky Moment란 금융불안정성가설하에서 과도한 부채로 인한 경기 호황이 끝나고, 채무자의 부채상환능력 악화로 건전한 자산까지 팔기 시작하면서 자산가치가 폭락하고 금융위기가 시작되는 시기를 의미한다.

---

7 민스키는 기업이 돈을 빌리는 방법을 통해 이를 설명하고자 했다. 자금 조달 방법은 세 가지로 분류된다. 먼저 헤지자금 조달hedge financing은 매출에 따른 현금수입이 원활하여 원리금 상환이 원활한 자금 조달을 말한다. 가장 안전하다. 두 번째, 전망에 따라 달라지는 자금 조달speculative financing은 현금흐름이 이자를 갚을 정도는 되지만 원금을 상환하기에는 모자라는 정도의 자금을 조달하여 회사를 이어나간다. 회사는 부채를 차환하여 조달한 자금을 이용한다. 이 경우 기업이 계속 성장한다면 문제가 되지 않으나 헤지자금 조달에 비하면 위험하다. 마지막은 투기적 자금 조달Ponzi financing로 기업이 원금뿐만 아니라 이자를 갚을 능력도 되지 않는 경우의 자금 조달을 말한다. 이는 가장 위험한 형태로서 공장 설비의 일부를 팔거나 다른 곳에서 빚을 더 끌어와 돌려막기를 해야 한다. 민스키의 금융불안정성가설은 경기가 하강하면서 헤지자금을 조달하던 기업들이 자금 조달 그룹이 되고, 다시 '투기적 자금 조달' 그룹이 된다고 말한다.

즉, 투자자산이 거래되는 시장이 한창 상승세를 타고 과열되면 너도나도 한몫 잡으려고 뛰어든다. 빚을 잔뜩 지고 주식이나 부동산에 과다 투자하는 사람들도 급속하게 늘어난다. 하지만 투자시장의 거품은 결국 한계가 있어서 언젠가는 꺼질 수밖에 없다. 그러면 빚을 잔뜩 지고 투자했던 사람들은 위기에 몰리고, 어떻게든 투자자산을 처분하려고 한다.

하지만 가격이 하락하는 자산을 살 사람이 많을 리 없다. 팔려는 사람은 많고 사려는 사람은 없으니 자산가격은 급속하게 떨어진다. 여기에 호황일 때 대출을 늘려줬던 금융기관은 대출채권 회수에 나서기 시작한다. 담보로 잡아두었던 자산을 처분하는 과정에서 매도물량은 더 쏟아지게 된다. 그러면 사려는 사람들은 더 없어진다. 상황이 이러하면 빚이 많지 않은 사람들도 공포에 휩싸인다. 투자자산을 그냥 쥐고 있으면 더 떨어질 게 불 보듯 뻔하기 때문이다. 그래서 이들까지 어떻게든 자산을 빨리 팔려고 한다. 부실자산은 물론 우량자산까지 대거 매물로 쏟아지므로 투매 양상을 보이면서 급속도로 시장이 붕괴된다.

레버리지의 욕심

민스키 모멘트의 핵심은 바로 장기간 지속된 호황에 있다. 모든 기업이 처음부터 투기를 하지는 않는다. 그러나 장기 호황이 계속되어 자금 조달을 늘려 사업을 확대하면서 큰 수익을 올릴 수 있다면 안정만을 추구하는 전략은 바람직하지 않다. 더욱이 은행도 이에 동참하여 자금 지원을 확대한다. 돈을 빌려주면 그만큼의 수익이 확실한 상황에서 굳이 신용관리를 엄격하게 할 이유가 없다. 그러므로 민스키의 금융불안정성가설은 장기 호황이 지속되면 결과적으로 경제기반이 취약해진다고 본다. 더 나아가 경제는 본질적으로 취약하다고 주장한다.

결국 레버리지다. 호황기에 신용대출은 아주 쉽게 이루어지며, 금융기관들은 레버리지 비율을 높여 이익을 최대화할 수 있다. 그런데 어느 순간에 이르면 레버리지는 폭발적인 디레버리지deleverage[8]로 귀결된다. 레버리지를 규제하면 변동성이 줄어들 수 있는지에 대해서는 논란이 있다. 이익을 추구하는 기업과 금융기관의 레버리지를 규제하기는 어렵다. 대기업은 망하기에는 너무 큰 만큼 레버리지를 증가시키는 경향이 있다.

5. 오류와 재귀

소로스의 철학과 열린 사회

투자의 귀재라고 불리는 조지 소로스[9]는 돈을 많이 벌어 유명하

---

8 레버리지의 반대말이다. 부채나 차입을 줄이는 것을 뜻한다.

지만, 독자적인 철학에 근거한 투자론으로도 이름이 높다. 세계와 인간을 탐구하는 철학에서 출발하여 논리와 수학의 치열한 전쟁터인 국제금융시장에서 독보적 성과를 거두었다. 소로스 투자철학의 근간인 오류성과 재귀성은 그가 평생 스승으로 존경한 포퍼Karl Raimund Popper의 '열린 사회' 개념을 접목해 형성했다고도 한다. 오류성과 재귀성은 소로스의 명성과 함께 독보적인 투자철학으로 널리 알려졌다.

오류성

오류성은 사람들이 세상을 이해하기 위해 복잡한 현실을 단순화하는 과정에서 착각을 일으킨다는 뜻이다. 즉, 사람들이 이해하기에는 세상이 너무 복잡한 데다 우리 자신까지 포함해서 인식해야 하므로 세상을 보는 관점은 항상 부분적이고 왜곡된다. 따라서 복잡한 현실을 단순화해야 하는데, 이 과정에서 착각이 일어난다. 자본시장

---

9 조지 소로스George Soros(1930~)는 헝가리계 미국인 투자가로, 소로스 펀드 매니지먼트의 의장을 맡고 있다. 1956년 미국으로 건너가 월스트리트에서 활동한 소로스는 고위험 고수익 투자로 명성을 얻으면서 1989년까지 20년간 연평균 수익률 34%를 기록했다. 1992년에는 파운드화 강세를 유도하는 영란은행을 상대로 파운드화 약세에 베팅해 영란은행을 굴복시키면서 엄청난 수익을 거뒀다. 1997년 동아시아 금융위기(우리나라 외환위기 포함) 때도 높은 수익을 올렸다. 소로스는 자신이 태어난 헝가리에 대규모 투자와 기부를 진행해 공산권 붕괴 직후의 혼란을 수습하는 데 크게 기여했다. 1979년부터 2011년 81세에 은퇴하기까지 80억 달러가 넘는 돈을 인권·복지·교육 부문에 기부했다. 소로스에 대한 평가는 '박애주의 자선사업가'에서 '냉혹한 자본주의의 악마'에 이르기까지 극단적으로 나뉜다.

에 참여하는 투자자도 시장원리를 완전히 이해하기는 불가능하며, 효율적 시장에도 항상 오류가 있다. 시장 메커니즘이란 이런 오류를 개선해 나가는 과정을 말한다.

이러한 오류성은 인간의 생각과 현실 사이의 상호작용에서 비롯되는 '재귀성'의 개념으로 연결된다. 오류에 근거한 인간의 왜곡된 생각은 행동으로 이어져 현실에 영향을 주고, 현실의 흐름은 다시 사람들의 관점에 영향을 미치는 피드백 고리가 연속적으로 이어진다. 이로 인해 의도와 행동, 행동과 결과 사이의 연쇄적 상호작용이 이어지면서 불확실성이 증폭된다. 소로스가 진정한 강자가 된 것은 세계와 인간의 오류성을 인정하면서 자신 또한 언제든 틀릴 수 있다고 겸허하게 인정했기 때문이다.

재귀성

소로스에 따르면, 재귀성reflexivity은 관찰자가 관찰 대상인 현실에 영향을 미치며, 이렇게 바뀐 현실이 다시 관찰자의 인식에 영향을 주어 편견을 확대하는 자기 강화의 순환 과정을 말한다.

이러한 피드백 과정은 계속해서 일어난다. 이 끝없는 과정 속에서 구성원의 인식과 현실은 서로 닮아가지만, 서로를 계속 변화시키기 때문에 절대 같아지지는 않는다. 인식과 현실 사이의 끝없는 간극을 소로스는 사회 구성원의 편견이라고 부른다. 재귀성의 핵심 교훈은 사회현상에는 자연현상에 없는 불확실성이 내재해 있다는 점이다.

소로스에 따르면 사회현상에 객관적 진실이란 없다. 현실이 인식에 영향을 미치는 만큼 인식도 현실에 영향을 미친다. 그에 따르면 시장 참여자들은 결코 객관적 지식을 바탕으로 행동할 수 없다. 객관적 지식은 사실을 전제로 해야 하고 언어와 별개로 존재해야 하지만, 사회현상에서 구성원의 사고방식이나 언어와 독립된 사실의 인식이란 없기 때문이다.

소로스는 모든 사회현상에서 재귀현상이 일어나는 것은 아니지만, 이것이 일어날 때 기존 과학의 접근방식은 아무 소용이 없다고 말한다. 재귀성이 버블 연구에서 중요한 이유는 시장참가자들의 잘못된 인식이 점점 더 강화되는 상황을 설명해주기 때문이다. 불균형은 스스로 강해지면서 인식과 현실을 한 방향으로 몰아간다. 이러한 쏠림은 장기적으로 매우 불안정하며, 강력한 반작용을 만나게 된다. 보통 때는 시장이 자체적으로 오류를 수정하지만, 간혹 오해나 오인이 오류를 키워가고 이것이 눈덩이처럼 불어나기도 한다. 이러한 자기 강화 과정으로 인해 시장은 균형에서 멀찌감치 벗어나게 될 수도 있다.

오류와 재귀를 벗어나

소로스에 따르면, 오류성과 재귀성에 따른 불확실성이 인간 행동의 핵심 특징이다. 이러한 불확실성은 때로 무한히 커질 수 있다. 그러므로 투자자들이 시장과 상호작용하는 영역을 정확하게 예측하는 것은 무의미하다.

우리는 불확실한 세상에서 살아가는 불완전한 존재다. 실수를 저지를 수 있다는 사실을 받아들이면, 일을 그르치더라도 객관적으로 바라볼 수 있는 용기를 가질 수 있다. 자신이 틀릴 수 있다는 사실을 인정하고 시장도 잘못될 수 있음을 받아들이며 자신과 시장 모두가 각각 다른 방식으로 틀릴 수 있다는 점을 인정해야 한다.

이러한 마음가짐으로 상황에 따라 충실하게 대응하는 것이 최선이라고 한다. 그런데 어떻게 충실하게 대응하란 말인가? 대답은 없다.

6. 전체를 보는 복잡계

복잡계는 복잡하다

복잡계를 주장하는 학자들은 전체의 관점에서 세상을 봐야 한다고 한다. 세상을 구성 요소로 쪼갠 다음 이해할 수 있을 때까지 부분으로 해부하는 환원주의자들의 접근법은 지금까지 일정 부분 유효했지만, 각 부분을 모두 안다고 전체를 알 수는 없다. 물리학자들이 주를 이루는 복잡계론자들은 확실한 논리와 수학에 근거했다고 주장하는 각 분야의 전문가 예측이 대부분 틀린다고 주장하면서 환원주의reductionism[10] 과학을 비판한다. 대표적 예가 날씨를 예측하는 천문기상학이다. 경제학과 재무론도 금융위기 예측에 실패함으로써 복잡계의 비판을 피해갈 수는 없었다.

복잡계 이론은 복잡하고 아직 통일되어 있지 않지만, 몇 가지로 요약할 수는 있다. 그들의 비판을 읽어보면서 환율을 생각해보자. 자기 분야에서만 바라보기에는 세상이 점점 더 복잡해지고 있다.

전체를 본다

작은 조각으로 쪼개는 환원주의로는 시장에 대한 통찰을 얻을 수 없다. 시장참가자에 대한 모든 것을 알고 있다고 할지라도 구성 요소가 시스템을 이루었을 때 어떻게 상호작용하는지를 전혀 모르면 전체를 이해하는 데 실패하게 된다. "유리 조각에 대한 세세한 지식은 스테인드글라스 이미지를 감상하는 데 전혀 도움이 되지 않는다."[11] 이기적인 개인의 거래가 의도하지 않게 사회적으로 바람직한 결과를 낳는다는 애덤 스미스의 '보이지 않는 손' 이야기는 아무 근거가 없다. 구성 요소 이야기에서 갑자기 전체로 나아갔을 뿐이다.

상호작용

시장의 구성 요소들은 상호작용한다. 어떤 투자자의 전략은 다른

---

10   철학에서 복잡하고 높은 단계의 사상이나 개념을 하위 단계의 요소로 세분화하여 명확하게 정의할 수 있다고 주장하는 견해를 말한다. 데카르트René Descartes를 시조로 본다.

11   존 밀러,《전체를 보는 방법》(2017)을 인용했다.

투자자들의 전략에 의존한다. 모두가 케인스의 미인대회에 참여한 투자자들이다. 개인의 행동에 초점을 맞춘 기존 경제이론들은 인간을 합리적이고 탐욕적인 호모 이코노미쿠스로 보느냐 또는 본능에 충실하고 야수적인 호모 사피엔스로 보느냐의 문제로 대립하고 있다.

그러나 개인을 어떻게 보느냐에 대한 기존의 이해만으로는 부족하다. 시장에서 일어나는 놀라운 일들은 개인 행동의 특성에 기인하기보다는 상호작용하는 집단 속에서 일어난다. 즉, 퀀트Quant 붕괴에서 보듯이 개인의 행동은 집단의 복잡성을 거쳐 누구도 의도하지 않은 결과를 만든다.

시장참가자들 간의 상호작용은 그 개인들로 이루어진 초기 모델의 작은 오차를 빠르게 증폭시키며, 기존 모델이 주는 예측 결과를 쓸모없게 만든다. 연속된 사건들 사이에서 발생하는 아주 작은 차이가 역사의 경로를 바꾼다.

피드백

피드백feedback은 우리의 예측을 방해한다. 시장을 이해하려는 노력이 어떤 결과를 낳게 되는 순간, 다시 우리의 행동에 영향을 주는 피드백을 만든다. 그러므로 이론을 통해 무엇을 예측하고자 하는 의욕은 한계를 가진다. 시장참가자들은 이론을 배운 후에는 종전과 다른 행동을 하게 되어 현실을 바꾸며 이론의 예측을 틀리게 만든다. 불균형의 관점은 극적인 변화를 이끄는 피드백에 초점을 맞춤으로써 시장의 역동성을 이해할 수 있게 한다. 이러한 피드백을 소로스는 재귀성이라고 불렀다.

균형을 박차는 움직임

시장은 균형 상태에 있지 않고 계속 움직인다. 컴퓨터를 통한 거래는 빛의 속도로 움직인다. 스스로 균형을 찾아가는 움직임은 서로 대립하는 힘 사이에서 평형을 찾지만, 지속적으로 가해지는 충격으로 인해 균형을 기대할 수 없다. 균형의 관점으로 바라보면 빈번히 일어나는 예외적 현상인 경제위기를 설명하지 못한다. 현실에서는 회오리와 쓰나미가 중요하다. 스스로 안전하다고 생각하면서 가장 주의해야 할 때 마음을 놓으면 다시 위기 속으로 들어가게 된다. 안전장치를 해제하는 시점은 언제나 위기가 일어나기 직전이다. 레버리지와 마진콜margin call[12] 등은 시장을 불안정하게 만들며, 불안정성의 임계점 너머로 금융시장을 이끌고 간다. 또한 위험을 분담시키는 행위는 시장의 위험을 제거하는 것이 아니라 전체 위험을 불확실하게 만들 뿐이다.

---

[12] 선물거래 중개회사가 당일 결제를 매일 정산하여 선물가격 변동에 따른 손익을 증거금에 반영하며, 순손실액이 일정 수준을 초과하여 유지증거금이 부족해질 경우 증거금을 채워넣도록 고객에게 요구하는 일이다.

역사는 반복되지 않는다

1900년대 다수의 기상학자들은 날씨를 예측하기 위해 물리적·동역학적 통찰을 사용하기보다 통계적 패턴에서 답을 찾고자 했다. 그러나 그러한 시도는 모두 무위로 돌아갔다. 예를 들어 오늘 날씨가 1903년 5월 1일의 조건과 비슷했다면 5월 2일과 3일의 날씨를 찾아보았다. 만약 5월 2일이 맑고 바람이 잔잔한 날이었고 3일은 소나기와 강한 바람이 불었다면, 이들은 내일과 모레 날씨를 그렇게 예보했다. 기상학자들은 날씨의 역사가 반복되기를 바랐다.[13]

그런데 세상이 반복되지 않는다고 해서 과거의 시계열 자료를 통한 예측이 전부 부질없는 작업일까? 어제의 조건이 어느 날과 완벽히 동일하다고 할지라도 오늘과 내일이 비슷할 수는 있지만 같을 수는 없다. 이런 주장은 과거의 금융시장 움직임이 일정 추세로 지속된다고 보는 여러 이론과 기술적 분석[14]을 무력화시킨다. 다만 과거의 시계열을 아주 길게 놓고서도 일정 확률 조건을 만족시킨다면, 그럴 수도 있다는 주장을 할 수는 있겠다.

---

13 노르웨이의 기상학 선구자 빌헬름 비에르크네스Vilhelm Bjerknes(1862~1951)에 대한 전기를 쓴 로버트 프리드먼Robert Friedman이 1900년대 초기의 일기예보 상태를 묘사한 내용으로, 마크 뷰캐넌의 《내일의 경제》(2014)에서 인용했다.
14 부록의 '전력 보강을 위한 무기체계'를 참조하라.

대중은 지혜로운가?

2004년 서로위키James Michael Surowiecki는 저서《대중의 지혜The Wisdom of Crowds》에서 사람들이 편견 없이 추측하고 또 이 추측의 오차들이 서로 상쇄시키는 경향을 보일 때만 그 효과가 있다고 조심스럽게 말했다.[15] 그러나 행동경제학은 많은 실험을 통해서 사람들은 모두 비슷한 실수를 상당히 조직적으로 하는 경향이 있음을 보고하고 있다. 예를 들어 사람들에게 어떤 예시를 보여주느냐에 따라 다르게 답하는 경향이 있는데, 이러한 경향은 대부분 사람들에게서 동일하게 나타났다고 한다.

그러므로 시장참가자들이 모두 실수를 한다면, 이러한 실수들이 서로 상쇄될 수 있다는 생각은 순진하다. 사람들은 패션, 언어, 투자 등에서 서로를 모방하는 경향이 있다. 시장참가자들이 저지르는 실수나 오류는 비슷하다. 군집행동이다. 퀀트의 전략은 효과가 있었으나 많은 사람이 비슷한 전략을 사용하게 되면서 재앙이 되었다. 위기가 발생하면, 마치 토지를 효율적으로 사용하기 위해 서로 붙어 있는 주택들처럼 한 집의 화재가 이웃으로 금방 확산된다. 시장참가자들이 서로 연결된 정도가 특정 임계치를 넘어가면 위험을 공유함에 따라 하나의 방아쇠가 시스템을 전반적인 붕괴로 이끈다. 대중은 지혜롭지 않다.

---

15 마크 뷰캐넌,《내일의 경제》(2014)에서 재인용했다.

이질성과 동질성

세상이 복잡해질수록 다양성이 중요하다. 동일한 성격의 투자자들로 이루어진 시장은 다른 성격의 투자자들로 이루어진 시장과 달리 반응한다. 충격이 가해지면 동종 시스템은 이종 시스템보다 더 극적인 반응을 보인다. 그러므로 이론을 간단하게 구성하기 위해 시장의 대표 투자자를 선정한 후 이들의 행동만을 살피는 손쉬운 방법을 취해서는 시장을 명확히 이해할 수 없다. 편의성에 의존하기보다는 서로 다른 시장참가자들 간의 이질성을 분명히 할 필요가 있다.

한편 시장이 안정된 상태를 유지하려면 투자자들 간에 어느 정도의 이질성이 필요하다. 예를 들면 국내 투자자와 외국인 투자자, 단기매매기관과 장기투자기관 등의 이질성은 시장의 급변동을 완화해 주는 요인이 될 수 있다.

그래서 어떻게 해야 하나?

우선 개별 투자자의 행동을 이해하기 위한 연구에서 벗어나 시스템 전체에 대한 연구로 나아가야 한다. 다음으로 시장은 본질적으로 불균형 상태임을 인정하고 동역학의 관점에서 움직임을 바라봐야 한다. 또한 각 투자자는 상호작용하는 네트워크에 연결되어 있으므로 시장 전체의 관점에서 안정성에 초점을 맞춰야 한다. 최근 증대하고 있는 시장의 상호연관성과 함께 피드백이 강화되고 있는 만큼 피드백의 영향을 감안하여 현상이 어떻게 변화하는지에 초점을 맞취야 한다. 아울러 경쟁하는 조직들이 효율성을 높이는 과정에서 시스템의 안정성이 낮아지는 문제가 있음을 명심하여 효율성만을 강조하는 자세를 버려야 한다. 또 일반론을 강조하기보다 특정한 상황에 초점을 맞춰야 한다.

7. 안개 속의 예측

이론이 아닌 현실에서의 예견prediction 또는 예측forecast은 어려운 일이다. 다양한 이론과 주장을 살펴보지 않으면 안개 속에서 환율 예측의 시야를 확보하기 어렵다. 가벼운 지진이 몇 번 일어났다면 큰 지진의 전조가 된다. 오늘 큰 지진이 일어나더라도 이상하지 않다. 다만 미래는 확률의 문제다.

복잡계 등에서 제기하는 개별, 경쟁, 안정, 일방, 균형 이론에 대한 비판을 거부할 수 없다. 또한 바람직하지 않은 군집행동과 탐욕이 불러오는 레버리지의 확대에 대한 비난도 수용해야 한다. 그렇다면 이제 어떻게 하란 말인가?

복잡계의 많은 이론은 아직 전개 과정에 있다. 그러나 안개 속에서도 예측은 이루어진다. 다음 장에서는 예측의 방법을 알아본다. 예측이 쉽지 않다는 사실을 분명히 인식했다면 벌써 예측의 반은 성공한 셈이다.

제 18장

대세를 따르다
분석기법과 판단

이번 장에서는 예측의 어려움 속에서도 다양한 분석기법을 알아본 후 대세를 따르는 판단을 정리해볼 것이다. 판단하는 방법을 적용하는 과정에서는 시점에 대한 의사 결정이 가장 중요하다. 그리고 모든 일의 마지막은 결국 사람의 마음이다. 전쟁 가운데서도 명상이 필요하다.

1. 분석기법과 환율 상품

분석기법

환율의 움직임을 예측하고 환율 변동을 분석하는 대표적인 기법들을 알아보자. 첫째, 기본적 분석은 거시경제 변수의 기초 여건(펀더멘털)을 분석한다. 둘째, 미시정보 분석은 외환시장 내의 거래량, 환율 변동폭, 매매 스프레드 등을 분석한다. 셋째, 기술적 분석은 차트 분석이라고도 불리며 추세선 분석 등으로 널리 알려져 있다. 넷째, 최근 각광받고 있는 퀀트 분석 또는 알고리즘 분석은 여러 가지 변수를 이용한 계량 분석이다. 이들 네 가지 분석방법은 서로 밀접히 연관되어 있거나 상호보완적이다.

그런데 예측하는 기법들은 간단하지 않다. 각각의 분석방법을 이해하기 위해서는 꽤 두꺼운 책을 한 권 이상씩 읽어야 한다. 또 일반 개인이 따라 하기 어려운 고난도 작업도 있다. 예를 들어 퀀트 분석은 컴퓨터 프로그램을 작성할 줄 알아야 하며 수차례의 검증back test 을 거쳐야 한다.

분석기법마다 장단점이 있다. 그런데 이들을 소개하는 논문들은 자기가 사용한 방법론의 학술적 기여를 강조하고, 대중서들은 자기가 제시한 기법을 적용하면 투자에 성공할 수 있다고 유혹한다.

환율 상품

환율과 관련된 투자상품 또는 투자수단에는 여러 종류가 있다. 달러예금으로 대표되는 외화예금, 외환선물 등 파생금융상품, 외화펀드, 외국 주식, 채권 등을 생각해볼 수 있다. 기업들의 경우 선물환, 외환스왑, 통화스왑 등을 이용할 수 있다. 그러나 키코KIKO 같은 복잡한 파생금융상품의 홍보에 현혹되면 안 된다. 이러한 거래를 하려면 내용을 면밀히 검토해야 한다. 이번 장에서는 분석기법에 집중하기 위해 상품과 수단에 대한 설명은 생략한다. 자세한 내용은 부록의 '전력 보강을 위한 무기체계'에서 다룬다.

여기서 미리 강조할 점은 환율 상품은 환율 변동만 겨냥하지 않는다는 사실이다. 환율 관련 상품은 환율과 금리, 환율과 주가, 환율과 부동산 가격 등 다른 가격변수들과 연결된다.

대세를 따르는 판단

이익을 남기는 방법은 간단하다. 당연한 말이지만, 미래에 비싸질 것으로 예상되면 지금 사놓았다가 미래에 팔면 된다. 대세를 알기 위해서는 당연히 다른 사람들이 어떻게 행동하는지 알아내는 작업이 중요하다. 다수 참가자와 다른 시각을 고집하면 손실을 보게 된다. 남들이 어떻게 '생각'하는지를 '생각'해야 한다. 그렇다면 왜 지금까지 여러 가지를 공부했는가? 자신의 관점이 있어야 지금의 흐름이 대세인지 아닌지 판단할 수 있다.

2. 다양한 분석기법

기본적 분석: 펀더멘털 분석

거시경제 변수의 움직임을 분석함으로써 환율 변동을 예측할 수 있다. 전통적인 환율 이론들이 오랜 세월 동안 수많은 검증을 통해 이를 뒷받침해왔다. 경제의 펀더멘털은 환율을 변동시키는 근본적인 힘이다. 그러나 단기 예측이 어렵다는 한계가 있다. 이미 6장에서 이에 대해 알아봤으므로 상세한 설명은 생략한다. 7장에서 다룬 균형환율도 현재의 환율 수준을 평가하는 데 많은 시사점을 준다.

미시정보 분석

중장기 시계를 넘어서 단기 시계에 대한 관심이 꾸준히 증대되면서 미시구조 접근법micro structure approach을 이용한 환율 결정 연구가 활기를 띠게 되었다. 이러한 접근법은 외환시장 참가자들의 성격이 동일하지 않다는 이질성heterogeneity과 다양한 금융기관, 기업, 개인 등 시장참가자들이 가지고 있는 정보의 질과 양이 다르다는 정보 비대칭성informational asymmetry을 기본 전제로 한다.

미시구조 접근법은 주로 환율 변동성,[16] 외환 거래량, 주문 흐름에 관심을 가지면서 이들의 관계를 밝힌다. 이들 연구는 시장에 대한 이해를 풍부하게 하지만, 직접적으로 환율을 예측하는 연구는 찾기 어렵다. 더욱이 외환시장이 놓인 여건이 어떠한지와 대상 기간을 얼마나 길게 설정하느냐에 따라 서로 다른 실증분석 결과들이 발표되었다.

---

[16] 일정 기간 중 환율 변동의 크기를 말한다. 주로 일일 환율 변동을 측정하여 사용한다. 측정방법으로는 역사적 변동성historical volatility(전일 대비 환율 변동, 당일 최고·최저 차이 등), GARCH 변동성(환율이 추세적 변동으로부터 벗어나는 경우 환율 변동으로 인식), 내적 변동성implied volatility(옵션시장에서 결정된 옵션가격과 옵션가격 결정모형으로부터 환율 변동성을 유추하는 방법, 미래 환율 변동성에 관한 시장 기대를 반영) 등이 널리 사용된다.

기술적 분석

기술적 분석technical analysis은 과거의 시세 변동과 특성을 파악하여 앞으로의 환율 움직임을 예측하는 방법이다. 시장가격은 내재가치에 점진적으로 접근한다는 전제를 바탕으로 이루어지며, 거래량과 심리지표 등을 사용한다. 이는 투자자의 행동을 중요하게 다루는 행동재무학behavioral finance[17]과 관련이 있다.[18] 이동평균, 상대강도, 변동성 등을 분석하여 환율 변동의 추세를 알아낸다.

기술적 분석을 차트 분석이라고도 하는데, 환율의 움직임을 눈에 보이는 그림으로 보여주면서 직관을 통한 이해를 돕는다. 환율 자신이 과거에 어떻게 움직여왔으며 지금 어떻게 움직이는지가 중요하다. 환율의 과거와 현재를 알면 미래가 보인다고 주장한다. 대표적인 분석기법으로는 추세 분석법, 패턴 분석법, 시장특성 분석법, 시장구조 분석법 등이 있다. 재빠른 투자자는 새로운 균형으로 가는 과정에서 이익의 기회를 얻을 수 있다고 주장한다. 상세한 내용은 부록의 '전력 보강을 위한 무기체계'에서 설명한다.

퀀트 또는 알고리즘 분석

퀀트Quant[19]는 고도의 수학과 통계 지식을 이용해 방대한 데이터

---

17 행동재무학은 투자자의 의사 결정을 특징 짓는 체계적인 비합리성에 초점을 맞춘다. 이들 행동학적 결함은 여러 효율적 시장의 이례 현상과 부합한다.

18 즈비 보디 외, 《투자론》(2015)에서 인용했다.

를 분석하여 투자법칙을 찾아낸다. 컴퓨터 알고리즘을 설계하고 적합한 프로그램을 미리 구축한 후 이를 토대로 투자한다. 사전에 설정된 전략이 맞을 때도 있고 틀릴 때도 있지만, 반복 시행했을 때의 확률로 승부한다. 설계자는 높은 확률을 자신하며 권유한다. 알고리즘 트레이딩에 의한 초단타 매매High Frequency Trading, HFT가 주를 이룬다. 펀드매니저와 전문딜러의 주관적 판단을 배제하고, 컴퓨터 프로그램에서 산출된 결과에 따라 거래 시간, 가격, 주문 형태 등을 빠르게 결정하고 매매하므로 근거 없는 소문이나 정보에 흔들리기 쉬운 인간의 심리가 투자에 작용하는 단점을 차단한다. 상세한 내용은 부록의 '전력 보강을 위한 무기체계'를 참조하자.

3. 대세를 따르다

대세를 따르는 방법

대세를 따르고자 결정했다면, 결국 저점에서 사서 고점에 파는 방법이 제일 좋다. 그러나 대세 저점과 고점을 찾기는 불가능하며, 이

---

19 Quantitative Analyst의 줄임말로, 수학과 통계학 지식을 이용해서 투자법칙을 찾아내고 컴퓨터로 적합한 프로그램을 구축해 이를 토대로 투자하는 사람을 일컫는다. 2008년 글로벌 금융위기 이후 그 원인을 파악하는 과정에서 금융위기의 원흉으로 지목되면서 국내에서도 익숙한 단어가 되었다.

에 근접하려고 노력할 뿐이다.

첫째, 어떤 수준 또는 법칙을 정해놓고 신호에 따라 무조건 매매하는 방법이다. 평소에 시장 움직임을 관찰하여 매매 수준을 미리 정해놓거나 기술적 분석의 여러 추세선과 보조지표들이 보여주는 바에 따라 행동한다.

둘째, 자신의 이론에 대한 이해와 패턴에 대한 직감을 신뢰하는 방법이다. 대세가 곧 다가오리라 예상하고 앞서 나가 기다릴 수도 있으며, 대세가 형성되면 곧 편승할 수도 있다.

시점의 판단

대세라고 판단하기 이전에 매매하기는 어려우며 잘못 판단하기 쉽다. '무릎에서 사서 어깨에서 판다'라는 투자의 오래된 격언을 떠올리자. 대세를 앞서 나가기보다 어느 정도 형성되었을 때 흐름에 편승하는 편이 그래도 안전하다. 물론 나중에 가담함으로써 이익의 상당 부분을 놓칠 수 있지만, 대세를 예견하는 선제적 공격은 어렵다.

매수 또는 매도 시점의 결정은 어떤 가격 수준에서 사고팔 것인지에 대한 결정과 밀접하게 관련된다. 변동 요인의 방향은 상대적으로 쉽게 알 수 있지만, 요인의 강도와 시차는 오랜 경험에 의해서만 어렴풋이 추정할 수 있다. 결국 이론의 분석과 패턴에 대한 경험 등을 바탕으로 한 직감으로 대세를 판단할 수밖에 없다.

마음공부

대세 상승인 줄 알았으나 곧 반락하며, 대세 하락인 줄 알았으나 곧 반등한다. 환율이 뚜렷한 추세를 나타내지 못하고 횡보할 때는 판단하기 더욱 어렵다. 대세 상승기에도 작은 봉우리들을 그리면서 올라가고, 대세 하락기에도 작은 계곡들을 그리면서 내려온다. 정확한 판단과의 싸움이며, 자신이 저지른 의사 결정에 대한 후회와의 싸움이고, 미련을 떨치기 위한 전쟁이다.

17장에서 이야기했듯이 실수를 저지를 수 있다는 사실을 받아들이면, 일을 그르치더라도 객관적으로 바라볼 수 있는 용기를 가질 수 있다. 자신이 틀릴 수 있다는 사실을 인정하고, 시장도 잘못될 수 있음을 받아들이며, 자신과 시장 모두가 각각 다른 방식으로 틀릴 수 있다는 점을 인정해야 한다. 마음의 수양처럼 어려운 일도 없다.

제**7**부

전략 수립

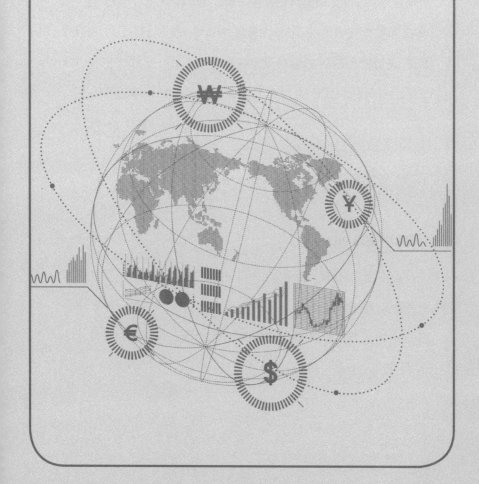

제 19장

진격과 후퇴를 위한 결심

마침내 전략

이해를 넘어 드디어 예측의 단계로 들어가려고 한다. 전투를 앞두고 작전 계획을 수립하기 전, 도식화의 위험에 대해 다시 한번 생각해 본다. 복잡한 세상이 이렇게 단순하게 정리되기는 어렵겠지만, 그래도 지금까지 살펴봤던 몇 가지 과제를 다시 가다듬고 점검해보자.

1. 환율의 움직임을 살피는 4층 구조

나누면 쉽게 안다

환율을 알기 위해 1장에서 4층의 환율 구조에 대해 설명했다. 기축통화를 차지하기 위한 통화전쟁, 환율체제 간의 전쟁, 환율 수준을 둘러싼 전쟁, 환율거래의 손익을 위한 전투로 나누어 보았다.

합치면 풍부해진다

구분하여 이해된 환율 구조는 결국은 통합되어 인식된다. 단기 요인은 지금 당장 환율에 영향을 미치고 장기에 영향을 주면서 사라지지만, 장기 요인은 단기에도 수면 아래 흐르는 해류가 되어 상당 기간 계속 환율에 영향을 미친다.

2. 시계의 3단계 관점

시계의 구분

환율의 흐름을 읽기 위해 2장에서 환율에 관심을 가지는 시계를 3단계로 설명했다. 환율을 바라보는 장기 시계에서는 경제 구조의 변화와 사회를 바라보는 철학, 중기 시계에서는 이론과 경험, 단기 시계에서는 뉴스 또는 정보를 읽는 직감이 중요하다.

나의 관점

투자 기간은 곧 나의 관점이 된다. 단기 투자를 할 것인지, 장기 투자를 할 것인지 미리 결정해야 한다. 단기 투자가 이어지면 자연스럽게 장기 관점이 된다. 사건 흐름에 대한 해석을 이어가는 과정은 중요하다.

3. 이론과 기법의 이해 그리고 패턴 정리의 경험

바탕을 이루는 이론

환율 움직임을 이해하고 예측하는 데 이론은 가장 기본적인 토대가 된다. 6장에서 환율의 상승 요인과 하락 요인 그리고 7장에서 균형환율 등을 살펴본 이유다. 그러나 이론만으로 환율을 잘 예측할수는 없다.

도와주는 도구들

기술적 분석기법은 환율의 움직임을 전체적으로 조망하고 추세를살펴볼 수 있는 그림을 제공해준다. 또한 미시구조 분석도 환율에대한 이해를 풍부하게 해준다. 행동재무학의 관점에서 이들을 읽을수 있다.

패턴 정리의 힘

정리된 패턴의 방향, 강도, 시차 등을 이해해야 한다. 이러한 패턴을 정리하기 위해서는 거시경제 변수들 이외에도 자본이동의 영향등도 고려해야 한다. 특히 복잡한 파생금융상품의 거래 동향에도 관심을 가져야 한다.

타임머신을 타고 과거로 돌아가 당시의 변동 요인과 환율 변동 추이를 비교 분석하는 경험은 직감을 키워준다. 경제 요인별 영향에 대한 분석을 넘어서 경제, 정치, 사회, 군사 문제를 모두 하나의 덩어리로 보는 자세를 갖자.

직감의 중요성

체계화하기 어려운 상황 속에서도 주어지는 정보를 해석해내는 작업이 직감이다. 직감은 이론에 대한 폭넓은 이해와 분석기법, 패턴 정리를 통한 경험의 축적에서 나온다.

4. 원하는 바를 명확히 하다

먼저 내가 무엇을 원하는지 알아야 전략을 세울 수 있다. 수요를 명확히 하자. 나는 무엇을 원하는가? 내게 맞는 전략이 좋은 전략이다. 더 자세한 내용은 부록의 '전력 보강을 위한 무기체계'를 참조하자.

① 전망과 헤지: 위험을 무릅쓰고 이익을 얻기 위해 예측할 것인가? 아니면 미래의 수요에 대응하여 이 정도 가격이면 만족한다고 헤지할 것인가?

② 단기와 장기: 단기를 보고 투자할 것인가? 장기에 걸쳐 투자할 것인가? 아니면 단기 투자를 장기간 반복할 것인가?

③ 직접과 간접: 스스로 판단하여 투자할 것인가? 아니면 남에

게 수수료를 주고 맡길 것인가?

5. 대세를 따르다

대세 판단의 힘

대세가 환율을 결정한다. 우리는 케인스의 미인대회에 참석하고 있다. 환율 이론과 분석기법과 패턴 정리를 이해한 힘, 그리고 타임 머신을 타고 과거로 돌아가 당시의 변동 요인과 환율 변동 추이를 비교 분석한 경험의 힘이 있다. 이러한 힘을 바탕으로 한 직관을 통해 대세를 판단한다.

매매의 판단

미리 나설 것인가, 나중에 따라갈 것인가? 대세의 흐름 속에서 매매 방법과 시점을 결정한다. 의사 결정 전에는 언제나 망설임이 있다. 탐욕과 공포를 이기는 냉정함이 필요하다. 마지막에 필요한 요소는 마음가짐의 평정이다.

6. 전략 수립을 위한 단계

전략 수립을 다음 다섯 가지 단계로 구분할 수 있다. 반드시 순서대로 해야 할 필요는 없으며, 각 단계는 서로 중첩되어 영향을 미친다. 위험을 무릅쓰고 단순한 도식화로 정리해봤다. 다시 한번 강조하지만, 환율 예측 방법은 모호함을 이기고 환율을 체계적으로 이해하기 위한 하나의 방편일 뿐이다.

① 환율의 움직임을 4층 구조로 구분한다.

표 19.1 전쟁과 전투의 구조

층	전쟁과 전투	싸움의 내용	싸움의 구분	
4	환율전투	환율거래 손익을 위한 전투	환율	전투
3	환율전쟁 II	환율 수준을 둘러싼 전쟁		전쟁
2	환율전쟁 I	고정환율제와 변동환율제 간의 전쟁		
1	통화전쟁	기축통화를 차지하기 위한 전쟁	통화	

② 시계의 3단계 관점으로 살펴본다.

표 19.2 시계의 관점

시계	중점
단기	정보에 대한 직감
중기	이론과 경험
장기	경제 구조 등에 대한 철학과 역사관

③ 이론, 기법, 패턴에 대한 이해와 경험을 적용한다.

그림 19.1 금리, 환율, 자본이동의 관계

자본이동

금리   환율

표 19.3 패턴의 정리

요인	상호작용		영향	
상승	중첩	상쇄	기간	시차: 기대와 이연
하락				

④ 자신의 수요를 명확히 한다.

표 19.4 자신의 수요

목표		기간		직간접	
전망	헤지	단기	장기	직접	간접

⑤ 대세를 따른다.

표 19.5 대세의 판단과 행동

판단＝직관				행동	
이론	기법	패턴 정리	이해	승차	하차
			경험		

제 20장

타임머신

환율의 미래

이번 장에서는 "10년이면 강산도 변한다"라는 옛말을 핑계 삼아 10년 뒤의 환율 예측 시나리오를 만들어보았다. 미래에는 강산이 열두 번 도 더 바뀔 수 있는 세월이다. 타임머신을 타고 미래로 날아간다. 미 래에도 전쟁과 전투는 계속되고 있다. 첨단 장거리 미사일과 소리 없이 움직이는 핵잠수함이 새로운 기능을 무장하고 등장했을지도 모른다.

미래에는 세계화가 더욱 진전되는 가운데 금융시장 개방이 확대 되고 글로벌 가치사슬도 확산되었을 것이다. 또한 국제금융시장에 서 자금 흐름의 중요성이 커지면서 환율 변동이 경제 전반에 미치는 영향도 달라졌을 것이다. 따라서 미래를 상상하는 작업은 세월의 긴 과정을 도식적인 인과관계 틀 속에 넣어 단순화시키는 방식이 된다.

그러나 막연한 정리보다 예각화銳角化된 서술이 필요할 때가 있다. 10년이 지난 뒤 누가 이 책을 다시 보고는 틀렸다고 비판할지도 모 른다. 그러나 누가 알겠는가, 긴 세월 뒤 환율의 미래를. 망설임을 줄이면서 예측해본다. 무모하거나 야심 찬 일이다.

1. 타임머신을 타고 날아간 미래

요인 점검

타임머신에 오르기 전, 환율에 영향을 미치는 다양한 요인을 점검해보자. 10년 후를 예측하기 위해서 거시경제 변수를 중심으로 한 장기 요인에 집중하자. 장기 시계에서는 물가 변동이 중요한 자리를 차지한다. 환율은 결국 구매력 비교다. 또한 생산성 향상 등에 따른 경제 성장도 주요 요인이다. 아울러 경제 변수뿐 아니라 정치, 군사, 사회, 문화 등 대한민국의 총 국력이 환율에 영향을 미쳤다고 봐야 한다.

이들은 결국 국제금융시장에서 원화 가치에 대한 신뢰가 얼마나 높아졌는지와 관련된다. 미래 시점에서 지난 10년을 돌아본다면, 국제 사회는 대한민국에 얼마나 강한 신뢰를 가질 수 있었을까? '대한민국 국민의 저력을 믿느냐' 하는 질문이 장기 관점의 철학이다.

기본 전제

먼저 국제통화체제, 기축통화 문제와 원화의 국제화 문제를 생각해본다. 이는 곧이어 나오는 원·달러 환율을 상상하는 전제가 된다.

여러 변수로 미래가 바뀔 수 있다는 전제하에서 읽어보기를 권한다.

네 가지 시나리오

현 위치에서 발사되는 각도를 조금만 잘못 설정하면 타임머신은 다른 세계에 도착한다. 행복한 가정은 모두 엇비슷하고 불행한 가정은 불행한 이유가 제각기 다르다.[1] 경제의 성공도 여러 요소가 모두 충족되어야 가능하며, 어긋나면 다양한 이유로 실패할 수밖에 없다.[2]

극단적인 네 가지 시나리오를 가정해보자. 먼저 원·달러 환율이 크게 하락하여 달러당 800원이 된 경우와 크게 상승하여 1600원이 된 경우를 생각해보자. 또 각각의 전제에서 좋은 시나리오와 나쁜 시나리오를 가정해보자. 좋은 시나리오란 향후 10년 동안 우리 경제가 성공적으로 발전한 경우이고, 나쁜 시나리오란 10년간 우리 경제 상황이 나빠진 경우다.

물가 수준의 가정

장기적으로 보면 물가가 강력한 환율 결정 요인이라고 설명한 바 있다. 따라서 10년 후 원·달러 환율이 800원이라면 어떤 이유에서든 그동안 우리나라 물가가 외국보다 상대적으로 작게 올랐을 것이

---

1 톨스토이의 소설 《안나 카레니나》의 첫 문장이다.
2 재레드 다이아몬드Jared M. Diamond는 《총, 균, 쇠》에서 동식물의 가축화와 작물화와 관련하여 '안나 카레니나 법칙'을 제시했다.

며, 1600원이라면 우리나라 물가가 외국보다 상대적으로 크게 올랐다고 볼 수 있다. 6장에서 다룬 구매력평가 이론이 이를 뒷받침한다.

2. 국제통화체제

기축통화

미래 10년 시점의 대한민국 서울에 도착했다. 뉴스도 들어보고 은행도 방문했다. 미국 달러화는 기축통화로서의 위상을 유지하고 있었다. 미국의 정치·외교적 위상은 건재했다. 지난 과정을 살펴보니 여러 가지로 어려운 가운데서도 새로운 경영 혁신을 이루어 유로존과 중국의 도전을 물리치고 있었다. 투키디데스의 함정을 의식하면서 기술, 무역, 금융 등 다양한 분야에서 경쟁자들이 도전하지 못하도록 정치, 군사, 외교를 통한 강제력도 발휘했다. 미국 우선주의와 신고립주의는 어느 정도 유지되고 있었지만 그 경향은 약해졌다. 자유와 개방에 대한 존중은 유지되었다.

유로지역은 정치적으로 각각 다른 주권을 가진 나라들을 통할하는 데 여전히 어려움을 겪고 있었다. '하나의 유럽'이라는 의식은 브렉시트를 계기로 각국의 이해관계가 상충하면서 조금씩 허물어지고 있었다. 유럽중앙은행의 통화정책과 각국의 재정정책을 조화시켜야 한다는 명제는 유로존 내 부자 나라와 가난한 나라 사이의 갈등에 힘을 잃었다. 유로화가 달러를 대체하여 기축통화의 위상을 차지하려는 움직임은 없었다.

한편 중국의 경제 수준은 지속적으로 향상되었다. 이에 따라 통일된 사회주의 강령이 개인의 자본주의 성향에 미치는 영향은 감소했다. 경제 발전이 의식을 깨워 정치적 자유에 대한 국민의 요구가 높아졌다. 해안과 내륙 간의 지역 갈등, 소수민족의 실질적 자치권 요구 등도 심화되었다. 투입이 산출로 이어지는 개발 시대가 서서히 막을 내리면서 부정부패 해소와 정부기관의 과다 부채 등 잠복해 있던 여러 문제가 수면 위로 떠올랐다. 미국과의 군비 경쟁도 경제 발전의 제약 요인으로 작용했다. 위안화가 달러를 밀어내고 기축통화로 대두되기는 힘들어 보였다.

아울러 SDR 등 새로운 국제통화 도입에 대한 논의는 지난 10년간 이어져 왔으나 실현되기는 어려워 보였다. 새 통화의 구성에 편입되는 비중을 둘러싼 각국의 이해관계가 첨예하게 대립했다. 구체적 사안에 돌입할수록 논의는 난항을 겪었다. 달러를 대체하려는 노력은 영어를 대체하려는 에스페란토의 안간힘처럼 보였다. 암호화폐의 지위는 지금보다 더 추락해 있었다. 이해관계 속에서 관성의 법칙은 예상보다 강해 보였다.

원화의 국제화

타임머신을 타고 날아간 세계에서 원화의 국제화는 이루어지지 않았다. 뒤에서 제시되는 두 가지 시나리오, 원화의 큰 폭 절상 또는 큰 폭 절하 어느 경우든 마찬가지였다. 동남아시아 국가와의 무역거래에서 결제되는 기회가 조금씩 늘었을 뿐이었다.

통화의 국제화는 오랜 세월의 신뢰를 바탕으로 한다. 반도체와 자동차는 눈에 보이는 실물이 있다. 만질 수 있는 제품은 믿을 수 있고, 돈과 교환되면 거래가 끝난다. 거래 상대방을 다시 볼 일이 거의 없다. 그러나 화폐, 통화, 금융은 거래하는 국가에 대한 믿음을 기초로 한다. 알다시피 돈이란 신뢰가 없어지면 실질가치가 없는 종이일 뿐이다. 통화의 국제화가 완성되려면 국제 정치, 군사 면에서도 강한 통제력을 보유하는 가운데 지정학적으로도 불안 요소가 없어야 한다.

서울을 국제금융의 중심지로 육성하겠다는 야심 찬 계획도 실현되지 못했다. 국제금융센터는 그 나라의 통화가 강해야 한다는 본질에 앞서 자유로운 변동환율제, 전문가들이 불편 없이 활동할 수 있는 영어의 사용, 외국인 자녀들에게 적합한 국제학교 등 생활편의시설의 확대가 요구된다.

돌이켜보면 10년이란 세월은 짧았다.

3. 상상과 해석(1): 환율 800원의 세계

좋은 시나리오

먼저 환율 800원대에서 낮은 물가 수준을 가정해보자. 우리나라 물가가 외국에 비해 상대적으로 작게 오르면, 원화 명목가치로 표시된 우리나라 상품의 가격은 외화 명목가치로 표시된 외국 상품에 비해 싸진다. 즉, 외국 상품은 인플레이션 때문에 명목가격이 비싸진다. 그러면 가격이 싼 우리나라 상품을 동일 상품이 비싼 외국으로 수출할 수 있다. 환율이 변동하지 않았다면 수출이 증가하고 수입이 감소했을 것이다. 즉, 경상수지 흑자를 보게 되었다.

그러면 우리나라가 수출로 벌어들이는 달러의 양이 많아져 수요·공급 원리에 따라 원·달러 환율이 하락한다. 원·달러 환율이 하락하면 달러 기준 경쟁력이 약해지면서 수출이 줄어들게 되지만, 좋은 시나리오에서는 우리나라의 생산성 향상이 높아지면서 더 좋은 제품을 생산하게 되어 수출이 꾸준히 늘어났다고 가정하자. 한편 수입 상품은 원·달러 환율 하락으로 원화 기준 가격이 싸졌으므로 전체 물가는 더욱 낮아졌다. 그러면 처음 가정한 물가 하락의 전제와 모순이 없다.

물가가 안정되고 경상수지가 흑자를 지속하는 모습을 상상했는데, 여기에는 생산성 향상이 결정적 역할을 했다. 우리나라의 경제성장률이 다른 나라보다 높아졌을 가능성이 크다. 일반적으로 수출이 확대되고 경제 성장률이 높아지면 물가가 오르기 마련인데, 지난 10년간 물가는 안정적이었다. 이는 무엇을 말할까? 우리의 경제 성장이 생산성 향상, 경제 구조의 성공적 개편, 신기술과 신제품 개발 등으로 뒷받침되었다는 뜻이다.

우리나라 경제가 빠르게 성장함에 따라 우리나라에 투자하면 수익이 좋을 것이라는 기대로 외국인의 투자가 늘어나 국내 외환시장에 달러가 많아진 것도 원·달러 환율 하락에 가세했을 것이다.

환율은 정치·사회적 요인에도 영향을 받으므로 우리나라의 정치는 안정되었을 것이다. 정치가 불안정한 나라의 돈은 가치가 떨어지는 경향이 있다. 국제 정세가 불안해지는 상황 속에서도 원화 가치가 높은 수준을 유지했다면 국제금융시장에서 우리나라의 신뢰가 두터워졌음이 틀림없다.

나쁜 시나리오

역시 물가가 낮은 수준을 유지했다는 전제로 지나온 과거를 돌이켜보자. 나쁜 시나리오라면 우리 경제는 생산성 향상, 신기술 개발 등이 제대로 이루어지지 못한 가운데 경기 침체가 지속되고 경제가 활력을 잃으면서 제대로 성장하지 못했다고 볼 수 있다. 당연히 수출과 내수 시장 모두 침체되고, 물가는 낮은 수준을 유지하거나 디플레이션에 빠지게 되었다. 이에 정책 당국은 경기 활성화를 위해 기준금리를 인하했다. 따라서 시중금리도 하락했으며 국내 채권수

376

익률도 낮아졌다. 경기가 침체되어 있으니 주식수익률도 낮았을 것이다. 부진한 상황을 보이는 우리나라에서 벗어나기 위해 외국인 투자자금은 해외로 유출되었다. 그러면 원·달러 환율이 상승하게 되는데, 그러면 당초 달러당 800원의 전제와 어긋나게 된다.

돌이켜보면 일본 경제가 침체되어 있던 중에도 엔화는 안전자산으로서의 위상을 지키며 강세를 나타냈다. 일본은행은 정책적으로 물가를 상승시키고 통화 가치를 떨어뜨리려고 노력했으나 뜻대로 되지 않았다. 금융위기 상황 속에서도 자본이 빠져나가지 않았기 때문이다. 그러나 우리나라 원화는 안전자산으로 취급받는 일본 엔화가 아니다. 장기간 경제가 침체되면 외국인 투자자금이 유출되면서 환율이 상승한다.

따라서 향후 10년 우리나라의 경제 침체를 예상하는 시나리오에서 환율이 떨어지는 상황은 발생하지 않을 것이다. 원·달러 환율이 상승하게 되었다면 그동안 생산성이 낮아지고 기술 개발이 부진했더라도 가격경쟁력으로 물량을 밀어냈을 가능성이 크다. 원·달러 환율이 낮아지는 '나쁜 시나리오'는 일어나지 않을 것이다.

4. 상상과 해석(2): 환율 1600원의 세계

좋은 시나리오

물가 오름세가 지속되었다고 가정하고 시작하자. 좋은 시나리오 에서 물가가 상대적으로 크게 오른 이유는 경제가 활성화되었기 때 문이다. 물가가 오르면서 원화 명목가치 기준으로는 우리나라 수출 상품의 가격이 상대적으로 비싸지는 반면 수입상품의 가격은 상대 적으로 싸져서 그만큼 수출이 감소하고 수입이 증가하게 되었다. 그 러나 환율이 지속적으로 상승함에 따라 수출품목들은 달러 기준에 서 가격경쟁력을 보였다. 생산성 향상과 신기술 개발 등도 제법 나 타났으며 신제품도 다수 개발되었다. 이에 힘입어 경상수지는 흑자 를 보였다. 우리나라가 수출로 벌어들이는 달러의 양이 수입을 위해 지출하는 달러의 양보다 많아져 수요·공급 원리에 따라 원·달러 환 율이 하락할 수도 있었지만, 뒤에 설명할 요인 때문에 환율은 하락 하지 않았다. 한편 우리나라의 경제 성장률이 다른 나라보다 높아졌 다고 볼 수도 있다.

물가 오름세 지속으로 한국은행이 기준금리를 인상하면서 높은 수준의 시장금리가 형성되었다. 내외금리차를 노리는 외국 투자자 들의 자금이 순유입되는 가운데서도 자기 나라 사정으로 유출입을 반복했다. 그러나 우리나라 경제에 대한 외국인 투자자들의 리스크 프리미엄risk premium 요구가 지속되면서 높은 금리 수준에도 자금 유입이 크게 늘지는 않았다. 반면 우리나라의 해외투자는 활발히 일어나 원·달러 환율 상승 요인으로 작용했다.

국제금융시장에서의 신뢰는 나아졌으나 크게 개선되지는 못했다. 글로벌 시장이 불안정해질 때마다 금융위기의 가능성은 계속되었으며, 이에 대비하기 위해 외환보유액을 확충하는 과정에서도 원·달러 환율이 상승했다. 돈의 대외가치는 떨어졌으나 성장은 지속되고 있었다.

나쁜 시나리오

원·달러 환율이 크게 상승했다면 우선 물가 수준이 다른 나라에 비해 상대적으로 높아졌을 가능성이 크다. 물가가 상대적으로 크게 오른 데는 여러 요인이 있었다.

물가가 크게 오르면 원화 명목가치로 표시된 우리나라 상품 가격이 상대적으로 비싸지는 한편 외국 상품의 가격은 상대적으로 싸지므로 일정 수준의 환율하에서 수출이 감소하고 수입이 증가하는 요인으로 작용했다. 경상수지 적자를 기록했을 것이다. 그러나 원·달러 환율이 크게 상승했으므로 환율 요인으로 경상수지는 흑자를 기록했을 수도 있다.

'나쁜 시나리오'이므로 우리나라의 경제 성장률이 다른 나라보다 낮아졌다고 봐야 한다. 우리나라에서도 생산성 향상, 경제 구조의 성공적 개편, 신기술과 신제품 개발 등이 이루어졌을 수 있으나 경쟁국에 비해 활발하지 못했다. 생산성 향상 등이 이루어지지 못하는 가운데 경기가 침체되고 인플레이션이 일어났다. 정도가 심했다면 스태그플레이션stagflation이 진행되었을 것이다. 대한민국 경제에 대한 믿음이 약해지면서 환율이 상승했다. 물론 환율이 높아지면서 가격경쟁력은 가질 수 있었다. 그러나 경쟁력을 가진 제품이 별로 없었기 때문에 수출할 물량도 적었다.

한편 물가 수준이 높아짐에 따라 한국은행이 기준금리를 인상하면서 높은 수준의 시장금리가 형성되었다. 내외금리차를 노리는 외국 투자자들의 자금이 유입되면서 달러의 공급이 늘어나 환율 하락 요인으로 작용했다. 그러나 원·달러 환율 1600원의 시나리오에서는 외국인 투자자의 자금 유입이 크지 않았다고 봐야 한다. 우리나라 경제가 침체에 빠져들어 외국인 투자자들이 리스크 프리미엄을 요구하면서 높은 금리 수준에도 자금 유입이 제한적이었기 때문이다. 만약 기준금리를 더 높이면 경기 침체가 가속화되었을 터이므로 외국인 투자자의 자본 유입을 확대하기 위한 금리 인상은 쉽사리 이루어지지 못했을 것이다. 아울러 국제금융시장의 신뢰를 얻지 못해 세계 경제가 불안정해질 때마다 우리나라는 금융위기의 가능성에 크게 노출되었을 것이다.

5. 내일의 태양

우리의 현주소

글로벌 경제가 다시 침체의 늪으로 들어가는 것은 아닌가 하는 우려 속에서 우리나라 경제도 부진이 지속되고 있다. 대외의존도가 높은 경제의 특성과 현금인출기ATM라고 일컬어지는 국내 금융시장을 생각할 때, 대외경제 여건에 민감하게 반응할 수밖에 없는 상황이다. 국제금융시장에서 우리나라의 경제 현황을 어떻게 인식할 것인가 고민할 수밖에 없다. 수출에 의지한 경제 성장도 바람직해 보이지 않는다. 그래도 이 정도면 괜찮다며 경제의 기초체력은 튼튼하다는 주장이 있지만, 한편으로는 최저임금 인상과 주 52시간 근무제 시행, 가계부채에 대한 우려, 향후 성장을 뒷받침할 설비투자의 부진 등에 대한 우려의 목소리도 확산되고 있다. 조그만 방향의 차이가 10년 뒤에는 커다란 차이를 불러올 것이다.

대한민국의 저력을 믿느냐?

장기 시계의 관점에서 보았을 때 경제적 측면에서는 물가 안정과 새로운 기술 개발 등이 중요해 보인다. 물론 정치, 외교, 군사, 사회, 문화 측면에서의 국제적 신뢰도 중요하다. 치열한 연구를 통해 새로운 기술을 개발하는 한편 경영기법과 생산설비의 개선과 확충 등을 통해 생산성을 향상하고 신제품을 개발하여 세계로 뻗어 나가 수출하려는 적극적인 노력이 필요하다. 창의적 발상과 경쟁에서 이기려는 자발적 노력도 긴요하다. 이러한 노력을 뒷받침해주는 정부의 지원도 필요하지만, 모든 과제는 결국 사람에게 달려 있다.

경제 문제를 넘어 이룩해야 할 우리 사회의 과제를 생각해본다. 과도한 평등을 이겨내는 자유에 바탕을 둔 경쟁, 단순한 구호를 배격하는 치밀한 전략과 실행, 배타주의를 물리치는 개방적인 포용이 중요하다. 미래 환율을 예측하는 작업은 지나온 대한민국의 발자취를 통해 본 역사의 발전과 관련되어 있다. 또한 '대한민국 국민의 저력을 믿느냐' 하는 철학과도 관련되어 있다.

숲을 알아야 나무를 헤아리며, 나무를 알아야 숲이 보인다

환율 예측은 용감하거나 무모한 작업이었다. 예측은 물론 어렵거니와 예측하는 방법을 제시하기도 어렵기는 마찬가지였다. 그래도 "오늘 잡은 물고기를 한 달 후에 먹을 수는 없다"라는 말에 기대어 물고기를 건네주기보다 물고기 잡는 방법을 이야기했다. 환율에 대한 이야기들을 쭉 나열하기보다 '예측 방법'에 초점을 맞춰 이야기를 끌고 나가는 방편으로 삼았다. 도식화의 단순함을 환율 이해를 위한 줄거리로 이용할 수 있었다.

그러나 환율에 대한 이해를 돕기 위해 얼마나 다양한 읽을거리를 제공했는지 반성하게 된다. 설명을 조금만 깊게 하면 딱딱한 교과서가 되고, 부드럽게 쓰고자 하면 지루한 사설이 되었다. 단순함을 목표로 복잡한 수식을 제외하니 서술만 길어졌고, 간결함을 목표로 긴 사례를 제외하니 건조해졌다.

도식화는 내용을 풍부하게 담아내는 데는 여러모로 부족한 그릇이었다. 중도에 이 같은 방식을 포기할지 고심하기도 했지만, 줄기에 초점을 맞추기 위해 가지치기를 했다. 이야기를 나열하기보다는 예측 방법을 위한 하나의 숲을 보여주는 데 의의를 두었다. 숲을 알아야 나무를 헤아리며, 나무를 알아야 숲이 보인다.

이 책은 전쟁 속에서 살아가는 독자들을 위한 무모하거나 야심 찬 야전교범이다. 예측 방법이란 깃발을 들고 환율의 움직임을 도식화된 구조로 정리하기 위해 나섰으나 결국 '무모'와 '야심'의 중간 어디쯤 엉거주춤하게 걸터앉은 기분이다.

간단하지 않은 이야기를 끝까지 읽어주신 독자 여러분께 감사드린다. 이 책을 통해 환율에 대한 이해가 조금이라도 넓어졌기를 바랄 뿐이다.

부록

1. 기초체력단련
2. 전력 보강을 위한 무기체계

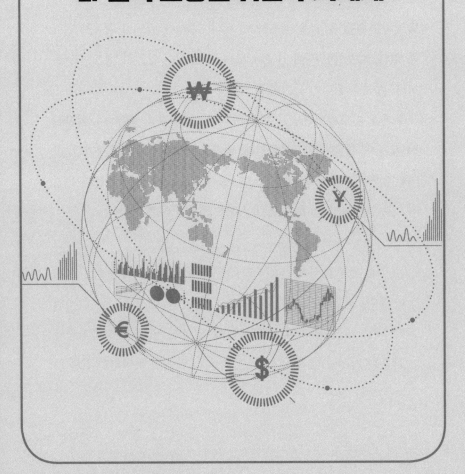

기초체력단련
기본 개념 확인

전쟁에 나가기 전 기초체력을 단련하면 좋다. 기본 개념을 정확히 숙지하면 본문을 읽을 때 도움이 된다. 그러나 반드시 숙독할 필요는 없다. '아! 이런 것이 있구나' 또는 '이런 것이 있었지' 정도면 충분하다. 본문을 읽다가 돌아와 참고해도 좋다.

부록 1 '기초체력단련'은 환율 표시 방법, 환율의 종류(I), 외환시장 참가자, 현물거래와 선물거래, 외환보유액과 외국환평형기금, 불태화정책과 태화정책, 환리스크와 환헤지로 구성되며, 본문과 유기적으로 연관되어 있다. 주요 내용을 요약하면 다음과 같다.

첫째, 환율 표시 방법에는 자국 통화 표시법과 외국 통화 표시법이 있다. 일반적으로 많이 사용하는 '오늘 원·달러 환율은 1200원이다'라는 표현은 자국 통화 표시법이다. 원·달러 환율이 상승하면 원화 가치는 내려간다. 반면 원·달러 환율이 하락하면 원화 가치는 올라간다.

둘째, 환율은 기준환율을 중심으로 산정된다. 여러 나라 통화와 교환할 때 기준이 되므로 매매기준율이라고 한다. 은행 창구에서 달러를 바꾸는 고객거래 시 적용되는 대고객환율과 구분된다.

셋째, 외환시장에는 여러 시장참가자가 있다. 수출입기업과 여행객, 외국환은행, 외환중개인, 중앙은행 등으로 나누어볼 수 있다.

넷째, 환거래는 크게 현물환거래와 선물환거래로 구분된다. 현물환거래는 오늘 환율로 거래된다. 선물환거래는 오늘 시점에서 일정 기간 후 환율을 약속하여 거래된다.

다섯째, 외환보유액은 외화 비상금이다. 외환보유액과 외국환평형기금은 외환시장 개입의 재원이 된다.

여섯째, 외국에서 들어온 달러가 원화로 바뀌었을 때 어떻게 대응하는지에 따라 불태화정책과 태화정책으로 나눌 수 있다. 불태화정책은 늘어난 원화를 흡수하는 정책이다. 반면 태화정책은 늘어난 원화를 그대로 놓아두는 정책이다.

일곱째, 달러를 가지고 있거나 달러를 사고팔면 환율의 움직임에 따라 원화로 환산된 금액이 바뀌는 환리스크가 발생한다. 환헤지란 달러를 보유하거나 거래할 때 발생하는 위험을 없애기 위한 방법을 말한다.

1. 환율 표시 방법

자국 통화 표시법과 외국 통화 표시법

환율은 두 국가의 통화 간 교환비율을 의미한다. 그러나 어느 국가 통화를 기준으로 계산하느냐에 따라 표시방법이 달라진다.

첫째, 외국 통화 한 단위당 자국 통화 단위 수로 표시하는 방법을 자국 통화 표시법 또는 직접표시법direct quotation이라 한다. 즉, '1달러와 교환할 수 있는 원화는 얼마냐?'는 것이다. 대부분 국가는 자국 통화 표시법을 사용해 환율을 고시한다. 우리나라도 그렇다. 예를 들어 미국 달러에 대한 원화 환율은 USD/KRW=1150 (1달러당 1150원)으로 표현한다. 일본 엔화, 중국 위안화 등도 각각 USD/JYP=109.36, USD/CNY=6.3234와 같은 형식으로 고시한다. USD/KRW로 표시하면, 앞의 미국 달러가 기준이다. 그러나 일상생활에서나 책, 신문기사 등에서는 USD/KRW를 '원/달러 환율' 또는 '원·달러 환율'이라고 읽고 쓴다. 아마도 '원/달러'를 '분자/분모'로 인식하기 때문이 아닌가 한다. (책에서는 '원·달러 환율'로 표시했다.)

둘째, 자국 통화 한 단위당 외국 통화 단위 수로 표시하는 경우를 외국 통화 표시법 또는 간접표시법indirect quotation이라 한다. 영국, 호주 등의 영연방 국가는 주로 외국 통화 표시법을 사용한다. 과거 기축통화였던 영국 파운드화를 기준으로 환율을 표시하던 관행 때문이다. 유로화도 여기에 포함된다. 미국의 고향이 유럽이기 때

문일까? 아니면 유럽의 자존심일까? 예를 들어 유로화, 영국 파운드
화, 호주 달러화는 각각 EUR/USD=1.2175, GBP/USD=1.3941,
AUD/USD=0.7573와 같은 형식으로 고시한다. EUR/USD로 표
시하면, 여기서도 앞의 유로화가 기준이다.

상승·하락 vs 절상·절하

환율의 상승과 하락 그리고 통화 가치의 절상과 절하는 간단하지
만 헷갈리기 쉽다. USD/KRW 같은 형식에서는 앞의 통화를 기준
으로 가치를 판단한다. 예를 들어 USD/KRW에서 환율이 상승했다
면 우리나라 원화 대비 미국 달러의 가치가 상승했다는 뜻이다. 즉,
달러 대비 원화 가치가 하락했다는 말이다. EUR/USD에서 환율이
상승했다면 유로화의 가치가 상승했다는 뜻이다.

그런데 우리나라 환율을 직접표시법으로 표현할 때 실제로는 대
부분 '원·달러' 환율, '원·위안' 환율, '원·유로' 환율 등으로 사용한
다. 외환거래 시 공식적으로 사용하는 USD/KRW 환율을 일상생활
등에서는 원·달러 환율이라고 사용하는 것이다. 그러므로 원·달러
환율이 상승했다면 원화 가치가 떨어졌다는 뜻이고, 원·달러 환율
이 하락했다면 원화 가치가 올라갔다는 뜻이다.

한편 일반적으로 일본 엔화 환율은 100엔당 원화의 환율로 표시
한다. 즉, 원·엔 환율로 나타내지 않고 '원·100엔 환율은 988.2원이
다'처럼 표시한다.

2. 환율의 종류(Ⅰ)

기준환율

기준환율이란 많은 외국 통화 환율 결정에서 기준이 되는 환율을 의미한다. 우리나라의 경우 국내 외환시장에서 결정되는 미국 달러 환율이 기준이다. 원·달러 환율이 기준환율이며 원·엔, 원·유로, 원·파운드 등 여타 각국 통화의 환율은 원·달러 환율을 기초로 계산하여 자동으로 산출된다. 이를 재정환율이라고 한다. 다만 원·위안 환율은 재정환율로 계산하여 산출되지 않고 별도의 원·위안 시장에서 직접 결정된다. 원·엔 시장, 원·유로 시장 등은 없으므로 환율이 직접 형성될 수 없다.

매매기준율

기준환율이라는 용어는 외국환은행[1]이 고객과 원화를 대가로 미국 달러를 매매할 때 기준이 되는 환율로 사용되기도 한다. 매매기준율이라고도 한다. 즉, 고객이 은행 창구에 가서 달러를 사고팔 때 중심이 되는 환율이다. 매매기준율은 외국환중개회사를 통해 전 영업일 거래된 은행 간 원·달러 현물거래 중 익일물value spot의 거래환

---

1 〈외국환거래법〉에 따라 인가받아 외국환 업무를 영위하는 은행을 말한다. 이해하기 쉽게 그냥 은행이라고 생각해도 된다.

율을 거래량으로 가중평균하여 결정된다. 2019년 현재 서울외국환
중개회사가 원·달러 기준환율, 원·위안 기준환율 그리고 41개 재정
환율을 매일 아침 고시한다.

대고객환율

각 은행, 환전상 등이 자국 통화와 외국 통화를 매입·매도하는 고
객과의 거래에 적용하는 환율을 말한다. 대고객환율은 기준환율에
환전 업무에 소요되는 리스크, 업무처리비용, 수익 등을 종합적으로
반영하여 각 은행 등이 자율적으로 결정한다. 금융기관마다 조금씩
다르게 고시된다.

3. 외환시장 참가자

다양한 참가자들

환율이 결정되는 국내 외환시장에는 기업이나 개인 등 고객, 외국
환은행, 외환중개회사와 중앙은행 등이 다양한 목적으로 참가한다.

수출입기업과 여행객

수출기업은 외환의 공급자 역할을 하고, 수입기업은 외환의 수요
자에 해당한다. 수출기업, 수입기업, 해외여행객 등은 무역거래, 해

외송금, 여행 등 경제활동의 필요에 따라 외환의 공급자와 수요자 역할을 하므로 외환의 실수요자라고 할 수 있다.[2]

외국환은행

외국환은행은 외환시장에서 중추적 역할을 한다. 이들은 고객과의 외환거래에서 거래 상대방으로서의 역할을 한다. 고객과 거래한 결과 발생하는 은행의 외환 포지션(외화자산-외화부채) 변동을 은행 간 시장을 통하여 조정한다.

외환중개인

외환중개인foreign exchange broker은 중개수수료[3]를 받고 은행 간 거래를 중개하는 회사를 말한다. 외환매매 거래를 하는 은행들이 전 세계 외환시장에서 시시각각 형성되는 최적의 매도·매수 가격을 파악하려면 시간과 비용이 많이 든다. 또한 한 은행이 특정 거래상대와 직접 거래하면 자기 은행의 포지션이 거래 상대에게 노출될 수 있다.

따라서 은행들은 중개수수료를 지불하고 중개회사에서 제공하는 정보를 바탕으로 외환매매 거래를 한다. 외환중개인은 은행들이 제

---

2 한편 환차익 획득을 위한 투기적 거래speculative transaction를 주로 하는 헤지펀드도 외환시장의 고객으로 볼 수 있다.
3 우리나라 외국환중개회사의 중개수수료 수준에 대한 제한은 없으나 중개회사가 중개수수료를 결정하거나 변경할 경우 한국은행에 통보하도록 되어 있다.

시하는 매입환율과 매도환율을 다른 은행에 실시간으로 제공하는 중개업무만 하고 외환거래를 직접 하지는 않는다. 중개에 따른 수수료 수입만 얻는다는 점에서 은행과 다르다.

중앙은행

중앙은행은 정부와 함께 외환 당국으로서 외환시장의 안정을 위해 노력한다. 때에 따라서는 외환시장 참가자의 일원으로 외환시장에서 외환을 매매하기도 한다. 예를 들어 외환시장에서 원·달러 환율이 지나치게 빠른 속도로 하락(상승)할 경우에는 외환시장 안정을 위하여 원화를 대가로 달러를 매입(매도)한다. 원·달러 환율이 지나치게 빠른 속도로 하락했다면, 달러의 공급이 상당히 많거나 원화의

그림 A.1 외환시장의 구조

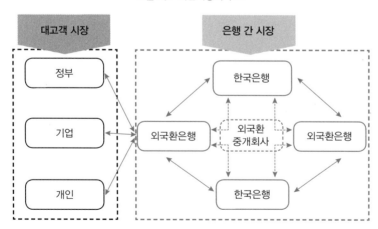

자료: 《한국의 외환제도와 외환시장》(2016)

수요가 상당히 많은 상황이므로 달러 매입으로 달러의 수요와 원화의 공급을 늘려주는 것이다.

4. 현물환거래와 선물환거래

외환거래의 구분

외환거래는 현물환거래, 선물환거래, 외환스왑거래, 통화스왑거래 등으로 분류할 수 있다. 이 밖에도 많은 거래가 있지만, 여기서는 가장 기본이 되는 현물환거래와 선물환거래를 살펴본다.

현물환거래

현물환Spot거래란 쉽게 말해 시장에서 달러를 사고파는 거래를 말한다. 그냥 외환거래라고 하면 현물환거래를 말한다. 굳이 현물환거래라고 하는 이유는 미래의 환율을 사고파는 선물환거래와 구별하기 위해서다. 현물환거래를 좀 더 정확하게 정의하면, 통상 외환거래 계약일로부터 2영업일 이내에 외환의 인수도와 결제가 이루어지는 거래를 말한다.

계약일transaction date에는 거래당사자 간 거래금액, 만기, 계약통화 등 거래조건이 결정된다. 결제일value date, settlement date은 거래 계약 후 실제로 외환의 인수도와 결제가 일어나는 날을 의미한다. 이러한 현물환거래는 외환시장에서 가장 일반적인 거래 형태로서 모든 거래의 기본이 된다. 아울러 현물환율은 외환시장의 기본적인 환율로 여타 환율 산출 시 기준이 된다.

선물환거래

선물환Forward거래란 현시점에서 미래에 환율을 사고팔기로 약속하는 거래를 말한다. 좀 더 정확하게 정의하면, 계약일로부터 통상 2영업일 경과 후 특정일에 외환의 인수도와 결제가 이루어지는 거래를 말한다. 선물환거래는 현재 시점에서 약정한 가격으로 미래 시점에 결제하게 되므로, 선물환계약을 체결하면 약정된 결제일까지 매매 쌍방의 결제가 이연된다는 점에서 현물환거래와 구별된다.

선물환거래는 일반적으로 일방적인 선물환 매입 또는 매도 거래만 발생하는 거래Outright Forward를 말한다. 또한 선물환거래가 현물환거래와 함께 일어나는 스왑거래Swap Forward도 있다. 그리고 Outright Forward 거래는 만기 시점에 실물의 인수도가 일어나는 일반 선물환거래와 만기 시점에 실물의 인수도 없이 차액만을 정산하는 차액결제선물환Non-Deliverable Forward, NDF거래로 구분된다.

차액결제선물환거래

차액결제선물환거래는 만기에 계약원금의 교환 없이 약정환율과 만기 시 현물환율인 지정환율fixing rate 간의 차액만큼만 거래당사자 간에 지정통화로 결제하는 거래를 말한다. 차액결제선물환거래는 차액만 결제하기 때문에 일반 선물환거래에 비해 결제위험이 작고 적은 금액으로 거래가 가능하므로 레버리지 효과가 크다는 특징이 있다. 차액결제선물환거래도 일반 선물환거래와 마찬가지로 환리스크 관리, 투기 또는 차익거래를 위해 이루어진다.

5. 외환보유액과 외국환평형기금

외환보유액

외환보유액official reserve assets은 긴급한 상황에 대비하여 중앙은행이 보유하고 있는 외화 비상금이다. 즉, 국제수지 불균형을 보전하거나 외환시장 안정을 위해 언제든지 사용할 수 있도록 중앙은행이 보유하고 있는 교환성이 있고 유동성이나 시장성이 높은 대외지급준비 자산을 말한다.[4]

그러므로 외환보유액은 환율 급등 시 외환시장 안정을 위한 재원으로 이용될 뿐만 아니라 금융기관의 해외차입이 어려워지는 신용위기 상황에서 중앙은행이 최종대부자last resort 역할을 하기 위한 재원이 된다. 이러한 목적에 부합하도록 현재 우리나라의 외환보유액

---

4 한국은행이 보유하고 있더라도 외국환평형기금을 통해 조달된 외화자산의 소유권은 정부에 있다.

은 선진국 국채 등 외화증권이나 예치금 같은 유동성과 안정성이 높은 자산으로 운용되고 있다.

외환보유액은 경제위기 시 안전판 역할을 하면서 국가 신용도를 높이는 기능을 한다. 또한 중앙은행은 외환보유액에 포함된 외화자산의 운용에 따른 수익을 가질 수 있다. 반면 외환보유액을 확보하기 위해 달러 등을 사는 과정에서 원화가 늘어나 물가가 상승할 우려가 있어 불태화정책의 일환으로 통화안정증권 등을 발행하여 원화를 흡수하므로 통화안정증권 이자 지급비용이 발생한다. 이러한 수익과 비용을 고려해야 하기 때문에 외환보유액의 적정 규모에 대한 논의가 지속되고 있다.

그림 A.2 우리나라의 외환보유액과 환율

자료: 한국은행

외국환평형기금

외국환평형기금exchange equalization fund은 정부가 외환시장에 개입하기 위해 마련한 돈이다. 즉, 자국 통화 가치의 안정을 도모하고 투기적인 외화 유출입에 따른 외환시장의 혼란을 방지할 목적으로 정부가 외환시장에 개입하는 데 사용하기 위하여 한국은행과는 별도로 조성한 기금을 말한다. 우리나라의 외국환평형기금은 외화기금계정과 원화기금계정으로 구분되어 한국은행에 설치되어 있다.

외국환평형기금 운용에 필요한 자금은 주로 공공자금관리기금으로부터의 예수금, 외화 표시 외국환평형기금채권 발행을 통하여 조달한다. 자금의 운용은 주로 한국은행 예치, 한국투자공사KIC 위탁의 형태로 이루어지고 있다.

다른 나라들도 유사한 형태로 이러한 기금을 설치·운용하고 있다. 미국에서는 외국환안정기금exchange stabilization fund, 영국에서는 외국환평형기금exchange equalization fund이라고 부른다.

6. 불태화정책과 태화정책

불태화정책과 태화정책은 외국에서 들어온 달러가 원화로 바뀌었을 때 중앙은행이 그대로 놓아두는지 아니면 돈이 늘어난 만큼 다시 거두어들이는지에 따라 구분한다. 다시 돈을 흡수하면 불태화정책, 그

냥 놓아두면 태화정책이 된다. 태화胎化와 불태화不胎化라는 용어는
인플레이션 잉태 여부에 따라 붙여진 이름이다.

불태화정책

해외 부문으로부터 유입된 외국 통화가 국내 외환시장에서 매각
되면 외화의 대가인 원화가 풀리므로 통화(원화)가 증가하게 된다.
이렇게 통화가 증가하면 금리와 물가 상승에 영향을 미칠 수 있으므
로, 이러한 영향이 나타나지 않도록 한국은행은 통화안정증권(통안
증권) 발행 등을 통해 늘어난 원화를 흡수한다. 이처럼 원화 증가분
을 흡수하는 정책을 불태화정책sterilization policy이라고 한다. 원화를

그림 A.3 통안증권 잔액과 외환보유액

자료: 한국은행

흡수하여 인플레이션을 잉태하지 않게 한다는 의미다. 〈그림 A.3〉에서 보듯이 외환보유액 규모와 통화안정증권 잔액은 일정한 비례 관계를 나타낸다.

태화정책

해외 부문으로부터 유입된 외국 통화가 국내 외환시장에서 매각되면 통화(원화)가 증가하게 된다. 이를 그대로 놓아두면 금리와 물가 상승에 영향을 미친다. 이렇게 풀린 원화를 그대로 놓아두는 정책을 태화정책non-sterilization policy이라고 한다. 인플레이션을 잉태하게 한다는 의미다.

7. 환리스크와 환헤지

환리스크

달러를 가지고 있거나 달러를 사고팔면 환율의 움직임에 따라 원화 금액이 바뀌게 되는 위험이 발생한다. 즉, 장래의 예상하지 못한 환율 변동으로 인하여 보유한 달러 표시 순자산(자산-부채) 또는 현금흐름의 가치가 변동될 수 있는 불확실성을 가진다.

환리스크는 기본적으로 외환 포지션의 보유 형태와 규모, 장래 환율 변동의 방향과 폭에 따라 결정된다. 일반적으로 환리스크는 계약 시점과 결제 시점 간의 시간 차이에서 발생하는 거래 위험transaction risk 그리고 대차대조표상의 자산과 부채의 가치를 환산하는 과정에서 발생하는 환산 위험translation risk으로 구분된다. 거래 위험의 예로는 우리나라 기업이 물품을 수출입하는 경우 수출입대금 결제 과정에서 계약일로부터 결제일까지 환율 변동에 따른 위험을 부담해야 하는 경우를 들 수 있다. 환산 위험의 예로는 본사의 연결재무제표에 외국에 소재하고 있는 자회사의 자산과 부채를 원화로 환산할 때 발생하는 환율 변동 위험을 들 수 있다.

환리스크 헤지

달러를 보유하거나 달러로 거래하는 과정에서 발생하는 위험을 없애기 위한 방법을 말한다. 즉, 예상하지 못한 환율 변동으로 기업 등이 보유한 달러 표시 순자산의 가치나 현금흐름의 순가치가 변동될 수 있는 불확실성을 제거하는 방법이다.

환리스크를 제거하기 위해 선물환, 통화옵션, 통화선물, 외환 및 통화스왑, 한국무역보험공사의 환변동보험 등 다양한 수단이 이용된다. 기업의 자산과 부채 구조, 위험 노출 정도, 현금흐름, 재무구조의 건전성 등에 따라 환리스크 헤지 방법은 달라진다.

전력 보강을 위한 무기체계
추가 개념 보충

전쟁 중 또는 전쟁을 마친 후 전력 보강을 위해 준비한 무기들을 참고하면 환율을 이해하는 데 도움이 된다. 그러나 이들을 이해하기는 쉽지 않다. 특히 외환파생상품의 개요를 명확하게 이해하려면 공부가 필요하다. 우선 '아! 이런 것이 있구나' 정도로 이해하자. 호기심이 생기면 좀 더 두꺼운 책도 찾아보자. 본문과 연계하여 읽는 편이 바람직하다.

부록 2 '전력 보강을 위한 무기체계'는 환율의 종류(II), 다양한 환율제도, 단기외화차입과 외채, 통화스왑거래와 외환스왑거래, 통화선물거래, 통화옵션거래, 키코, 기술적 분석, 퀀트 또는 알고리즘 분석, 나의 수요 확인으로 구성되며, 본문과 유기적으로 연관되어 있다. 주요 내용을 살펴보면 다음과 같다.

첫째, 실질환율과 실효환율, 명목실효환율과 실질실효환율의 기본 개념을 소개한다. 이들은 시장환율에 구매력과 무역거래 비중을 반영하여 환율에 대한 다양한 이해를 돕는다.

둘째, 미국 달러 페그제, 복수통화바스켓제, 시장평균환율제 등 다양한 환율제도를 살펴본다. 이들은 고정환율제와 변동환율제의 중간 성격이다.

셋째, 외화의 단기차입은 장기차입에 비해 금리가 낮다. 만기도래 시 차환을 계속할 경우 장기차입과 같은 효과를 거둘 수 있으며, 이자가 절약되니 돈을 빌리는 은행 입장에서 선호할 수도 있다. 다만 만기가 짧아 언제 갚으라고 할지 모르기 때문에 자금조달원으로서는 다소 불안하다. 반면 국제금융시장이 경색되지 않고 원활히 움직이는데도 높은 금리를 부담하면서 장기로만 돈을 빌리면 금리 면에서 손해를 본다.

넷째, 환율에 영향을 미치는 스왑거래는 통화스왑과 외환스왑 등으로 구분된다. 원화와 달러의 교환거래라는 점에서는 외환스왑과 통화스왑이 같으나 외환스왑은 주로 1년 이내, 통화스왑은 1년 이상의 거래로 이루어진다. 스왑거래에 녹아 있는 환율과 현재 시장환율 간에 차이가 나타나면 이들 간에 차익거래가 발생하면서 현재 시장환율에 영향을 주게 된다.

다섯째, 선물환과 통화선물은 비슷하다. 다만 선물환은 당사자 간 자유롭게 거래조건을 맞추며 거래가 이루어지는 반면, 통화선물은 거래단위, 결제월, 최소가격 변동폭 등 거래조건이 표준화되어 있으며, 거래소의 청산소가 거래 계약의 이행을 보증한다.

여섯째, 통화옵션은 보험과 비슷하다. 옵션 매입자는 보험료를 지급하는 대신 만일의 사건이 벌어지면 보험금을 타는 사람과 같다. 옵션 매도자는 옵션 매입자가 권리를 행사할 경우 반드시 계약을 이행해야 하는 의무를 부담한다. 옵션 매입자는 권리를 가지지만 시장 상황의 변화에 따라 포기할 자유가 있는 반면, 옵션 매도자는 의무만 부담하므로 시장 상황의 변화에 따라 엄청난 손실을 부담할 수 있다.

일곱째, 키코KIKO는 다수의 옵션이 결합된 비정형 통화옵션의 일종이다. 2008년 우리나라에서 환율을 기초자산으로 하는 키코 상품이 크게 유행했다. 글로벌 금융위기 과정에서 환율이 크게 상승하여 키코 상품을 대규모로 매입한 기업들이 엄청난 손실을 보며 도산하는 일이 많았다. 은행의 판매 과정이 공정했는지 등을 두고 소송이 제기되면서 사회 문제로 확산되었다. 키코의 전체 구조를 요약하면, 환율이 일정 구간 내에서 움직이면 키코 매입자가 수익을 얻을 수 있지만, 환율이 하한 수준 이하가 되면 키코 계약이 무효가 되며, 환율이 상한 수준 이상이 되면 키코 매입자가 손해를 보는 구조다. 이는 키코 상품에 옵션 매도 조건이 많이 포함되어 있었기 때문이다.

여덟째, 기술적 분석은 과거의 시세 변동과 특성을 파악하여 앞으로의 환율 움직임을 예측하는 방법이다. 가격 수준, 거래량, 변동성 등의 요인을 분석하여 환율 변동의 추세를 알아낸다. 기술적 분석을 차트 분석이라고도 하는데, 이는 행동재무학과 관련된다.

아홉째, 퀀트 또는 알고리즘 분석은 고도의 수학과 통계 지식을 이용해 방대한 데이터를 분석하여 투자 법칙을 찾아낸다. 컴퓨터 알고리즘을 설계하고 적합한 프로그램을 미리 구축한 후 이를 토대로 투자한다. 퀀트는 결국 확률에 대한 베팅이다. 사전에 설정된 전략이 맞을 때도 있고 틀릴 때도 있지만, 반복 시행했을 때의 확률로 승부한다. 설계자는 높은 확률을 자신하며 권유한다. 알고리즘 트레이딩에 의한 초단타 매매가 주를 이룬다.

마지막으로 투자를 결정하기 전에 나의 수요를 먼저 확인해야 한다. 전망할 것인가, 헤지할 것인가? 장기 투자를 할 것인가, 단기 투자를 할 것인가? 직접 투자를 할 것인가, 간접 투자를 할 것인가? 이를 확실히 결정해야 한다.

1. 환율의 종류(II)

실질환율과 실효환율

실질환율real exchange rate은 외국 통화에 대한 자국 통화의 상대적인 구매력을 반영한 환율로, 구매력평가 이론Purchasing Power Parity, PPP에 근거한다. 간단하게 '물가를 반영한 환율'이라고 이해하면 쉽다.

예를 들어 우리나라 물가가 미국 물가에 비해 크게 상승하면 같은 금액의 원화로 구매할 수 있는 재화의 양이 줄어들기 때문에 원화의 구매력이 상대적으로 더 떨어진다. 만약 원·달러 명목환율이 이러한 양국 간 물가상승률의 차이를 반영하지 못하여 과거와 동일한 수준에 머물러 있으면 실질환율은 하락하게 된다(원화의 절상). 즉, 원화의 명목가치가 달러에 비해 낮아졌음에도 원화가 과거와 동일한 액면 가격으로 달러로 교환되기 때문에 원화의 실질환율이 하락한 것이다.

여기서 '실질'이라는 용어는 '실제로 있는'이라는 뜻이 아니라 '명목가치를 물가상승률로 조정한'이라는 뜻임에 유의해야 한다. 일반적으로 실질환율은 자국의 수출경쟁력을 나타내는 지표로 활용된다. 가령 실질환율이 하락하면 국제시장에서 우리나라 상품 가격이 상대적으로 비싸져 가격경쟁력이 떨어진 것을 의미하고, 반대로 실질환율이 상승하면 가격경쟁력이 높아졌음을 의미한다.

수출경쟁력을 나타내는 또 다른 지표로 실효환율effective exchange rate이 있다. 간단하게 '무역 비중을 반영한 환율'이라고 이해하면 쉽다. 지금까지 논의된 환율 개념은 모두 교역상대국이 한 국가인 경우를 가정하고 있지만, 실제로는 교역상대국이 여러 국가이므로 수출의 가격경쟁력을 평가하는 데는 한계가 있다. 예를 들어 원·달러 환율에는 변화가 없지만 엔·달러 환율이 상승했다면 원화 대비 엔화 가치 또한 하락하게 되어 일본 상품에 비해 우리나라 상품의 가격경쟁력이 떨어지게 된다. 실효환율은 이러한 점을 고려해 자국 통화와 주요 교역상대국 통화 간의 환율을 무역 비중으로 가중평균하여 산출한 지표다.

명목실효환율과 실질실효환율

명목실효환율Nominal Effective Exchange Rate, NEER은 교역상대국과의 명목환율을 무역 비중으로 가중평균한 환율이며, 실질실효환율 Real Effective Exchange Rate, REER은 명목실효환율에 본국과 교역상대국 간의 상대적인 물가 수준 변화를 반영한 환율이다. 명목실효환율은 앞에서 설명한 실효환율과 같으며, 실질실효환율은 실효환율에 물가를 반영한 것이라고 생각하면 이해가 쉽다.

다만 명목실효환율과 실질실효환율은 명목환율의 절대적 수준이 통화별로 상이하기 때문에 기준시점과의 비교를 통한 지수 형태로 산출된다. 명목실효환율지수와 실질실효환율지수가 100을 초과하면 기준시점보다 원화가 고평가되어 있음을, 100 미만이면 기준시점보다 원화가 저평가되어 있음을 나타낸다. 실질실효환율지수는 구매력평가 이론을 바탕으로 균형환율 수준을 판단하는 지표로 활용되고 있다.

그러나 구매력평가에 의한 균형환율은 장기 균형환율로서 단기간 내 성립하기 어려운 데다 기준연도 및 물가지수의 선정, 국가별 가중치 부여 방식 등에 따라 상이한 결과를 나타낼 수 있다. 이로 인해 환율의 중기 변동 요인과 거시경제 여건 등을 감안한 기조적 균형환율Fundamental Equilibrium Exchange Rate, FEER과 행태적 균형환율Behavioral Equilibrium Exchange Rate, BEER 등 다양한 개념의 균형환율 이론들이 도입되었다.

2. 다양한 환율제도[5]

미국 달러 페그제

페그제란 자국 통화를 외국의 단일 통화나 복수의 외국 통화 바스켓에 연동시켜 고정환율을 유지하는 제도다. 그중 달러 페그제는 자기 나라 환율을 미국 달러에 대해 고정시키는 제도를 말한다. 통상 외환 당국은 시장 개입을 통해서 달러에 대한 시장환율이 기준환율을 중심으로 좁은 범위에서 변동하도록 관리한다.[6]

이러한 제도를 채택하면 자기 나라 환율이 달러 가치와 연결되어 같이 변동하므로 불확실성이 제거되어 무역거래와 자본 유출입이 안정적으로 원활히 이루어지는 데 유리하다. 자기 나라 환율이 급변동하는 나라에서는 환율이 안정적으로 움직이는 이점을 얻을 수 있다. 그러나 미국 달러의 변동에 따라 자기 나라 환율이 수동적으로

---

5 《한국의 외환제도와 외환시장》(한국은행, 2016)을 주로 참고하여 정리했다.
6 통상 ±1% 이내 또는 최소 6개월간 최대 환율과 최소 환율 간의 차이를 2% 이내에서 운용한다.

변동하여 경제 상황이나 수출경쟁력을 적절히 반영하지 못한다는 문제가 있다. 미국의 경제 상황에 맞는 환율 수준이 항상 자기 나라에 맞을 수는 없기 때문이다.

복수통화바스켓제

복수통화바스켓제란 자기 나라와 교역 비중이 큰 여러 나라의 통화를 선택하여 통화군basket을 구성하고 이 통화군의 가치가 변동할 경우 통화별 가중치에 따라 자기 나라 통화의 환율에 반영하는 제도를 말한다. 즉, 바구니에 여러 나라의 환율을 섞어서 평균을 산출한 후 이를 자기 나라 환율로 삼는다. 경제 상황 변화에 따라 교역가중치의 산출 과정 등 여러 단계에서 당국이 자기 나라 기업 등에 유리한 수준으로 환율을 조정할 수 있는 여지가 많다.

우리나라는 1980년 2월부터 복수통화바스켓제를 시행한 바 있다. 당시 원·달러 환율은 ① SDR의 미국 달러에 대비한 환율인 'SDR 바스켓' ② 우리나라의 주요 교역상대국(미국, 일본, 서독, 영국, 프랑스) 통화의 미국 달러에 대한 환율 변동을 가중평균한 '독자 바스켓' ③ 정책조정변수인 '실세 반영 장치'의 세 가지 요소에 의해 결정되었다. 여기서 실세 반영 장치를 고려해 결정한다는 뜻은 복잡한 계산 이후 산출된 환율을 그대로 사용하지 않고, 외환 당국이 여러 상황을 감안하여 조정한다는 말이다.

이를 통해 환율을 비교적 안정적으로 운영하면서 주요 교역상대국과의 경쟁력을 종합적으로 반영할 수 있었다. 반면 정책 당국의 영향력 때문에 환율이 외환 수급을 적절히 반영하지 못할 수 있다는 우려가 있었다. 이에 따라 1990년 3월 우리나라 정부는 환율 결정에 시장 원리를 보다 폭넓게 반영하기 위하여 시장평균환율제로 이행했다.

시장평균환율제

시장평균환율제는 은행들 간에 실제로 거래된 환율을 거래량으로 가중평균하여 기준환율로 정하고, 이를 중심으로 시장환율이 일정 범위 내에서만 움직이도록 하는 제도다. 복수통화바스켓제처럼 외환시장 이외의 변수인 교역 비중 등을 사용하지 않고 시장의 수요와 공급에 따라 환율이 결정되도록 하는 제도다. 다만 급격한 환율 변동에 따른 문제를 완화하기 위하여 하루 중 변동할 수 있는 폭을 제한했다.

우리나라는 1990년 3월 환율제도의 단계적 개편 방안의 일환으로 시장평균환율제를 도입했다. 즉, 변동환율제로 나아가는 중간 단계의 제도였으며, 1997년 외환위기 이전까지 시행되었다. 제도 도입 당시에는 하루 중 환율 변동 제한폭을 기준환율의 상하 0.4%로 설정했으나 이후 변동 제한폭을 점차 확대하여 서서히 자유변동환율제를 지향하고 있었다. 그러다가 1997년 11월 외환위기를 맞으면서 상하 10%로 대폭 확대했으며, 같은 해 12월 완전히 철폐했다.

| 참고 B.1 | IMF의 국가별 환율제도 분류[7]

IMF는 1950년 이후 매년 〈환율제도 및 외환규제 연차보고서Annual Report on Exchange Arrangements and Exchange Restrictions〉를 발간하고 있다. 이 보고서는 환율의 신축성 정도와 회원국의 환율 변동에 대한 대응 형태에 따라 환율제도를 다음과 같이 분류한다.

① 국가 고유의 법정통화가 없는 경우exchange arrangement with no separate legal tender: 미국 달러 등 타국 통화를 자국 통화로 사용하는 제도로서 국내 통화정책에 대한 통화 당국의 통제가 불가능함.

② 통화위원회제currency board: 자국 통화의 환율을 특정 외국 통화에 고정하는 제도로서 법적으로 자국 화폐 소지자의 외환 요구 시 고정환율로 무제한 태환을 허용함. 중앙은행의 독립적인 통화정책 수행이 불가능함.

③ 전통적 페그제conventional peg: 자국 통화를 외국의 단일 통화나 복수의 통화바스켓에 연동시켜 고정환율을 유지하는 제도로서 외환 당국은 직간접 개입을 통해 시장환율을 기준환율 중심으로 좁은 범위(±1% 이내 또는 최소 6개월간 최대·최소 환율 간 차이가 2% 이내)에서 변동하도록 관리함.

④ 안정적 환율제stabilized arrangement: 정책 당국이 시장 개입을 통해 환율을 6개월 이상 2% 이내에서 변동하도록 운용함.

⑤ 크롤링 페그제crawling peg: 주요 교역대상국과의 물가상승률 차이 등 양적 지표 변화를 고려하여 고정환율을 미세하게 조정함.

⑥ 유사 크롤링제crawl-like arrangement: 6개월 이상 기간 중 환율의 통계적인 추세가 2% 이내에서 변동하며 최소 변동 범위는 안정적 환율제보다 큼.

⑦ 수평밴드 페그제pegged exchange rate within horizontal bands: 시장환율이 기준환율로부터 최소 ±1% 이내 또는 최대·최소 환율 간 차이가 2%를 초과하는 범위에서 변동하도록 함.

⑧ 변동환율제floating: 원칙적으로 환율의 신축적인 변동을 허용하되 정책 당국이 외환시장에 직간접적으로 개입하여 과도한 환율 변동성을 완화함.

⑨ 자유변동환율제free floating: 변동환율제 국가 중 외환 당국의 시장 개입이 시장 교란 요인 제거 등 예외적인 상황에서 과거 6개월간 3회(매회 3영업일 이내)로 이루어지고 개입 관련 정보를 제공함.

표 B.1 국가별 환율제도 및 통화정책 운영체계

	환율 목표제	통화량 목표제	물가 안정 목표제	기타
고유의 법정통화가 없는 경우(13)	에콰도르, 파나마, 엘살바도르 등	–	–	–
통화위원회제(11)	홍콩, 불가리아, 브루나이 등	–	–	–
전통적 페그제(43)	카타르, 덴마크, 바레인, UAE, 쿠웨이트, 사우디아라비아, 리비아, 네팔 등	–	–	솔로몬 제도
안정적 환율제(27)	싱가포르, 레바논, 베트남 등	볼리비아, 미얀마 등	인도네시아 등	이집트, 파키스탄 등
크롤링 페그제(3)	니카라과, 온두라스 등	–	–	–
유사 크롤링제(15)	이란	중국, 아프가니스탄 등	코스타리카, 세르비아 등	스리랑카 등
수평밴드 페그제(1)	–	–	–	통가
변동환율제(35)	–	아르헨티나 등	한국, 브라질, 이스라엘, 뉴질랜드, 필리핀, 터키 등	말레이시아, 스위스 등
자유변동환율제(31)	–	–	호주, 캐나다, 칠레, 일본, 영국, 멕시코, 스웨덴 등	미국, EMU (독일, 프랑스 등)
기타(13)	캄보디아, 리비아 등	시에라리온 등	–	수단, 베네수엘라 등

주: ( ) 안은 해당 국가 수
자료: IMF, 〈Annual Report on Exchange Arrangements and Exchange Restrictions〉(2018)

3. 단기외화차입과 외채

단기대차시장

외화를 짧게 빌리는 시장을 단기 기간물 대차시장이라 한다. 즉,
3개월 이상 1년 이내의 특정 기간에 은행 간에 외화를 빌리고 빌려
주는 거래가 이루어지는 시장을 말한다. 이러한 거래는 은행들이 해
외에서 장기로 차입하여 운용하는 가운데 대고객거래 등 각종 거래
에 따라 외화자금이 일시적으로 남거나 부족한 경우 자금을 일시적
으로 조정하기 위해 이루어진다.

외화 단기물 대차거래는 주로 거래선이 있는 은행에 거래 의향을
전달하고 금리 등 조건을 협의하여 거래 여부를 결정하는 방식으로
이루어진다. 과거에는 은행 간 거래에 필요한 신용한도credit line 내
에서 담보 없이 거래하는 신용거래가 대부분이었으나 최근에는 환
매조건부채권매매(R/P 매매)에 의한 대차거래도 많이 일어나고 있
다. 글로벌 금융위기 이후 담보(채권)가 중요해진 상황을 반영한다.

차환 리스크

외화의 단기차입은 장기차입에 비해 금리가 낮다. 만기 도래 시
차환을 계속할 경우 장기차입과 같은 효과를 거둘 수 있는데, 이자

---

7 《한국의 외환제도와 외환시장》(한국은행, 2016)에서 인용했다.

가 절약되니 돈을 빌리는 은행 입장에서 선호할 수도 있으나 만기가 짧기 때문에 자금 조달원으로서는 다소 불안한 측면이 있다. 돈을 갚아야 할 시점이 빨리 돌아오기 때문이다.

단기차입이 많을 경우 국내외에서 신용경색credit crunch이 발생하거나 우리나라의 국가위험도sovereign risk가 높아지면, 외국계 금융기관들이 우리나라에 대한 총신용공여 규모exposure를 급격히 축소하면서 문제가 발생한다. 국내 은행들의 단기 외화차입금 차환이 어려워지고 차입 가산금리가 일시에 급등하여 차입비용이 크게 늘어날 수 있다. 이 같은 상황이 지속되면 전반적인 외화자금시장의 외화유동성 부족으로 이어질 수도 있다. 위기가 발생하면 그동안 우호적이었던 거래은행이 돈을 갚으라고 한다. 돈을 빌려주었던 은행들도 자금을 확보해야 할 필요가 커지면서 사정이 급해지기 때문이다.

우리나라는 1997년 외환위기, 2008년 글로벌 금융위기 등을 경험하면서 외화자금의 단기 조달과 장기 운용에 따른 만기 불일치 문제를 해소하기 위해 여러 제도를 개선했다. 은행들의 외화유동성 관리 비율을 도입하고 강화하는 한편 은행 자체적으로도 리스크 관리 능력을 확충토록 함으로써 은행의 외화 단기 조달 및 운용과 관련한 건전성 제고에 노력을 기울이고 있다.

지급이자 부담

단기차입 금리가 장기차입 금리보다 낮은 상황에서 국제금융시장이 경색되지도 않고 원활히 움직이고 있는데, 높은 금리를 부담하면서 장기로만 돈을 빌리라고 강요할 수는 없다. 불필요하게 높은 이자를 해외에 주어야 하기 때문에 은행들의 영업수지가 악화된다. 국제수지와 글로벌 외화자금시장의 사정을 고려한 적정한 대응이 필요하다.

4. 통화스왑거래와 외화스왑거래

통화스왑거래

통화스왑거래는 쉽게 말해 원화와 달러를 일정 기간 서로 교환하는 거래다. 일반적으로 원화 고정금리와 달러 변동금리가 교환된다. 스왑 계약 기간 중 이자를 6개월 또는 3개월마다 교환한다. 통화스왑 금리에는 외화와 원화에 대한 이자의 차이 그리고 현재 환율과 미래 환율의 차이가 녹아 있다. 그러나 고정금리와 변동금리가 달리 적용되는 스왑거래도 있다. 〈표 B.2〉는 자본이동의 차익거래 유인을 나타낸다.

통화스왑거래에서는 이자율스왑거래와 달리 스왑거래 시작 시점과 만기 시점에 원금의 교환이 발생한다. 거래 당사자들이 서로 원화와 달러가 필요하여 발생한 거래이므로 당연하다. 원금을 교환하지 않으려면 스왑거래를 할 필요도 없다. 물론 일정 기간이 지나서

(%, %p)

	국고채(3년) (A)	통화스왑(CRS) 금리(3년) (B)	차액거래 유인 (A–B)
2010년 말	3.38	1.75	1.63
2011년 말	3.34	1.60	1.74
2012년 말	2.82	1.93	0.89
2013년 말	2.86	1.96	0.90
2014년 말	2.10	1.36	0.74
2015년 말	1.66	1.30	0.36
2016년 말	1.64	1.20	0.44
2017년 말	2.14	1.56	0.58
2018년 말	1.82	1.14	0.68
2019년 3월 말	1.69	1.03	0.66
2019년 6월 말	1.47	0.65	0.82
2019년 9월 말	1.30	0.37	0.93
2019년 10월 말	1.47	0.70	0.77

주: 통화스왑(3년)으로 헤지하여 국고채(3년)에 투자할 경우
자료: 한국은행

만기가 되면 원금을 재교환한다.

외환스왑거래

외환스왑은 통화스왑과 비슷하나 만기가 짧다. 외환스왑도 원화와 달러의 교환거래라는 점에서 통화스왑과 같으나 기간은 주로 1년 이내다. 교환 기간이 짧으므로 스왑 기간 중 굳이 이자 교환을

표 B.3 외환거래의 성격

	선물환	외환스왑	통화스왑
거래 기간	짧음	1년 이내	1년 이상
이자 교환	없음	없음	있음
표면적 영향	환율	환율	이자율(원화, 달러)
실제 영향	환율+이자율	환율+이자율	환율+이자율
채권 형식과의 비교	할인채	할인채	이표채

하지 않고 만기 시점에 전체 이자를 계산하여 한꺼번에 주고받는다. 외환스왑금리에도 외화와 원화에 대한 이자의 차이 그리고 현재 환율과 미래 환율의 차이가 녹아 있다.

외환스왑은 주로 단기자금 조달과 환리스크 헤지 수단으로 이용되는 반면, 통화스왑은 주로 중장기자금 조달과 환리스크 및 금리리스크 헤지 수단으로 이용된다.

환율에 미치는 영향

스왑거래는 달러를 빌려주지만 만기에 돌려받으므로 스왑거래에 따른 외환 포지션의 변동은 없다. 외환 포지션에 변동이 없으니 환율에는 영향이 없을까? 원화를 필요로 하는 쪽은 외화를 빌려주고 원화를 빌려 받고, 외화를 필요로 하는 쪽은 원화를 빌려주고 외화를 빌려 받으므로, 스왑거래 당사자들은 굳이 국내 외환시장에서 원화와 외화를 사고팔 필요가 없다. 따라서 환율에 직접적으로 영향을 미치지는 않는다고 할 수 있다.

그러나 스왑시장에서 외화를 빌려주려는 쪽이 많거나 빌리려는 쪽이 적으면 스왑금리가 내려간다. 물론 반대의 경우는 스왑금리가 올라간다. 그러므로 스왑금리는 외화에 대한 수요를 나타내는 좋은 신호가 된다. 현물거래 시에는 이렇게 움직이는 스왑금리를 참조하여 거래하므로 스왑거래는 시장환율에 영향을 미치게 된다. 또한 스왑거래에 녹아 있는 환율과 현재 거래되는 시장환율 간에 차이가 나타나면 이들 간에 차익거래가 발생하면서 현재 환율에 영향을 주게 된다.

5. 통화선물거래

통화선물과 선물환

통화선물currency futures은 선물환과 유사하다. 다만 선물환이 양복점에서 자신의 신체 크기를 감안하여 맞춘 양복이라면, 통화선물은 이미 만들어진 기성복 중에서 선택한 양복이다. 양복점 양복은 내 몸에 꼭 맞지만, 사이즈가 정해져 있는 백화점 양복은 품이 조금 크거나 작을 수도 있다. 그러나 백화점에는 상품이 많아서 언제든 사고 싶을 때 살 수 있다. 또 백화점은 높은 공신력으로 품질을 보증한다.

통화선물의 개념

통화선물거래란 거래소에 상장된 특정 통화에 대하여 시장참가자 간의 호가 방식에 의해 결정되는 선물환율로, 일정 기간 후에 사고팔 것을 약정하는 거래를 말한다. 거래소에 청산소clearing house가 설치되어 있어서 거래 계약의 이행을 보증한다.

통화선물과 선물환의 차이

통화선물거래는 계약 시에 약정된 가격으로 미래의 일정 시점에 특정 통화를 사고팔아야 한다는 점에서 선물환거래와 유사하다. 그러나 몇 가지 차이점이 있다.

첫째, 선물환거래는 거래 당사자들이 거래조건 등을 자유로이 정할 수 있는 반면, 통화선물거래는 거래단위, 결제월, 최소가격 변동폭 등 거래조건이 표준화되어 있다. 둘째, 통화선물거래에는 매일 거래 대상 통화의 가격 변동marking to market에 따라 손익을 정산하는 일일정산제도, 계약 불이행 위험에 대비하기 위한 이행보증금 성격의 증거금 예치제도 등이 있으나 선물환거래에는 이러한 이행보증금이 없어 만기 시까지 결제 위험이 내재해 있다. 셋째, 선물환거래는 만기일에 실물 인수도가 이루어지지만, 통화선물거래는 최종 결제일 이전에 대부분 반대거래를 통하여 차액을 정산한다는 점에서 차이가 있다.

6. 통화옵션거래

옵션거래의 개념

통화옵션거래란 미래의 특정 시점에 특정 통화(기초자산)를 미리 약정한 가격(행사가격)으로 사거나call option 팔 수 있는 권리put option 를 매매하는 거래를 말한다. 통화옵션거래는 거래소나 장외시장에서 거래된다. 여기서 특정 시점은 만기일 또는 만기 이전의 기간으로 미리 정해진다.

옵션 매입자는 선택권리, 옵션 매도자는 수용의무

통화옵션 매입자는 거래 시 대상 통화를 매매할 수 있는 권리를 사는 대가로 의무를 부담하는 매도자에게 프리미엄(옵션 가격)을 지급한다. 즉, 매매 이후의 환율 변동에 따라 옵션을 산 쪽은 자유롭게 옵션을 행사하거나 행사하지 않을(권리를 포기할) 수 있는 권리만 가지고 의무는 지지 않으며, 옵션을 판 쪽은 산 쪽이 권리를 행사할 경우 반드시 계약을 이행해야 하는 의무를 부담한다.

옵션 매입자는 비용만 부담, 옵션 매도자는 무한책임

옵션 매입자는 시장환율이 유리한 경우에만 옵션을 선택적으로 행사할 수 있기 때문에 최초 매입 시 지불한 옵션 가격 외에는 손해 볼 일이 없다. 반면 이익은 환율 변동에 따라 무제한이라는 비대칭적인 손익구조를 가진다.

옵션 매도자는 매입자의 옵션 선택을 수동적으로 받아들여야 하기 때문에 최초 매입 시 수령한 옵션 가격 이외에는 이익 볼 일이 없다. 반면 손실은 환율 변동에 따라 무제한이라는 비대칭적인 손익구조를 가진다.

다양한 거래상품

여러 가지 옵션상품 등을 합성하여 고객의 헤지 수요에 맞는 다양한 형태의 상품을 개발할 수 있다는 장점이 있다. 거래 대상 상품을 보면 은행 간 시장에서는 스트래들straddle, 스트랭글strangle, 버터플라이butterfly 등과 같이 환율의 변동성 확대 또는 축소를 투자대상으로 하는 옵션상품이 주로 거래된다. 반면 대고객 시장에서는 환리스크 헤지를 위한 옵션 프리미엄을 지불하지 않기 위해 레인지선물환Range Forward, 타깃선물환Target Forward 등 선물환의 대용상품으로 표준 옵션을 합성한 무비용 옵션zero-cost option을 중심으로 거래된다. 한때 우리나라에서 크게 문제가 된 키코도 통화옵션의 일종이다. 글로벌 금융위기 이후 위험에 대한 경각심이 높아지면서 통화옵션 등 파생금융상품 거래가 크게 위축되었다.

7. 키코

사회 문제가 된 키코

다수의 옵션이 결합된 비정형 통화옵션의 일종이다. 2008년 우리나라에서 환율을 기초자산[8]으로 하는 키코 상품이 크게 유행했는데, 글로벌 금융위기 이후 환율이 크게 상승하여 이를 대규모 매입했던 기업들이 엄청난 손실을 보면서 도산하는 일이 많았다. 은행의 판매 과정이 공정했느냐 등을 두고 법적 소송이 제기되면서 사회 문제로 확산되기까지 했다.

기본 구조

키코KIKO는 'Knock-In, Knock-Out'의 줄임말로, Knock-In(KI) 옵션과 Knock-Out(KO) 옵션 여러 개를 조합해 만든 옵션상품이다. 국내에서 문제가 된 대부분의 키코는 KI 콜옵션 2계약 매도와 KO 풋옵션 1계약 매입으로 구성되었다. 키코의 구조를 이해하려면 먼저 옵션상품의 기본 개요뿐 아니라 KI와 KO가 무엇인지 알아야 한다. KI 옵션은 만기일 이전에 기초자산이 특정 가격barrier에 도달하면 옵션 행사가 유효해지는 옵션이다. KO 옵션은 옵션 만기일 이전에 자산이 특정 가격에 도달하면 옵션 행사를 할 수 없는 옵션이다.

---

8 주식을 기초자산으로 해서도 키코 상품을 만들 수 있다.

문제가 된 키코의 전체 구조를 요약하면, 환율이 일정 구간(900~1050원) 내에서 움직일 경우 키코 매입자가 수익을 얻을 수 있지만, 환율이 900원 이하가 되면 키코 계약이 무효가 되며, 환율이 1050원 이상이 되면 키코 매입자가 손해를 보게 되는 구조였다. 그런데 환율이 상한을 넘어 크게 상승해 키코 매입자가 엄청난 손실을 보았다.

구조에 대한 상세 설명과 사례

키코의 구조를 조금 더 자세히 살펴보자. 키코에는 환율이 특정 수준에 도달하는 경우 옵션이 발효KI되거나 소멸KO되는 조건이 부과되어 있다. 옵션 기간 중 환율이 상한KI 이상으로 상승하면 매도했던 콜옵션이 거래 상대방에 의해 발효되며, 환율이 하한KO 이하로 하락하면 매입했던 풋옵션이 소멸되도록 약정하는 구조다. 즉, 환율이 정해진 범위 안에서 움직일 경우에만 유리하거나 불리하지 않고, 범위 위로 넘어설 경우에는 크게 손해를 보며, 범위 아래로 떨어질 경우에는 옵션이 소용없어지는 비대칭 구조다.

예를 들어 어떤 기업이 약정금액 100만 달러에 약정환율 1000원, 상한선Knock-In Barrier 1050원, 하한선Knock-Out Barrier 950원, 계약 기간 6개월, 상한선 돌파 시 옵션 2배로 은행과 계약했다고 가정하자.

① 계약 기간 중 환율이 하한선 아래로 한 번이라도 하락했을 경우, 즉 환율이 950원 이하로 한 번이라도 떨어졌을 경우에는 계약 무효KO가 된다. 이때는 기업이 100만 달러에 대해 무방비가 된다.

그런데 환율 하락 때문에 받는 돈은 줄어들었을 것이다. 키코 계약의 의미가 없다.

② 계약 기간 중 환율이 하한선 아래로 떨어지지 않았고, 만기 시 하한선과 약정환율 사이일 경우, 즉 환율이 950원 이하로 한 번도 떨어지지 않았고 만기 시 환율이 950원 초과에서 1000원일 경우에는 약정금액인 100만 달러를 약정환율인 1000원에 받는다. 이 경우 기업은 만기 시 환율과 약정환율 간 차이만큼 환차익을 얻게 된다. 예를 들어 만기 환율이 960원일 경우에도 1000원으로 계산하여 받으니 이익이다.

③ 계약 기간 중 환율이 상한선과 하한선 사이에서 움직였으며 만기 시 상한선과 약정환율 사이일 경우, 즉 환율이 950원에서 1050원 사이에서 움직였으며 만기 시 환율이 1000원 초과에서 1050원 미만일 경우는 약정금액인 100만 달러를 시장환율에 매도하거나 약정환율인 1000원에 받는다. 그런데 시장환율이 1030원이라면 옵션을 행사할 바보는 없을 것이다. 시장에서 직접 팔면 1030원을 받을 수 있는데, 옵션을 행사하여 1000원에 팔 필요가 있겠는가? 이 경우 환리스크는 없지만, 키코를 매입하여 본 이득도 없다.

④ 계약 기간 중 환율이 상한선 위로 한 번이라도 올라갔을 경우, 즉 환율이 1050원 이상으로 한 번이라도 올라갔을 경우KI에는 상한선 돌파 시 옵션 2배 규정에 따라 약정금액인 100만 달러의 2배인 200만 달러를 약정환율인 1000원에 은행에 되팔아야 한다. 이때

시장환율이 1500원이라면 10억 원[(1500원-1000원)×100만 달러×2배]의 손실을 부담하게 된다.

판매의 배경

키코 상품을 팔던 은행들은 위험에 처할 확률이 작은 안전한 상품이라고 홍보했는데, 주로 중소기업이 이를 매입했다. 물론 대기업도 매입했다. 환율이 구간 내에서 움직이면 수익을 얻을 수 있으리라고 기대한 욕심이 작용했다. 환헤지를 하려면 오히려 중소기업들이 키코를 팔고 은행들이 사야 하는 상황인데도 중소기업들이 키코를 매입함으로써 환율 변동 리스크를 부담하게 되었다. 알다시피 옵션을 매입하면 미래 환율 사정에 따라 매입자가 매도 또는 매수권을 행사할지 여부를 결정하는 권리를 갖지만, 옵션을 매도하면 상대방이 그 권리를 갖는다. 비대칭적 손익구조를 지닌 옵션의 위험성을 제대로 고지하지 않은 은행도 책임이 있지만, 투기 수준에 이를 정도로 과다헤지overhedging를 했던 중소기업들도 책임이 있다.

결과와 분쟁 그리고 판결

2007년 리먼 사태 이후로 세계금융시장이 불안해지기 시작했는데, 2008년 3월 강만수 재경부 장관은 공식 석상에서 고환율이 수출에 도움이 된다는 환율주권론을 주장했다. 당시 환율은 급등세를 보였다. 환율이 단기간에 급등하면서 키코 매입자들은 대규모 손실을 입었다. 2008년 9월 글로벌 금융위기가 발생해 환율이 1500원대를 돌파하면서 수조 원대의 손해가 발생한 것으로 추정된다.

기업들은 은행이 불완전판매를 했다고 소송을 제기했으나 2013년 대법원은 키코가 불공정계약이 아니라고 판결했다.

구조의 해석과 시사점

문제가 된 키코는 대체로 KI 콜옵션 2개 이상 매도와 KO 풋옵션 1개 매입의 형태로 구성되었으며 매입 비용이 거의 없었다. 아무런 비용이 들지 않는 계약이라면 은행 입장에서도 수익이 발생하지 않는 거래라는 뜻이다. 그런데도 은행이 이를 적극 권유한 이유는 옵션 행사의 구간과 가격을 조정해 매도하는 콜옵션에서 수익을 남기는 구조였기 때문이다. 이 부분은 소송 과정에서 쟁점이 된 사항 중 하나다.

기업들이 피해를 보게 된 결과와는 달리 얼핏 보기에는 키코도 괜찮은 계약이었다. 앞에서 설명한 바와 같이 지정된 구간 내에서 환율이 변동하면 약간의 수익을 얻을 수 있고, 만일 상한 이상으로 환율이 상승하더라도 수출기업들은 예정된 수출대금이 환율 상승으로 올라가 이익을 보게 되므로 키코로 인한 손실을 상쇄할 수 있다고 생각했기 때문이다. 또한 환율이 일정 수준 이하가 되면 기업에 일정액을 주고 청산한다는 내용도 일부 계약에 포함되어 있었다. 환율이 오르면 환차익으로 이득을 보고, 내리면 은행에서 돈을 받고, 일정 구간 내에서도 이익을 볼 수 있는 유리한 계약처럼 보였다.

그러나 결과적으로 엄청난 손실이 난 요인은 키코 약관에 콜옵션 매도 포지션이 2배로 있었고, 당시 환율이 엄청나게 올랐기 때문이다. 앞에서 이야기했지만 옵션이란 매입 포지션일 때에는 환율 움직임이 행사 조건을 만족하지 않으면 행사하지 않으면 그만이다. 그러나 매도 포지션일 때에는 상대방이 옵션 행사의 선택권을 가지기 때문에 손실에 상한이 없다. 키코는 환율이 오르면 오를수록 끝없이 손실이 발생하는 구조였다. 심지어 일부 키코에는 콜옵션 매도의 개수가 2개를 넘어 5개나 7개로 이루어진 계약도 있었다. 이 경우 손실은 눈덩이처럼 불어날 수밖에 없었다.

8. 기술적 분석

과거 추세의 특징으로 예측

기술적 분석은 과거의 시세 변동과 특성을 파악하여 반복적이고 예측 가능한 환율 변동 패턴을 찾는 방법이다. 예측 가능한 패턴을 찾아내어 투자 성과를 얻는 데 집중한다. 그러나 기술적 분석가들도 펀더멘털 정보의 가치를 부정하지는 않는다. 이들은 거래량, 심리지표, 변동성 등의 요인을 분석하고 단기적인 시장 수급 상황을 파악하여 환율 변동의 추세를 알아낸다.

기술적 분석을 차트 분석이라고도 한다. 환율의 움직임을 눈에 보이는 그림으로 보여주면서 직관을 통한 이해를 돕는다. 한눈에 보이므로 이해하기 쉽다. 뒤이어 나오는 퀀트 분석이 수학이라면, 기술적 분석은 산수라고 할 수 있다.

기술적 분석은 환율 변동 자체에 집중한다. 경제 성장, 물가, 국제수지 등이 어떻게 변화하는지를 몰라도 될 뿐 아니라 거시경제 변수의 개념 자체를 몰라도 된다. 오로지 환율 자신이 과거에 어떻게 움직여왔으며 지금 어떻게 움직이는지가 중요하다. 즉, 환율의 과거와 현재를 알면 미래가 보인다고 주장한다.

반복되는 추세의 특성

기술적 분석은 환율 추이와 거래량[9] 자료 그리고 심리지표를 주로 사용한다. 다음과 같은 전제가 있기 때문이다.

첫째, 가격은 모든 경제적, 정치적, 심리적 요인을 반영한다. 가격의 흐름을 이해하기 위해서는 거시경제 변수의 움직임 등 모든 요인을 반영해야 하지만 이러한 요인들 또한 가격에 반영되어 있다. 물론 기대도 반영되어 있다.

---

9 행동재무학과 기술적 분석이 거래량 자료를 사용하는 데는 연관성이 있다. 행동학적 특성에 따르면 거래자들이 점차 자신의 능력을 과신하게 되면 거래가 더 빈번해질 것이고, 이는 거래량과 수익 간 어떤 관계를 만들어낸다. 즈비 보디 외, 《투자론》(2015)을 참조했다.

둘째, 환경 변화에 대처하는 인간의 심리는 반복된다. 과거부터 오랫동안 형성되어온 패턴은 반복된다. 따라서 가격은 역사적으로 반복된다.

셋째, 가격의 흐름에는 추세가 있다. 과거부터 이어지는 추세를 찾아 미래 가격을 예측한다.

종합하면 환율이 지나온 길은 인간의 심리가 모두 고스란히 반영된 결과이며 이러한 심리는 반복되므로 과거 추세를 분석하면 환율 분석에 도움이 된다. 기술적 분석은 본래 외환시장 환율 분석을 위해 개발되었다가 후에 주식시장 분석에 이용되었고 다시 주가 분석 기법들이 외환시장에서도 이용되고 있다.

여러 가지 해석

지나온 환율의 발자취로 그래프를 만든다. 이를 해석하는 데는 몇 가지 방법이 있다.

첫째, 가장 유명한 추세분석법이다. 여기서 추세란 상당 기간 가격이 한 방향으로 움직이는 모습을 말한다. 환율이 일정한 추세를 가지고 상당 기간 지속적으로 움직인다고 가정함으로써 환율이 추세에서 벗어난 정도를 파악하여 환율의 움직임을 예측한다. 추세분석에서는 이동평균, 상대강도, 변동성, 시장폭 등을 주로 이용한다.

우선 간단히 추세선을 그려보자. 보기보다 쉽다. 낮은 추세선에서 매수하고 높은 추세선에서 매도하는 주요 원칙을 따른다. 투자자는

그림 B.1 추세선 분석

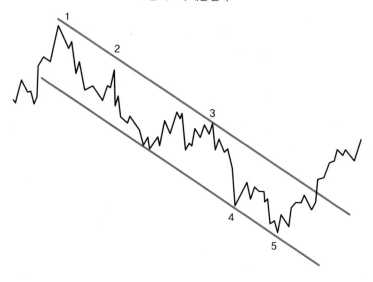

상승 추세가 나타나는 동안 매수하고 하락하는 추세에서 매도하면 된다. 수시로 차트의 고점과 저점을 연결하여 추세선을 만들어보자. <그림 B.1>에서 포인트 1과 포인트 2와 같이 두 고점을 연결하여 하락하면 하향 추세라 할 수 있다. 직선을 이어보면 가격이 포인트 3까지 도달할 것으로 기대할 수 있다. 만일 이러한 추세가 더 이어진다면 포인트 4 또는 포인트 5에서 매수할 수 있다. 기술적 분석을 이용하면 이해하기 쉽다.

둘째, 패턴분석법이다. 차트에서 반복적으로 나타나는 특정 모양을 패턴이라 부른다. 차트에서 어떤 특정 모양이 나타날 때 환율이 급락하는 경향이 반복된다면 이 모양은 하나의 패턴이 된다. 그 사실을 알고 있다면 이제 그 패턴이 다시 나타날 경우 매도 포지션을 취한다. 예전에도 그 모양이 나타났을 때 가격이 하락했으니 곧 가격이 하락하리라 예측하여 행동한다. 패턴분석은 이러한 패턴을 미리 알아낸 후 실제 가격 움직임을 살피다가 대처하는 방법이다.

셋째, 시장특성분석법이다. 장세분석법 또는 시장강도분석법이라고도 한다. 현재의 시장이 상승세라고 할 때 얼마나 강한 상승세인지, 또는 하락세라고 할 때 얼마나 강한 하락세인지를 객관적 수치로 표시해준다. 즉, 환율의 고점과 저점을 알려준다. 그러므로 현재의 환율이 과매도권 또는 과매수권인지 여부를 알 수 있다. 이를 통하여 매수와 매도 구간을 파악한다. 그러나 시차 등의 문제로 고점과 저점을 잘못 판단할 수도 있으므로 이를 교정하는 여러 보조지표[10]를 사용하기도 한다.

넷째, 시장구조분석법이다. 시장구조분석을 주장하는 사람들은 금융시장이 일정한 구조로 움직인다는 이론을 따른다. 이론에 따라 시장의 움직임을 장시간 관찰하고 연구하면 시장 변동 원리를 파악할 수 있으며 가격을 예측할 수 있다. 대표적 이론으로 엘리엇Elliot 파동 이론[11]이 있다. 이들 방법은 모든 가격에는 정기적 추세가 있는

---

10 이용하는 보조지표는 굉장히 많은데, 대표적으로 RSI, MACD, 스토케스틱 stochastic 등이 있다.

11 장기순환파동과 단기순환파동을 잘 해석하여 환율의 포괄적인 움직임을 예측할 수 있다는 이론이다.

데, 단기적 추세와 일상적인 사소한 변동에 의해 교란될 수 있다는 점을 전제한다.

| 참고 B.2 | 용어와 도구들

기술적 분석에서 자주 등장하는 몇 가지 용어에 대해 알아보자. 기술적 분석을 하지 않더라도 환율을 공부했다면 누군가 이야기를 꺼냈을 때 알아들을 수는 있어야 한다. 주요 개념들은 기술적 분석에 대한 이해를 풍부하게 해준다.

첫째, 추세trend는 차트 분석에서 가장 중요하다. 유력한 추세를 찾아낸다면 전체 시장 방향을 인식하고 더 나은 예측을 하는 데 도움이 된다. 주간이나 월간 차트는 장기 추세를 파악하는 데 적합하다. 전체적인 추세를 파악한 후 거래하고자 하는 시점에서 추세를 그려본다. 추세선은 단순하지만 전체 움직임을 판단하는 데 도움을 준다.

둘째, 지지선과 저항선은 차트에서 상승과 하락의 압력을 반복적으로 받는 지점을 말한다. 지지선은 어떤 유형의 차트에서라도 보통 낮은 쪽에서 반등을 보이는 지점이다. 반면 저항선은 차트의 꼭짓점이나 전 고점에서 형성된다. 이런 점들이 반복해서 나타나면 지지선이나 저항선으로 인정된다. 쉽게 무너지지 않을 것처럼 보이는 지지선 또는 저항선에서 매수 또는 매도한다.

셋째, 이동평균선은 정해진 기간에 대해 특정 시점의 평균가격을 나타내준다. '이동'이라 불리는 이유는 각 시점에 지나간 일정 기간의 평균값들이 측정되기 때문이다. 예를 들어 3개월 이동평균선이란 매 시점으로부터 과거 3개월 동안의 평균값을 이은 선을 말한다. 단기이동평균선이 장기이동평균선을 위로 돌파하는 경우를 '골든 크로스golden cross'라고 하는데 매수 신호로 본다. 반대로 단기이동평균선이 장기이동평균선을 아래로 돌파하는 경우를 '데드 크로스dead cross'라고 하는데 매도 신호로 본다.

넷째, 차트 패턴은 추세의 지속과 반전으로 구분할 수 있다. 추세 지속형 차트 패턴은 추세가 진행되다가 잠시 조정 국면을 거쳐 다시 동일한 방향으로 추세를 지속하는 것을 말한다. 일반적으로 이러한 패턴이 형성되면 기존에 발생한 이익을 청산하려는 움직임 등을 보인다. 반면 반전형 차트 패턴은 일정 패턴이 형성된 후 추세가 반대 방향으로 전환되는 것을 말한다. 추세가 무너졌을 때 손해 입은 투자자들이 원래대로 추세를 돌리려는 움직임 등으로 나타난다고 해석된다. 그러나 이러한 해석은 자의적이기 쉬우므로 다양한 분석방법과 병행해야 한다. 환율이 바닥에서 벗어나 꽤 많이 상승한 이후에 비로소 매수 신호를 나타내기도 하며, 환율이 꼭짓점에서 상당히 하락한 이후에야 매도 신호를 발생시키기도 한다. 또한 시장 상황을 나타내는 지표[12]가 과열 신호를 보내는데도 계속 상승하기도 하며, 과냉각 신호를 보내는데도 계속 하락하기도 한다. 매수 또는 매도 시점을 알려주는 기술적 분석이 시차 문제를 드러내는 것이다.[13]

다섯째, 캔들스틱 차트candle stick chart는 외환시장 분석에서 가장 많이 쓰는 도구 중 하나다. 차트는 양초처럼 생긴 캔틀스틱을 시간 흐름에 따라 이어 만든다. 캔들스틱은 다음의 네 가지 정보를 포함한다.

① 오픈(Open, 시가): 가격이 어디에서 시작되었는가?

② 클로즈(Close, 종가): 가격이 어디에서 끝났는가?

③ 하이(High, 고가): 캔들이 나타내는 기간에 어느 가격이 최고점이었는가?

④ 로우(Low, 저가): 캔들이 나타내는 기간에 어느 가격이 최저점이었는가?

오픈과 클로즈는 직사각형으로 표시한다. 만약 오픈보다 클로즈가 높으면 일반적으로 녹색으로 표시한다. 즉, 하나의 캔들이 나타내는 기간에 가격이 상승했음을 뜻한다. 반면 가격이 하락했으면 빨간색으로 표시한다. 직사각형의 아래위에 놓여 있는 세로선(Shadow 또는 Wicks)은 하나의 캔들이 나타내는 기간의 최고점과 최저점을 나타낸다. 추세선 위에 그려진 캔들스틱 차트는 환율 흐름을 한눈에 종합적으로 알 수 있게 해준다.

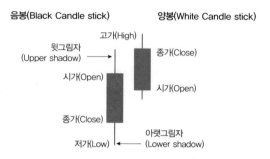

그림 B.2 캔들스틱 차트

음봉(Black Candle stick)　　　　양봉(White Candle stick)

비판과 반론

기술적 분석방법은 여러 가지 장단점이 있다. 문제점들에 대한 비판과 그에 대한 반론을 살펴보자.

첫째, 과거의 추세가 모든 요인이 반복된 결과라 하더라도 가격의 추세가 반복된다는 전제에는 근거가 없다. 더욱이 경제 환경이 바뀌었는데도 환율 수준이 비슷한 추세를 보인다고 해서 투자자의 심리가 같다는 전제는 적절하지 않다.[14] 하지만 이는 사실상 환율의 관성momentum을 찾으려는 노력이며, 관성은 절대적일 수 있다고 반론한다.

둘째, 투자자들은 같은 차트를 보면서도 자기만의 분석방법으로

12　예를 들어 RSI 값이 100에 가까우면 최근 14일 동안 환율 움직임이 상승 일변도이므로 시장이 과열되었다는 사실을 알려주며, 30 이하이면 과냉각되었다는 사실을 알려준다.

13　이러한 시차 문제를 해결하기 위해 다양한 보조지표가 개발되었으나 이 또한 여러 한계가 있다.

14　17장에서 다룬 '기상예보관'의 사례를 다시 읽어보자.

서로 다른 해석을 내놓는 경우가 많으며, 해석이 달라지면 동일한 예측과 실행이 도출되기 어렵다. 즉, 분석의 객관성이 확보되지 않는다. 하지만 대부분의 숙달된 기술적 분석자들은 비슷한 방법을 이용한다는 반론을 제기한다.

셋째, 기술적 분석을 이용한 결과는 전통적 경제이론과 금융이론의 지지를 받지 못한다. 하지만 기술적 분석이 옳은데도 금융이론이 이를 설명하지 못한다면 새로운 이론을 연구해야 한다고 반론한다. 또한 최근 행동재무학의 행동적 편의偏倚, bias가 기술적 분석을 지지한다고 주장하기도 한다.

넷째, 기술적 분석이 우수하다면 대부분 시장참가자가 이용할 텐데, 그러면 기술적 분석으로 동일하게 해석된 대량 매수 또는 매도가 환율에 즉각 반영되므로 이익 획득에 실패할 것이다. 하지만 대다수가 아닌 상당수 투자자가 동일한 기술적 분석을 활용한다면, 그 방법이 옳든 그르든 환율에 상당한 영향을 미치게 될 것이므로 이를 이용하지 않는 투자자들은 환율 흐름의 대세에서 소외될 것이라는 반론도 제기된다. 잘못된 방법과 행위라도 거래 규모가 엄청 크다면 군집행동이 단기적으로는 환율시장에 큰 영향을 미치게 되므로 기술적 분석방법은 환율에 영향을 미칠 수 있는 적정 규모의 이용자를 전제로 하는 경우에는 유용할 수 있다.

9. 퀀트 또는 알고리즘 분석

퀀트의 기본 개념

퀀트Quant는 고도의 수학과 통계 지식을 이용해 방대한 데이터를 분석하여 투자법칙을 찾아낸다. 컴퓨터 알고리즘을 설계하고 적합한 프로그램을 미리 구축한 후 이를 토대로 투자한다. 퀀트는 결국 확률에 대한 베팅이다. 사전에 설정된 전략이 맞을 때도 있고 틀릴 때도 있지만, 반복 시행했을 때의 확률로 승부한다. 설계자는 높은 확률을 자신하며 권유한다. 알고리즘 트레이딩에 의한 초단타 매매가 주를 이룬다.

대학과 미국 항공우주국NASA 등을 떠난 수학자, 물리학자, 통계학자, 컴퓨터 공학자들이 금융시장에 뛰어들었는데, 전문지식으로 무장한 퀀트는 정교하고 빠르게 움직이는 다양한 매매기법을 개발하여 환율을 예측한다. 펀드매니저와 전문딜러의 주관적 판단을 배제하고, 컴퓨터 프로그램에서 산출된 결과에 따라 거래 시간, 가격, 주문 형태 등을 빠르게 결정하고 매매하므로 근거 없는 소문이나 정보에 흔들리기 쉬운 인간의 심리가 투자에 작용하는 단점을 차단한다.

이해하기 어려운 방식

객관적 데이터와 과거 사례 등을 바탕으로 만든 시스템에 따라 컴퓨터에 의해 자동으로 운영되는 규칙[15]들은 타이밍, 가격, 수량 등을

436

바탕으로 설계된다. 알고리즘 트레이딩 시스템이 자동으로 거래 기회를 포착하고 주문을 넣는다. 이러한 규칙을 사용하면 더 이상 실시간 가격과 그래프를 계속 보면서 직접 주문할 필요가 없다. 사전에 입력된 일정 조건이 성립되면 자동으로 매입하고 매도한다. 미리 프로그램된 명령들에 기초하여 매우 빠른 속도로 많은 양의 주문을 한다. 주요 전략은 다음과 같다.

첫째, 추세추종 전략trend following strategies은 이동평균선, 가격 수준 변화 등에 대한 추세를 따르는 가장 보편적인 전략이다. 요구되는 추세의 출현에 기초하여 거래가 일어난다.

둘째, 차익거래기회 전략arbitrage opportunities strategies은 한 시장에서 낮은 가격에 주식을 매수하는 한편 다른 시장에서 비싼 가격으로 동시에 매도하는 무위험차익arbitrage을 겨냥한다.

셋째, 인덱스펀드 리밸런싱 전략index fund rebalancing strategies은 펀드 구성을 상대적인 벤치마크 인덱스에 맞추기 위해 일정 기간 조정한다. 최적 거래 시간과 가격을 알고리즘으로 찾는다.

넷째, 범위거래 전략mean reversion strategies은 높거나 낮은 가격은 일시적이며 곧 평균가격으로 회귀할 것이라는 가정하에 가격 범위를 설정한 후, 가격이 설정 범위에 들어오거나 그 범위에서 벗어날

---

15 예를 들어 50일 이동평균선이 200일 이동평균선 위로 올라가면 5만 달러를 매수한다. 50일 이동평균선이 200일 이동평균선 아래로 내려가면 주식 50만 달러를 매도한다.

때 자동 주문하도록 한다.

다섯째, 거래량가중평균가격 전략volume weighted average price strategies은 대규모 주문을 특정 거래량에 따라 분할하여 주문한다. 이는 거래량가중평균가격에 가깝게 주문을 실행하여 평균가격으로부터 수익을 얻도록 한다.

기타 델타중립트레이딩 전략Delta-neutral trading strategies[16] 등 다양한 수학 모델이 있다.

비판과 재기

탐욕으로 인한 무분별한 투자가 이루어지고 버블 붕괴로 미국의 금융시스템이 무너진 글로벌 금융위기 때 퀀트도 비난을 받았다. 퀀트가 상당한 수익을 가져다주는 불완전한 시스템과 상품을 계속 만들어냈기 때문에 엄청난 투자가 일어났고 이 때문에 버블이 가능했다는 비판이 제기되었다. 규제 당국의 감시에서 벗어나 레버리지를 동원해 쌓아 올린 숫자의 모래성은 결국 세계 금융시스템을 파멸로 몰고 갔다. 즉, 시장이 비정상적으로 움직일 때 퀀트의 투자전략이 금융시스템에 어떤 파급효과를 일으키는지 여지없이 보여주었다. 퀀트의 정교한 모형들은 이전에 나타나지 않던 경제 변수 앞에서 무참히 무너졌다. 평소에는 높은 수익을 자랑했지만, 예외적인 상황

---

16 옵션과 파생된 증권 조합의 거래를 통해 플러스(+) 델타와 마이너스(−) 델타로 포트폴리오를 구성하여 델타 제로를 유지한다.

앞에서는 무기력했다. 글로벌 금융위기를 계기로 1987년 10월의 블랙 먼데이,[17] 1998년 여름의 LTCM 파산[18] 같은 역사적 사건들을 되새기면서 퀀트 투자전략의 문제점들이 부각되었다.

그런데 글로벌 금융위기 이후 얼마 지나지 않아 시장의 변화에 발빠르게 대응한 퀀트들은 새로운 투자기법으로 재무장하면서 시장점유율을 신속히 확대해 나가고 있다. 새로운 퀀트들은 문제가 되었던 레버리지를 스스로 규제하면서 특정 거래가 과도하게 편향되는지 시장 신호를 주시하고 있다고 주장한다. 너무 큰 수익을 내려고 욕심내지 않고 지속적이고 일관된 수익을 추구한다며, 더 이상 벤치마크를 상회하는 수익을 차지하기 위해 무리하지 않는다고 말한다.

해소되지 않은 문제

새로운 출발에도 불구하고 퀀트들은 여러 가지 비판을 받고 있다.

---

17 1987년 10월 19일 월요일에 뉴욕증권시장에서 일어난 주가 대폭락 사건이다. 홍콩에서 시작해 유럽으로 퍼졌으며, 이후 미국에도 큰 영향을 미쳤다.

18 LTCMLong Term Capital Management은 1998년 러시아 채권을 과도하게 매입하고 있던 상황에서 러시아의 모라토리엄으로 파산했다. 1994년 채권중개회사 사장 존 메리웨더John Meriwether와 블랙-숄즈 모형의 창시자 마이런 숄즈Myron S. Scholes가 힘을 합쳐 만든 투자전문회사로, 기본적으로 전 세계 채권의 프리미엄과 디스카운트를 이용한 차익거래 펀드였으며 출시 3년 만에 30배의 수익을 거두는 등 월스트리트에서 승승장구했다. LTCM의 트레이더와 파트너는 MIT, 하버드대, 런던대 등 유명 대학 출신의 학자들로 구성되었으며, 펀드의 전성기에는 두 명(로버트 머튼, 마이런 숄즈)의 노벨경제학상 수상자를 배출했다. 경제학과 수학에 조예가 깊은 사람들로 이루어져 있었다는 점이 특징이다.

첫째, 서브프라임 모기지 사태 등 급변하는 상황을 반영하지 못한 오류는 오늘날에도 많은 시사점을 준다. 미래의 환율은 과거의 추세에서 유추될 수 있는가? 퀀트들은 과거의 시계열 자료로 백테스트 back test[19] 결과를 점검한 후 모형을 만들었다고 주장한다. 그렇다고 할지라도 과거 30년의 추세를 따르는가? 또는 과거 50년의 추세를 따르는가? 그리고 얼마만큼 과거 시점으로 돌아갔다는 것일까? 시계열을 길게 하여 예외적으로 발생하는 커다란 위기 상황을 많이 포함했다면 평소에 수익을 올리기 힘들다. 반면에 시계열을 짧게 하여 예외적 상황을 적게 포함해 모델을 만들었다면 위기가 도래했을 때 큰 손실을 보기 쉽다.

둘째, 제시되는 원칙과 투자 실적에 대한 이론적인 평가가 미흡하다. 사전에 마련된 알고리즘 트레이딩Algorithmic Trading, Automated Trading에 의해 왜 좋은 성과를 내는지, 왜 저조한 실적을 내는지에 대한 과정을 명쾌하게 설명해내지 못한다.[20] 즉, 퀀트에 의한 의사결정 과정은 블랙박스black-box라고 할 수 있다. 심지어 모델 설계자도 결과를 이해하기 힘들다. 다만 원래 명령을 그렇게 설정했으므로 그에 따른 결과가 그렇다고 말할 수 있을 뿐이다. 결과를 봐야만 좋

19　퀀트 투자전략에서는 투자모델에 과거 데이터를 적용했을 때 예상수익률이 얼마인지를 계산하는 백테스트 절차가 필수다.

20　예를 들어 기업 CEO의 출근 시간이 다른 변수와 일정 관계로 반응하여 주가수익률이 확실히 높아진다는 좋은 예측 방법을 찾아냈다고 할지라도 이를 논리적으로 설명할 수는 없다.

은 원칙 또는 나쁜 원칙이라고 말할 수 있다. 그러므로 미리 설정해 놓은 조건에 매몰되어 명백한 실물경제의 변화에 따른 영향을 무시하는 오류를 범할 수 있다.

단일화된 기계적 알고리즘 대신 인간의 경험과 분석이 함께 어우러진 시스템을 구축하는 방향으로 시스템을 발전시켜야 한다는 조언도 있지만, 이는 인간의 탐욕과 공포를 배제하려는 퀀트의 기본 정신에 어긋나므로 받아들이기 어렵다. 그러므로 설계자의 전문성을 신뢰하거나 과거 뛰어난 투자 성과를 산출한 알고리즘을 믿어야만 투자가 이루어질 수 있다.

셋째, 퀀트는 차익의 순간적 포착을 위해 인간의 판단을 기다리지 않고 일정 조건에 부합하면 사람이 할 수 없는 빠른 속도로 작동한다. 즉, 프로그램이 순식간에 자동 거래를 실행한다. 그러나 이러한 알고리즘 트레이딩에 의한 초단타 매매에는 리스크가 숨어 있다. 알고리즘이 불완전하다면 시스템은 대규모 실패의 위험을 부담하게 된다. 네트워크 연결상의 에러, 트레이딩 주문과 실행 간의 시차 등도 주요 걸림돌이다. 특히 규모가 엄청나게 확대된 알고리즘 매매에서 주문 실수가 발생하면, 금융기관이 대규모 손실로 부도에 이를 수 있으며, 금융시장뿐 아니라 경제 전반까지 흔들릴 수 있다. 금융시장 간 상호 연계가 밀접하게 구축되어 있는 주요 선진국의 경우 한 시장에서 발생한 충격은 다른 시장으로 빠르게 전달된다. 2007년 발생한 퀀트 멜트다운quant meltdown[21]은 위험성을 보여주는 대표적 사례다. 그러므로 욕심내지 않는 실행 한도와 레버리지의 수준이 미리 적정하게 규제되어야 한다.

넷째, 퀀트들 간의 전략적 유사성이 퀀트 멜트다운 현상을 일으킨 원인으로 분석됐다. 복잡한 알고리즘 모델에 의존하는 투자자가 많을수록 운용 방식이 비슷해지는 경향을 보이는데, 이는 쏠림 현상을 일으키면서 시장에 혼란을 야기한다. 일반 헤지펀드 매니저 등은 퀀트들의 투자전략이 비슷해졌다고 주장한다. "서로 너무 가깝게 날아가는 비행기들처럼 헤지펀드도 서로의 고유 공간을 침범해서 시장을 바꾸었고 그 결과 동반 추락했다."[22] 한 사람의 행동은 다른 사람들에게 영향을 주며 변화된 다른 사람들의 행동은 다시 각자의 행동을 변하게 한다. 쏠림 현상은 동반 급등과 동반 급락을 가져오기 쉽다.

다섯째, 이용의 편이성 측면에서 금융기관 전문가가 아니라면 일반 개인이나 기업은 퀀트를 만들기 어려울 뿐 아니라 흥미를 느껴 퀀트펀드에 가입하려 하더라도 웬만해서는 원칙조차 이해하기 어렵다.

---

21 2007년 퀀트를 이용하던 거대 헤지펀드사들이 막대한 손실을 기록한 사건을 말한다.
22 마크 뷰캐넌, 《내일의 경제》(2014)에서 인용했다.

| 참고 B.3 | **퀀트펀드**

퀀트펀드란 퀀트 기법을 이용하여 운용하는 펀드를 말한다. 수학적 모델을 이용한 계량 분석기법을 통해 투자 대상 자산을 찾아낸다. 퀀트펀드는 고평가 또는 저평가를 판단하여 고평가된 자산은 매도하고 저평가된 자산은 매수하도록 설계된다.

일반적인 펀드의 성과는 펀드매니저의 역량에 좌우된다. 그런데 펀드매니저는 언제든 바뀔 수 있는 데다 감정에 치우쳐 올바른 판단을 내리지 못할 수 있다. 따라서 수익률 변동폭이 커질 수밖에 없다. 반면 퀀트펀드는 펀드매니저의 판단을 가급적 배제하며, 계량적 기법을 활용해 금융상품을 설계한 후 기준에 따라 자동으로 운용하고 자산을 배분하기 때문에 상대적으로 안정적인 운용이 가능하다고 한다. 시장이 지속적인 상승 또는 하락 국면을 이어갈 때는 전반적으로 퀀트펀드의 수익률이 일반 주식형 펀드와 거의 차이 나지 않지만, 박스권이나 조정 국면에서는 크게 앞서는 경향이 있다.

퀀트펀드는 헤지펀드의 모습으로 빅데이터와 AI 기술의 발달을 등에 업고 투자 예측 기능을 강화하고 있다. 세계 주요 경제 및 금융 데이터에 실시간 접근이 가능해지면서 거래적중률도 높아지고 있다. 퀀트 투자는 이제 세계 금융시장에서 체계적인 자산 관리를 위한 과학적 투자 방식으로 자리 잡고 있다. 퀀트펀드가 수익을 낼 수 있는 이유는 초단타 매매를 통해 시장 충격과 거래비용을 줄였기 때문이다. 컴퓨터 프로그램을 이용해 일정 조건의 거래 주문을 자동으로 수행하는 알고리즘 트레이딩은 점점 더 많은 데이터를 빠르게 분석함으로써 수익 가능성을 높이고 있다.

퀀트는 웬만해서는 운용 원칙을 이해하기 어렵기 때문에 펀드 가입자는 이러한 방식의 운용을 신뢰해야만 기꺼이 가입할 수 있다는 한계가 있다.

10. 나의 수요 확인

나는 무엇을 원하는가?

"백번 싸워 백번 이기는 것은 최선이 아니고 싸우지 않고 적을 굴복시키는 것이 최선이다." 손익에 민감하지 않다면 또는 리스크를 부담하는 일이 두렵다면 굳이 위험을 무릅쓰고 환율을 예측하지 말자. 왜 굳이 예측해야 하는가?

그러나 예측하기로 결정했다면 단기 또는 장기의 투자 기간과 직접 또는 간접의 투자 방식에 대한 선호를 미리 정해야 한다. 지금 투자하고 난 뒤 돈이 필요한 시점은 언제인가? 나는 무엇을 원하는가?

전망 vs 헤지

수출과 수입 등 사업의 손익이 환율에 좌우되는데, 이러한 문제를 피하고 싶다면 우선 헤지를 생각해보자. 공격할 것인가, 방어할 것인가? 공격의 위험은 크다. 현시점에 선물환율이 적정 범위 내에 있다면 선물환 또는 환변동보험에 가입하여 헤지하자.

유학비를 송금하거나 해외여행을 위해 외화가 필요할 때 향후 환율 변동에 흔들리지 않고 안정적으로 준비해놓고 싶다면 욕심내지 말고 어느 정도 마음에 드는 가격에서 외화를 현물로 매입해놓거나 외화예금에서 외화를 매입해놓자. 현재의 환율이 마음에 들지 않는다면 더 떨어질 것인지, 이제 오를 것인지 가볍게 전망하면서 기다려보자. 그러다가 아니다 싶으면 그냥 당시의 웬만한 환율을 수용하자.

헤지하지 않고 환율을 전망하려고 한다면, 이는 환율 예측으로 이익을 취하려는 경우다. 49% 대 51%의 확률로 승부를 걸어본다.

단기 투자 vs 장기 투자

"성공적인 재테크를 위해서는 장기 투자가 필수다"라는 격언이 있다. 과연 그럴까? 여러 실증분석에서 장기 투자가 단기 투자에 앞선다는 일관성 있는 결과는 나타나지 않았다.

그런데 수익률 예상에 따른 투자 기간을 결정하기에 앞서 자신이 투자하는 자금을 언제 회수해야 하는지부터 명확하게 결정해야 한다. 높은 수익을 기대한다고 6개월 뒤 필요한 자금을 1년 동안 투자할 수는 없다. '글쎄, 한 6개월쯤 되지 않을까?' 막연한 예상을 거두고 먼저 자신의 투자 기간에 대한 수요를 분명히 하자.

직접 투자 vs 간접 투자

환율 예측에 자신이 없다면 해외펀드에 투자한다. 그런데 왜 주식펀드나 채권펀드가 아니라 해외펀드일까? 국내 투자의 수익률에 만족하지 못했거나 아는 사람으로부터 해외펀드가 더 낫다는 조언을 들었을지도 모른다.

먼저 왜 환율 변동에 투자하는 펀드에 관심을 가지는지 명확히 하자. 환율에 대한 투자는 외국 주식시장에서 움직이는 주가에 대한 투자 또는 외국 채권시장에서 움직이는 금리에 대한 투자의 의미도 있다.

움직이는 시장 상황에 쉽게 현혹되는 투자자일 경우 또 매 순간 시장 움직임에 신경 쓸 여력이 없는 투자자일 경우 펀드 투자에 관심을 가져볼 만하다. 그러나 적지 않은 수수료를 지급해야 한다는 사실을 잊지 말자. 또한 펀드에는 만기가 있다. 일정 기간 돈이 묶이고, 중도에 환매하려면 손해를 감수해야 한다.

그리고 지금까지의 펀드 수익률이 높았다고 앞으로도 수익률이 높다고는 볼 수 없다. 그렇다고 지금까지 수익률이 저조했던 펀드에 가입할 수도 없다. 전문 관리자가 운용하는 펀드의 성과를 보면, 지속적으로 시장보다 높은 성과를 얻는다고 볼 수는 없다. 펀드매니저의 과거 실적과 역량을 믿어보는 수밖에 없다. 펀드의 선택 또한 리스크다.

강종구, 〈금융시장에서의 쏠림현상에 대한 분석〉, 《경제분석》 제15권 제4호, 한국은행, 2009.

김근영, 〈국제자본이동하에서 환율신축성과 경상수지 조정〉, 《BOK 경제연구》, 한국은행, 2014.

김근영, 〈트릴레마 제약하에서의 주요 신흥시장국의 정책대응 사례와 시사점〉, 한국은행, 2011.

김근영, 신관호, 〈자본시장의 글로벌화와 한국 통화정책의 독립성〉, 《한국개발연구》 2010년 II호, 한국개발연구원, 2009.

김대운, 박정하, 〈미중 무역갈등 이후 중국의 경제 상황 및 리스크 요인 평가〉, 《국제경제리뷰》, 한국은행, 2019.

김우찬, 〈2008년 국제금융위기 과정에서 나타난 원-달러시장구조의 문제점〉, 《KDI 정책연구시리즈 2010-06》, 한국개발연구원, 2010.

김진영, 〈세계금융위기 이후의 포스트 브레튼우즈 체제〉, 《21세기 정치학회보》 제28집 제3호, 2018.

김치호, 김승원, 〈균형 원화환율의 추정과 평가〉, 한국경제연구원, 2002.

노진영, 채민식, 〈국제통화시스템 변경논의의 배경과 향후 전망〉, 《한국은행 해외경제정보》제2011-6호, 한국은행, 2011.

로고프, 라인하트(Kenneth S. Rogoff & Carmen M. Reinhart), 《이번엔 다르다》, 다른세상, 2009.

미쉬킨(Frederic S. Mishkin), 《미쉬킨의 화폐와 금융》, 피어슨에듀케이션 코리아, 2011.

밀러(John H. Miller), 《전체를 보는 방법》, 에이도스, 2017.

박대근, 〈한국의 외환위기와 외채〉, 《경제분석》 제5권 제1호, 한국은행, 1999.

박병걸, 차준열, 〈과거 사례와 비교한 신흥국 금융불안의 특징〉, 《국제경제리뷰》, 한국은행, 2018.

박진호, 〈글로벌 기축통화 논의 내용과 향후 전망〉, 《한국은행 해외경제정보》 제2009-39호, 한국은행, 2009.

박찬호, 〈내외금리차와 환율 간 관계분석〉, 《조사통계월보》, 한국은행, 2008.

뷰캐넌(Mark Buchanan), 《내일의 경제》, 사이언스북스, 2014.

보디 외(Zvi Bodie, Alex Kane, Alan J. Marcus), 《투자론》, McGraw Hill, 2015.

안병찬, 《글로벌 금융위기 이후 외환정책》, 한나래플러스, 2011.

양동휴, 〈금본위제의 성립은 역사적 진화인가?: 복본위제 단상〉, 《경제논집》 제51권 제1호, 서울대학교 경제연구소, 2012.

양동휴, 《1930년대 세계대공황과 2008년 위기》, 한나래, 2011.

이원영, 〈패권국 통화정치연구-역플라자 합의를 중심으로〉, 서울대학교 대학원 박사학위논문, 2018.

이승호, 《환율의 이해와 예측》, 삶과 지식, 2018.

이윤석, 김정한, 임형준, 〈우리나라 외환시장 선진화를 위한 정책과제〉, 《한국금융연구원 정책조사보고서》, 2010.

임경, 《돈은 어떻게 움직이는가?》, 생각비행, 2018.

서영경, 성광진, 김동우, 〈원·달러 환율 변동성이 큰 배경과 시사점〉, 한국은행, 2011.

신동규, 김동엽, 〈신흥시장국의 적정 환율제도에 관한 연구〉, 《무역학회지》 제29권 제1호, 2004.

장슬아, 〈미국 헤게모니의 변화와 국제정치경제질서의 불안정: 브레튼우즈 체제의 붕괴에서 플라자합의까지〉, 서울대학교 대학원 석사학위논문, 2015.

조석방, 김동우, 〈중장기 국제통화질서 변화 전망〉, 한국은행 국제연구반, 2010.

최창규, 〈투기적공격 이론과 한국의 외환위기〉, 《경제분석》 제4권 제2호, 한국은행, 1998.

케인스(John Maynard Keynes), 《고용, 이자, 화폐의 일반이론》, 필맥, 2010.

한국은행 국제국, 《한국의 외환제도와 외환시장》, 한국은행, 2016.

한국은행 조사국, 〈경제전망보고서〉, 한국은행, 2019.

한국은행 통화정책국, 《한국의 통화정책》, 한국은행, 2012.

Abhyankar, A., Sarno, L. Valente, G., "Exchange Rates and Fundamentals: Evidence on the Economic Value of Predicability", *Journal of International Economics*, Vol. 66, 2005.

Aizenman, J., "The impossible Trinity – from the Policy Trilemma to the Policy Quadrilemma", 2011.

Aizenman, J., "Trilemma and Financial Stability Configurations in Asia", *ADBI Working Paper Series*, No. 317, 2011.

Barber, B. M., T. Odean, and N. Zhu, "Systematic noise", *Journal of Financial Markets*, Vol. 21, No. 4, 2009.

Baker, M., and J. Wurgler, "Investor sentiment and the cross-section of stock returns," *Journal of Finance*, Vol. 61, No. 4, 2006.

Bilson, J. F. O., "The Current Experience with Floating Exchange Rates: An Appraissal of the Monetary Approach", *American Economic Review*, Vol. 68, 1978.

Canzoneri M., R. Cumby, B. Diba and D. Lopez–Salido, "Macroeconomic Implications of a Key Currency", 2008.

De Long, J. B., A. Shleifer, L. H. Summers, and R. J. Waldmann, "Noise trader risk in financial markets", *Journal of Political Economy*, Vol. 98, No. 4, 1990.

Domingguez, K. M., "The Market Microstructures of Central Bank Intervention", *Journal of International Economics*, Vol. 59, 2003.

Dorn, D., G. Huberman, and P. Sengmueller, "Correlated trading and returns," *Journal of Finance*, Vol. 63, No. 2, 2008.

Dornbusch, R., "Expectation and Exchange Rate Dynamics", *Journal of Political Economy*, Vol. 84, 1976.

Engel, C., West, K. D., "Exchange Rate and Fundamentals", *Journal of Political Economy*, Vol. 113, 2005.

Hvidkjaer, S., "Small trades and the cross-section of stock returns," *Review of Financial Studies*, Vol. 21, No. 5, 2008.

Glick, R., "Fixed or Floating: Is it Still possible to Manage in Middle", paper prepared for the conference on financial markets and policies in East Asia, Asia-Pacific School of Econmics and Management, ANI, Canberra, 4-5 September, 2000.

Grenvill, S., "The Impossible Trinity and Capital Flows in East Asia", *ADBI Working Paper Series*, No. 319, 2011.

Hau, H. and H. Rey., "Exchange Rates, Equity Prices and Capital Flows," *Review of Financial Studies*, 2006.

Kumar, A., and C. Lee, "Retail in investor sentiment and return comovements", *Journal of Finance*, Vol. 61, No. 5, 2006.

Mark, N.C., "Exchange Rates and Fundamentals; Evidence on Long-Horizon Predictability", *American Economic Review*, 1995.

Mohan, R. and Kapur, M., "Managing the Impossible Trinity: Volatile Capital Flows and Indian Monetary Policy", *Stanford Center for International Development Working Paper*, No. 401, 2009.

Patnaik, I. and Shah, A., "Asia Confronts the Impossible Trinity", *ADBI Working Paper Series*, No. 204, 2010.

Shleifer, A., *Inefficient markets: an introduction to behavioral finance*, Oxford University Press, 2000.

Shleifer, A. and R. Vishny, "The Limit of Arbitrage", *Journal of Finance*, 1997.

Tayler, Alan M. and Tayler, Mark, "The Purchasing Power Parity Debates", *NBER Working Papers*, No. 10607, 2004.

환율은 어떻게 움직이는가?

초판 1쇄 발행 ┃ 2020년 1월 17일
초판 5쇄 발행 ┃ 2022년 5월 1일

지은이 임경
책임편집 조성우
편집 손성실
디자인 권월화
펴낸곳 생각비행
등록일 2010년 3월 29일 ┃ 등록번호 제2010-000092호
주소 서울시 마포구 월드컵북로 132, 402호
전화 02) 3141-0485
팩스 02) 3141-0486
이메일 ideas0419@hanmail.net
블로그 www.ideas0419.com

ⓒ 임경, 2020
ISBN 979-11-89576-49-3 03320